创新场论：从系统性到
复杂性

卢 锐 赵佳宝 皮宗平 王亚利 等/著

中国财经出版传媒集团
中国财政经济出版社

图书在版编目（CIP）数据

创新场论：从系统性到复杂性／卢锐等著． ——北京：中国财政经济出版社，2019.11
ISBN 978－7－5095－9287－8

Ⅰ.①创… Ⅱ.①卢… Ⅲ.①城市经济－经济发展－研究 Ⅳ.①F291

中国版本图书馆 CIP 数据核字（2019）第 233512 号

责任编辑：彭　波　　　　　责任印制：史大鹏
封面设计：卜建辰　　　　　责任校对：李　丽

中国财政经济出版社 出版

URL：http：//www.cfeph.cn
E－mail：cfeph @ cfemg.cn

（版权所有　翻印必究）

社址：北京市海淀区阜成路甲 28 号　邮政编码：100142
营销中心电话：010－88191537
北京财经印刷厂印装　各地新华书店经销
710×1000 毫米　16 开　16.25 印张　275 000 字
2019 年 11 月第 1 版　2019 年 11 月北京第 1 次印刷
定价：68.00 元
ISBN 978－7－5095－9287－8

（图书出现印装问题，本社负责调换）
本社质量投诉电话：010－88190744
打击盗版举报热线：010－88191661　QQ：2242791300

目 录

第 1 章 引言 ·· 1
   1.1 科技革命、生产变革与创新源起 ····················· 1
   1.2 创新系统的演化 ······································ 4
   1.3 创新场理论的提出 ··································· 8
   1.4 主要内容、研究方法和创新之处 ····················· 10

第 2 章 创新场理论的演进 ································· 12
   2.1 研究的理论背景 ······································ 13
   2.2 创新生态系统的内涵 ································· 18
   2.3 创新生态系统的特征 ································· 21
   2.4 创新场理论的建构 ··································· 23

第 3 章 策略、商业模式关系的场共演 ·················· 29
   3.1 策略理论的历史演化 ································· 29
   3.2 策略与商业模式的场演化 ···························· 38
   3.3 研究设计 ··· 52
   3.4 本章结论 ··· 71

第 4 章 技术转移项目类型与互动模式的场配适 ······ 74
   4.1 引言 ··· 74
   4.2 相关文献探讨 ··· 76
   4.3 技术转移互动模式失灵原因探讨 ···················· 79
   4.4 互动模式与技术转移项目特性的场配适 ············ 81
   4.5 本章结论 ··· 86

第 5 章　数字经济背景下的创业创新场 ... 87
- 5.1　引言 ... 87
- 5.2　创业热潮现象的社会形成背景 ... 91
- 5.3　创业创新场的研究路径 ... 95
- 5.4　数字经济与以往研究的异同 ... 102
- 5.5　江苏创业创新场的实证分析 ... 108

第 6 章　城市创新场与平台企业群聚 ... 127
- 6.1　引言 ... 127
- 6.2　崛起的城市新创现象 ... 129
- 6.3　城市创新场与平台企业的空间聚集的动态过程 ... 136
- 6.4　平台企业的城市模式与理论反思 ... 140
- 6.5　常州市石墨烯产业集聚的实证分析 ... 145

第 7 章　区域创新场与创新型省份建设 ... 157
- 7.1　创新型省份的概念与内涵 ... 157
- 7.2　创新型省份评价指标体系构建 ... 158
- 7.3　创新型省份进程监测与评价研究 ... 171
- 7.4　江苏创新型省份建设 ... 196

第 8 章　产业创新场与知识产权密集型产业培育 ... 205
- 8.1　知识产权是创新驱动发展的关键环节 ... 205
- 8.2　知识产权密集型产业的理论研究 ... 208
- 8.3　各地培育知识产权密集型产业的实践 ... 211
- 8.4　江苏省专利密集型产业分析 ... 213
- 8.5　装备制造产业专利密集化研究 ... 219
- 8.6　工业机器人产业专利密集化研究 ... 224
- 8.7　江苏省知识产权密集型产业的培育 ... 236

第 9 章　结论与展望 ... 244

参考文献 ... 246
后记 ... 253

第1章

引 言

创新经济方兴未艾,无论是创新驱动发展战略的积极实施,还是创新模式的不断更新,尤其是在全球价值链的竞争格局中,以中、美为代表的国家在新科技革命中,将构建创新系统性和复杂性视为抢占科技经济制高点的重要举措(赵中建等,2012)。构建创新场体现的是一种获取竞争优势的战略思维,组织通过实施创新场战略,建立与创新系统中其他成员间共担风险、共享利益的发展机制,利用成员间的互补与依赖关系提高创新效率和减轻创新负担(Adner & Kapoor, 2010; Gawer & Cusumano, 2014),从而获取竞争优势。当前实现爆发式成长并具有可持续发展潜力的企业,无一不是把握了创新场思维的本质,创造了诸如海尔的物联网生态、华为的信息生态、比亚迪的新能源汽车生态和探路者的社群化生态等多种创新场模式。国内外不同领域的组织通过建立共生共赢的创新场,实现了领先的竞争优势。

1.1 科技革命、生产变革与创新源起

伴随人类文明的发展过程,创新主导的是制造业的发展。蒸汽机的发明,为机器大生产提供了动力,引发了一场工业革命,促进了近代制造业的革新与发展。17世纪至1830年,在专业化协作分工、蒸汽动力和工具机的基础上,出现了制造企业的雏形——工场式的制造厂,人类社会的生产率比手工制造有很大提高。1851~1900年"化工革命"又推动了制造业的发展,但限于技术,其生产模式是"少品种单件小批量生产"。在 E. Whitney 的"大批量生产", Oliver Evons 把传送带引入制造系统和 F. Taylor 的"科学管理"支撑下,与当时的电气化、标准化和系列化相结合,20世纪20年代 Henry Ford 开创了"少品种

大批量生产"的模式。这种模式推动了工业化的进程和经济高速发展，主要特征是：少品种大批量生产、塔形多层次的垂直领导和严格的生产节拍控制。从50年代开始，人们已逐步认识"少品种大批量生产"的优缺点，在政府的干预与调控下有针对性地探索改进方式。例如，日本大力进行企业技术和管理改革，大量引进和采用高技术成果，发挥企业中人的作用，开展企业竞争与合作，尤其在汽车、家电、钢铁及微电子器件等大的行业，利用技术优势和企业国际化发展道路而居于世界前列。特别要提出的是，从技术角度形成成组技术和计算机与系统技术为基础的制造自动化方向，成为探索中的一大进步，但由于没有摆脱原有模式的框架，同市场需求变化间的矛盾越来越明朗。进入80年代，顾客（用户）对产品的要求不断提高，加上技术进步及竞争市场的不断增加，企业的一切活动开始转化为以满足顾客要求为核心的竞争。于是，计算机集成制造系统（CIMS）、智能制造系统（IMS）、精良生产（LP）、灵捷技术（AT）和企业经营重构（BPR）等开始了企业技术和生产模式的变革，取得了一系列的成果。不仅是从战术、策略和技艺方法上对市场的响应，而且从战略的全局考虑，故而可以实现企业的战略性改变。生产经营一体化则要求企业将原来相对独立的管理职能，如产品设计、加工制造、采购供应、销售服务、资金筹划、成本核算等环节组织成为联系紧密、协调一致的生产经营统一体。一旦市场环境发生变化，企业将会有效地指挥各职能部门协同一致地调整其资源配置，改变其生产经营方式，缩短应变所需要的时间。而时间已成为瞬息万变的环境中市场竞争的焦点。

　　第一次工业革命推动人类社会生产方式由手工作坊迈向工厂，第二次工业革命进一步推动生产集中和企业兼并，在各个产业领域特别是重化工业领域产生了不少世界著名的大型企业，这些企业在当今世界仍发挥着强大影响力。随着新一代信息技术的突破发展，云计算、大数据、物联网、移动终端及各种形式软件等信息基础设施将不断完善，数据的可获得性和独立流动性不断增强，并逐渐成为资本、劳动力、土地等传统生产要素之外的一种重要的独立社会资源和生产要素，进一步使得数据的获取、加工、计算、运用、存储等活动和过程，较之产品、服务本身的生产、流通、消费更为关键、更为重要。同时，产业体系的现代化程度也主要表现为数据作为核心投入对各传统产业的改造以及数字经济等新兴产业的发展，并且因数据要素投入而引起产业边际效率改善和劳动生产率提高，带来生产效率提升。随着数据流动性和可获得性大幅提高，信息不对称性将不断降低，促进生产组织和社会分工方式更倾向于社会化、网络化、平台化、扁平化、小微化，推动产业边界模糊化、产业组织网络化、产业集群虚拟化、组织结构扁平化，大规模定制生产和个性化定制生产日益成为主流制造范式，传统依靠规模经济来提高效率的生产方式受到挑战（黄群慧等，2016）。一方面，信息不对称性降低，将使得不再需要通过分工、专用设备来实现规模经济提高生产效率，而可通过通用性资产、柔性化生产来实现企业内部范围经济效率的提高。另一方面，各交易主体之间的信息不对称性大幅降低，企业组织之间、消费者与企业之间、消费者之间的交易成本也相应降低，以信息技术为基础的平台、共享、众包等新的经济合作形式和商业模式将加快发展，推动生产布局分散化、产业组织网络化、产业集群虚拟化，将极大地拓展外部范围经济，推动经济效率上升。

全球性产业科技创新中心的形成与变迁主要发生在历次重大技术革命时期，也与经济波动和制度变革等因素紧密相关。近现代以来，英国、法国、德国、美国、日本等国家抓住重大技术革命及产业变革带来的历史机遇，先后形成了全球性产业科技创新中心，占据了世界科技创新领先地位和经济主导地位，知识创新是其优势的核心（见图1-1）。随着知识经济的兴起、经济全球化的加速和国际竞争环境的深刻变化，企业的全球的生产和销售网络不再构成

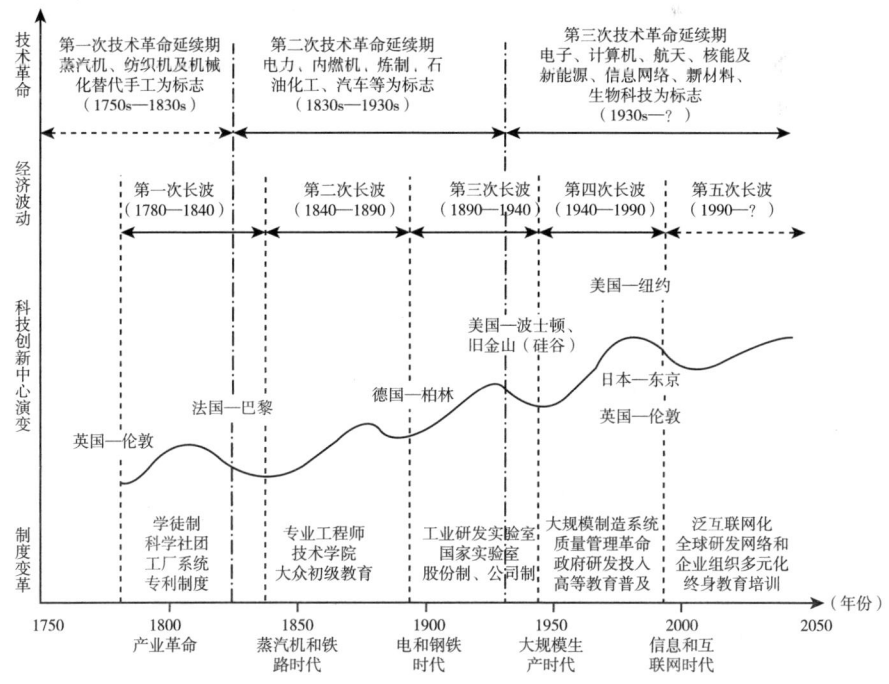

图1-1 全球产业科技创新中心变迁

全球经营的竞争优势,单一国内市场的需求不再是许多产业的主导力量,企业仅利用从母国市场上建立起来的垄断知识和诀窍已不足以在全球竞争中取胜,一些有价值的知识可能深深地隐藏在远距离和不熟悉的环境中。因此,企业发展逐步从产业空间转换的外向转移,变为产业价值链的内外分割转移,从单纯依靠自身的技术、资金、管理优势转变为与东道国的科技、人才、产业资源进行广泛的合作,从单向的知识输出转变为识别、获取、转移分散在全球各地的知识并加以整合和创造,企业专有优势的产生与维持正由原来单一的企业创新导向转变成为整个企业创新网络的集体责任。

中国针对创新场存在的突出问题,聚焦新一代信息、生物、新能源、新材料、智能制造等关键领域,加快建立产学研对接的创新链和产业链、构建多方参与的创新创业网络、布局一批具有前瞻性的重大科技项目。一是修补创新链,提高科技成果转化率。针对创新链在基础研究和产业化之间存在断裂,逐步深化科研事业单位体制改革,围绕行业需求整合现有创新载体和资源,构建新型创新平台,开展行业前沿和竞争性共性关键技术、先进制造基础工艺等方面的研发和产业化,弥补技术研发与产业化之间的创新链缺失,加快打通创新链、产业链、资金链的通道,提高科技成果转化率、强化制造业技术创新基础能力。二是构建创新网络,提高创新系统开放协同性。针对各类创新组织之间在创新信息分享、科技人才使用、创新资本流动等方面开放协同性不够的突出问题,深化行政、事业和国有企业改革,强化政府、企业、科研院所、高校等创新主体的充分互动,推动创新资源在各类组织之间有效流动,形成开放合作的创新网络和形式多样的创新共同体。此外,加强重大前沿领域的战略布局,筑牢创新发展根基。

1.2

创新系统的演化

从全球创新发展实践看,科技创新正成为决定国家、区域兴衰的战略焦点。世界各国都不约而同地把科技创新作为发展的核心战略予以推进,例如,日本发布了《第四期科学技术基本计划(2011~2015)》,提出要技术革新为重点,提高潜在增长力,强化科技支撑新兴产业和提高国民生活质量的能力;欧盟公布了《地平线2020》规划,将利用科技创新促进增长作为明确的思路;美国发布了《美国竞争力与创新能力(2012)》报告,梳理提出了一批依托强化创新能力提升国家竞争力的长期举措；俄罗斯发布了2020年前创新发展战略，大力推进国家创新体系建设，全球各国之间的科技创新竞争日趋激烈。在企业创新模式方面，苹果是创新生态系统的典范，以 iTunes、iOs 为软件平台，以 iPod、iPad、iPhone 为硬件载体，以大量 APP 为内容应用提供，建构起独特的竞争优势，苹果以一个创新"顶级掠食者"的姿态形成了一个"创新生态帝国"。在这样的背景下，谁拥有更高的创新效率和更优的创新生态系统，谁就能抢占科技制高点，谁就能率先实现创新驱动发展。

在 20 世纪 80 年代前，各类创新要素是城市竞争力的核心来源，谁拥有高等级的生产资源、创新要素，谁就能在竞争中取得胜利。例如，18 世纪第一次工业革命期间兴起和发展起来的一批城市如曼彻斯特等就在很大程度上得益于其良好的区位（靠近河流和棉花产地）条件并拥有得天独厚的自然要素资源。20 世纪 80 年代，C. Freeman 在考察日本国家创新体系时，提出了创新体系的理论。21 世纪初，美国提出创新生态系统的理念，标志着竞争研究的视角从系统的结构转向了系统的功能。因此，创新场的提出标志着城市或区域之间的竞争已经由传统的要素竞争、结构化竞争转向为功能、场的竞争，代表创新的新阶段。

创新的商业模式可以塑造竞争策略（Chesbrough，2010），但商业模式并不足以让组织保有竞争优势（Teece，2010），关键在元素间互动关系（Morris et al.，2005；Chesbrough，2010；Teece，2010；Benso - Rea et al.，2013）。辨识解决方案与最佳产品两种不同类型商业模式，更引用产品与服务主导逻辑观点，来描述两种不同类型商业模式元素间的不同互动关系，研究结果深入阐释 Teece（2010）知识经济与传统经济商业模式的差异，尤其解决方案商业模式是符合 Teece（2010）所提跨组织间相互专属化并共同运作系统的观点；强调由互动，在相互交换的互动和对话过程，发展客户与厂商的价值共创关系（Payne et al.，2008；Vargo，Maglio & Akaka，2008）。在竞争过程中，许多新方法被发明与创造出来，而能够持续地经营生存，通常有资本、品牌、人力、产品、市场、技术、贸易等要素，但决定组织成败的因素中，商业模式是一个创造价值的核心逻辑，能使组织获得了更强大的竞争优势。

不同的产业环境也会影响到商业模式的构成要素。商业模式的构成要素或相互影响是环环相扣的，哪些要素与构成又是经常成为企业构成的商业模式时的首要之选呢？Chesbrough 和 Rosenbloom（2002）认为其主要是体现在价值定位、市场区别、价值链、成本与收益、价值网络、竞争策略等。Yamakami（2011）在苹果移动应用商店的运行研究中所采用的"机理+因素"的分析框架。Gonzalo（2013）在大学驱动的开放式创新生态系统的分析中将开放式创新生态系统定义为拥有共同文化的系统成员或利益相关者大量实施开放式创新活动的创新生态系统。Cheng 和 Huizigli（2014）认为开放式创新范式下基于不同的创新阶段主要存在由外而内、由内而外和内外双向耦合三类创新活动中。创新范式经历着从内向型的封闭式创新到考虑外部协同的开放式创新，再到系统化的网络化创新（开放式创新 2.0）。相应地，资源整合与共生发展得到了越来越多的重视。科技进步、国际竞争及生态发展驱动着创新生态系统的兴起与发展（李万等，2014）。日本 20 世纪 90 年代的政策导向从技术政策转向基于生态观的创新政策，及对于美国硅谷持续创新的生态学视角的解释（李钟文等，2002），使得创新生态概念越来越受到各国政策制定者的重视及学术界的关注。创新生态系统（innovation ecosystem）研究从国家、产业、企业等不同的层面展开。考虑到创新系统对其所处环境的关注较少，创新生态系统研究基于创新系统理论并融入了生态学的"共生演化"思想，研究范围从主体间的相互依赖扩展到主体与环境的相互作用（赵放和曾国屏，2014）。该系统由企业、消费者、市场及所处自然、社会和经济环境构成，通过物质流、能量流、信息流的联结传导促进创新群落（研究群落、开发群落及应用群落）之间及与创新环境之间的共生演化（李万等，2014）。系统内成员的共生演化是创新生态系统的核心特征。相比于创新系统来说，创新生态系统更具动态性和演化性，可将其视为结构、功能与环境动态关联的自组织演化的创新系统。Adner 和 Kapoor（2015）结合技术战略研究与创新扩散研究深入分析了这种技术替代动态，如图 1-2 所示。图中两条实线代表着新技术没有遇到生态系统出现的挑战，且旧技术也未从生态系统扩展的机会中获益。在 Q1 点，新技术性能超过旧技术，之后，新技术占据主导的速度将加快。图中两条虚线代表着新技术生态系统出现的挑战较大且旧技术生态系统扩展的机会较大。即新技术性能的实现受到生态系统内其他"瓶颈"的制约，且旧技术从其自身零部件与互补品的改进中获益，使其可实现的性能得到提高。在 Q4 点，新技术可实现的性能超过旧技术，可见，新技术出现的挑战与旧技术扩展的机会的并存使得新技术加速占据主导的时间延后了。当新技术出现的挑战较低且旧技术扩展的机会较高时，新技术将会入侵市场，而旧技术生态系统内的改进会使得旧技术也具有一定竞争力，在这种情况下，新旧技术将会有较长的共存时间。在 Q2 点，新技术性能超过旧技术，这一转变点比 Q1 要晚，但比 Q4 早。可见，旧技术较高的扩展机会使新技术加速成为主导的时间延后了。当新技术出现的挑战较高且旧技术扩展的机会较低时，替代时间也将会延后，直到这种挑战被解决，也就是图中的 Q3 点，新旧技术的替代将会加速，该点晚于 Q1，早于 Q4。

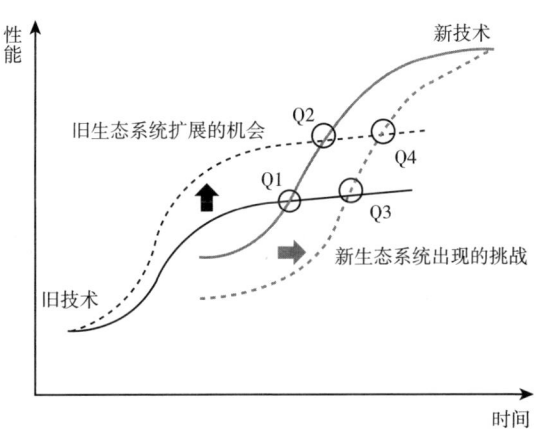

图 1-2　创新生态系统视角下的技术动态

资料来源：Adner & Kapoor（2015）。

当把一种技术视为系统的一部分时，该技术能够给用户带来多少价值不只取决于该技术性能本身，而取决于该技术与系统中其他元素间的互动（Adner & Kapoor，2015）。一种技术能够实现的性能可能会受到系统中技术瓶颈的阻碍，如由于互补品（钻头与切割材料）的开发瓶颈，新一代美国机床产品的性能潜能没有得到充分发挥，没有为用户实现价值，因此其市场接受速度较慢（Rosenberg，1976）。另外，旧技术的性能可能会由于其生态系统中零部件与互补品技术的改进而得到强化。一种技术的进步是核心技术厂商与一系列相互依赖产业中零部件与互补品供应商共同努力的结果（Adner & Kapoor，2015），如 Constant（1980）对于航空活塞发动机技术兴起的研究指出了供应商对发动机零部件的改进及石油企业对互补品（燃料与润滑油）的改进所发挥的重要作用。除了技术要素之外，Adner 和 Kapoor（2015）指出了制度、社会关注、产业组织、参与者间的权力分配等社会经济要素在技术转型过程中也扮演了至关重要的角色，深入探究这些要素对技术转型的影响机理及要素在转型中起到了关键作用。Kommnos（2013）对欧洲智慧城市的研究也证实了这一论断。

1.3 创新场理论的提出

自1911年泰罗出版《科学管理原理》始，管理学面临着各种批判和质疑，每次对批判的回应都催生出新的管理思潮而成为管理学发展的巨大动力。1961年，面对蓬勃发展的各种管理理论，哈罗德·孔茨首次以"管理理论的丛林"来描绘管理学的迅速发展状况。1980年，孔茨修正了"管理理论丛林"观点，将当时的管理理论概括为管理过程学派、人际关系学派、群体行为学派、经验学派、社会协作系统学派、社会技术系统学派、系统学派、决策理论学派、管理科学学派、权变理论学派及经理角色学派等11个学派（Harold Koontz，1980），并指出"形成一种适用的管理理论和科学的进程是缓慢的，无疑我们仍旧未能就管理的科学基础获得明确的认识，也还不能清楚地表达合格管理者的确切含义"。

竞争优势一直是策略管理研究的核心议题，表现为组织间业绩的差异（Mehra，1998）。Chamberlin（1939）首次将竞争优势定义为比竞争对手的表现更好。随后，Ansoff、Hofer、Porter等学者相继推动了竞争优势的研究，竞争优势的内涵得到了不断拓展。以Mason和Bain等为代表的产业组织经济学派和以Porter为代表的产业结构学派认为一个企业在市场上的业绩表现主要取决于它所在的产业环境。动态能力理论建立了动态环境下企业竞争优势的分析框架。同时，研究者更加关注企业行为对竞争优势获取的影响。而且，动态的竞合战略既可用于管理与直接竞争对手的关系，也可用来管理与上下游合作伙伴的关系。

竞争优势理论的发展呈现出"外部—内部—外部"的钟摆现象（Hoskisson & Hitt et al.，1999），产生了市场观、资源观以及需求观等理论视角。特别地，资源观和需求观成为当前最为主流的解释竞争优势的理论。资源观强调企业从供给侧如何将竞争对手排斥在外而捕获更多价值；而需求观则强调企业从需求侧如何感知顾客价值而获取竞争优势。资源观忽视了市场需求变化对企业竞争的影响，当企业资源能力与顾客需求不匹配时，企业将陷入困境（赵立龙，2012）。相反，需求观忽视了企业资源在竞争优势中的作用，一味追求顾客价值创造易造成企业资源基础缺失所带来的风险（石盛林，2010）。在此背景之下，Teece、Pisano和Shuen（1994）等提出了动态能力理论，将企业置于动态发展的竞争环境中，基于资源基础观的理论，强调了企业内部因素与外部环境因素相匹配的机制，着眼于企业根据外部环境配置、培育和重建企业内部资源，打破核心刚性，始终保持核心能力，以达到保持核心竞争优势的效果。

基于组织过程，将动态能力看作实施具体战略的过程（流程）行为，Eisenhardt 和 Martin（2000）将动态能力研究的着眼点放在解决企业具体问题的组织行为层面，其他学者基于她们的理论认为动态能力的维度包括研发能力和营销能力、市场开发能力、资源撤资能力、新技术与新流程的开发能力、缔结联盟和战略决策能力等具体的运营能力。Oliver 和 Holzinger（2008）甚至将政治管理能力也视为动态能力的一种维度。Eisenhardt 和 Martin（2000）关于动态能力内涵的界定，动态能力应是解决具体的企业竞争问题而启动的组织流程，这表明随着外部环境的不断变化，任何一种能力都可能是动态能力。这一方面导致了同义反复的诟病，使得动态能力涵盖面过于宽泛，概念变得模糊不清，企业的动态能力失去其战略意义；另一方面，这种理解模糊了不同企业动态能力的共性特征，被动态能力成为一般化的企业行为，导致了一个隐性的结论：企业的竞争优势仅仅来自差异化。Teece（2007）的三分法和 O'Reilly（2008）的组织二元性，从企业接受外部环境变化刺激到企业做出相应行为的整个过程考虑，认为动态能力的维度分为感知能力、判断并捕捉机会的能力和资源整合或重构能力。

动态能力本身具有知识属性，是组织整体的一种认知行为和组织流程，是一种以变为主要功能的高级惯例和组织流程，契合演化观基本思想；从演化观来讲，实践派将企业作为商业生态系统的一部分，意味着将企业与环境的互动考虑到演化系统内部，有助于更全面地研究战略路径的演化，更贴合实际；综合观认为环境不确定性主要来源于决策者对环境感知的不确定性，而环境不确定性对企业的影响是来自主观感知与客观不确定性间的冲突，这种认知更加全面。随着科学技术的不断发展，经济全球化趋势不断提高，各国在经济、政治、文化和社会等方面均出现了全球融合的态势，但各国并未表现出均质化的特征。相反，以城市为核心单位、以创新为核心竞争力的区域经济发展逐渐受到人们的关注。随着专业化水平的不断提高，发挥地区竞争力，提高地区创新水平是现代经济发展的核心问题。创新生态系统的崛起带动了区域经济的飞跃，促进了全球经济的发展，而全球经济的发展又进一步提高了经济发展区域化水平。创新场理论的提出和兴起，既是创新理论的演进，也是创新政策的实践选择。

1.4 主要内容、研究方法和创新之处

（1）主要内容。

全球新一轮科技和产业变革蓄势待发，正以前所未有的速度融合、渗透到人类社会的各个方面。变革对经济增长的影响，通过"破坏"旧的增长要素并"创造"新的增长要素、"破坏"旧的组织方式并"创造"新的组织方式，进而推动生产要素重配和产业结构重塑，并改变经济增长来源结构。本书从系统性视角出发，沿着策略、技术、商业模式和创新生态系统等复杂性路径全面阐述了创新场理论。通过介绍创新系统思维，阐述了创新场是如何进化的；通过对力组合、网选择、场作用，以及商业模式与价值模式的阐述，研究创新场构建的含义及其重要性。强调从策略和结构演进的视角去研究创新系统，分析其要素、结构和功能，并进一步聚焦中国具体的企业、产业案例，进一步提炼其共性规律和差异。研究的主要贡献，认为创新场的演化发展过程是创新系统中的要素、结构和功能三部分在系统内的作用力下不断发展、不断相互融合的过程，随着创新场的演化逐渐调整各自的态势及相互间关系，形成不断互动的创新场理论。

（2）研究方法。

采用逻辑推演与实证研究相结合的研究方法，通过逻辑推演的方法，对创新场理论进行分析，从而构建起创新场的总体分析框架，并提出研究的基本假设。基于创新演化理论，从要素（力）—结构（网）—功能（场）三个层面形成创新场而对创新系统性、复杂性研究进行梳理，探寻创新系统的网络作用机理，引入经典物理的力场理论，它在分析系统内要素效应、作用关系等用传统研究方法很难明晰的问题上具有明显优势。结合理论推演和实证研究的结果，得出研究的主要结论。

（3）可能的创新之处。

第一，研究场要素和作用机理，认为创新场的演化发展过程是创新系统中的要素（力）—结构（网）—功能（场）三部分在系统内的作用力下不断发展、不断相互融合的过程，随着创新场的演化逐渐调整各自的态势及相互间关系，形成不断互动的创新场理论。创新场"活化"了系统内部要素，创新势能逐渐提升，实现场的放大、突破、迭代的发展过程，促进了时空域内高质量的

经济发展。

  第二，研究创新场与竞争优势，一是以讨论从策略和结构演进的视角去研究创新系统的互动关系；二是建立能领先竞争对手，同时支持获利的策略行动。尝试以企业、区域、城市等具体运用来研究策略、技术、商业模式嵌入组织场域中形成产业、区域竞争优势的过程，并采用动态复杂来诠释其关联性以及如何建立场的竞争优势。

第 2 章

创新场理论的演进

从创新理论发展脉络看，网络与联系正成为创新效率提升和创新价值实现的关键因素。Joseph Schumpeter（1912）第一次提出了创新的概念，之后的一个多世纪来，创新这个概念被不同学科、不同领域和不同研究视角的学者赋予了不同的内涵，创新过程越来越表现为跨区域、跨国界、跨学科，纵向或横向，正式或非正式，具有高度动态特性的网络状的知识联系结构要素融合，参与创新的主体也越发多样化，这些都促使人们从环境出发去探究创新产生的背后因素，需要人们运用生态学的方法和理念来动态地看待科技创新。

当代国家或地区的竞争实际上经历了三个阶段的演进。第一阶段为要素（力）竞争。在20世纪80年代前，城市、区域或国家之间的竞争更多的是要素竞争。各类创新要素是城市竞争力的核心来源，谁拥有高等级的生产资源、创新要素，谁就能在竞争中取得胜利。例如，18世纪第一次工业革命期间兴起和发展起来的一批城市如曼彻斯特等就在很大程度上得益于其良好的区位（靠近河流和棉花产地）条件并拥有得天独厚的自然要素资源。第二阶段为结构（网）竞争。20世纪80年代，C. Freeman在考察日本国家创新体系时，提出了创新体系的理论。创新体系理论的提出，说明单纯拥有创新要素也未必拥有竞争优势，一个城市或区域的竞争力，不仅仅取决于创新要素的数量和质量，更取决于创新要素的组合和结构，也就是取决于创新要素与创新要素有机链接所形成的系统结构。第三阶段为功能（场）竞争。21世纪初，美国提出创新生态系统的理念，标志着竞争研究的视角从系统的结构转向了系统的功能。这一阶段，是否拥有核心竞争力、能否取得创新竞争的胜利，不完全取决于是否拥有结构完备的创新系统，还取决于创新系统的功能发挥程度。结构化、可复制的创新系统开始为动态化、开放性的创新场所取代。

2.1 研究的理论背景

在经济全球化的背景下,创新已经成为经济发展的重要支撑力量。作为市场与组织的中间层次,生态系统视角成为创新理论研究范式的新方向。我们不仅需要关注企业内部的创新行为,还需要考虑同其他企业的有效协同创新,更需要关注整个创新场的构建和持续运行。研究基于演化理论,从要素动能—关系互动—功能协同三个层面形成创新场而对创新系统性、复杂性研究进行梳理。

2.1.1 创新生态系统的要素动能研究

美国总统科技顾问委员会于2003年年初开展了一项研究,第一次正式地提出了创新生态系统的概念。2004年,美国竞争力委员会发表"*Innovate America: Thriving in a world of challenge and change*"的研究报告,也明确使用了创新生态系统的概念。该报告认为,提高美国国家创新能力和创新绩效,需要"企业、政府、教育家和工人之间建立一种新的关系,形成一个21世纪的创新生态系统"。相比国家创新体系,创新生态系统更加复杂,突出表现为有机的、动态的系统范式结构。

根据演化经济学,人类的创新活动究其实质是较为特殊的一种生命过程,在很大程度上创新服从于生物学规律,用生物学隐喻可以更深刻地揭示创新过程。创新的过程被揭示为物种、种群乃至群落对环境变迁、扰动形成的应答过程。创新生态系统组成的基本要素是物种(如企业、大学、科研院所、政府等),物种联结形成了各种群落,物种和群落在共生竞合的相互作用中动态演化,并形成系统整体演化。

(1) 螺旋理论视角下创新生态系统的要素动能。

三螺旋理论利用一个螺旋形的创新模型,描述了在商品化的不同阶段,大学(科研机构)、产业(企业)和政府之间的多重互反关系。三螺旋模型由三个部门组成:以大学为代表的知识生产机构,包括高科技创业公司、大型企业集团和跨国公司在内的产业部门,包括地方性的、区域性的、国家层面的以及跨国层面等层次在内的政府部门。三螺旋模型理论认为,政府、产业(企业)

和大学（科研机构）的"交叠"才是创新系统的核心单元，其三方联系是推动知识生产和传播的重要因素。在将知识转化为生产力的过程中，各参与者互相作用，从而推动创新螺旋式上升。Henry Etzkowitz（2000）等提出的大学—产业—政府"三重螺旋"创新生态系统，强调大学—产业—政府三方行为的网络协同和功能叠合，即通过相互交织方式生成"大学—产业—政府"关系网络。杜勇宏（2015）指出三螺旋创新生态系统由具有三螺旋创新体制的创新群落以及市场驱动力、科技驱动力和政策驱动力等外部驱动力构成。在三螺旋创新生态系统中，大学起到了知识链的作用，而企业则是产业链，政府则是政策链。大学、企业和政府之间相互作用、相互影响，促进区域创新水平不断提升。创新合作需要借助外部驱动力来使各创新主体不断维持创新合作。

Carayannis 和 Campbell 将"媒体和文化为本的公众"或"市民社会"作为第四螺旋，提出了大学—产业—政府—市民社会"四重螺旋"创新生态系统。之后在"四重螺旋"创新生态系统基础上，增加了"自然环境"，生成了"五重螺旋"创新生态系统。在知识创新社会，"三重螺旋"创新生态系统强调"知识经济"，"四重螺旋"则强调广域的"知识社会"，"五重螺旋"强调包容自然环境的社会生态圈，关注社会与自然的协同演进。武学超（2015）指出在"五重螺旋"创新生态系统中，所有子系统都扮演着自身关键角色，并相互影响、协同演进。就一个国家而言，对"五重螺旋"某一特定螺旋系统进行目标投资后，就开始了知识资源"外部效应"的生成和生态循环，进而对其他所有子系统产生正外部效应。

（2）宏观、中观、微观视角下创新生态系统的要素动能。

Jackson（2012）指出国家创新生态系统是以技术发展与创新为目标的参与者形成的经济动态关系，主要涉及创新的生产和创新的应用两大类活动。赵放、曾国屏（2014）指出国家创新生态系统由中心组织与外围组织构成，相互依赖、相互作用。

Cook，Braczyk 和 Heidereich（1996）指出区域创新系统主要由在地理上相互分工与关联的生产企业、高等教育机构和科研机构等构成。黄鲁成（2003）基于生态学理论和区域创新理论表示区域创新生态系统是在一定的空间范围内技术创新复合组织与技术创新复合环境，并经创新物质、能量和信息流动而相互作用、相互依存形成的系统。刘志峰（2010）指出区域创新生态系统由创新主体、创新客体、创新手段和创新机制等组成，其中，创新主体是核心要素，具有思维性和动态选择能力，创新主体的能动性发挥离不开其他要素的支持，各要素之间相互配合、相互作用。

林婷婷（2012）认为，产业技术创新生态系统包含产业内技术创新群落与技术创新环境，通过创新物质、能量和信息流动相互作用、相互依存。伍春来等（2013）认为产业创新生态系统由产业内部实施和影响技术创新活动的机构和制度构成。何向武等（2015）认为产业创新生态系统是指区域内的产业在各种创新群落间及与创新环境间，通过知识传播、技术扩散、信息循环，形成具有自适应与修复、学习与发展功能的开放复杂的系统。

Nambisan 和 Baron（2013）认为在企业创新生态系统中，各企业围绕某种创新或创新平台来协同合作，不断形成一种松散互联、相互依赖的企业网络。张运生（2008）指出高科技企业创新生态系统由一个核心企业和众多外围企业构成，核心企业专注于自身核心技术，而外围企业同时围绕核心企业相关技术进行配套技术开发。这种结构比较紧凑，成员之间的共存共生关系比较明显，通过频繁的互动和协调实现系统整套技术的同步开发和升级。张利飞（2009）表示创新生态系统中高科技企业以技术标准为创新耦合纽带，在全球范围内形成的基于构件/模块的知识异化、协同配套、共存共生、共同进化。蒋石梅等（2015）指出企业为了满足客户日益多样化和复杂化的需求，在进行产品或服务的创新过程中，与影响其创新活动的其他组织或个人建立各种合作关系，协同演化、相互依赖、共存共亡。

（3）创新生态系统构成要素的其他相关研究。

Martin Fransman（2008）认为五要素构成理论：产业体系、硬件、软件、创新型人才以及外部环境等五要素。

Estrin J.（2008）认为包括研究群落、开发群落、应用群落。

陈宝明（2013）认为各企业、科研机构、高等学校、各类中间组织甚至政府、个人等创新主体以及产业发展的技术条件、科技政策等构成要素。

赵放、曾国屏（2014）以拥有"相似知识或技术"的创新企业集合、技术发展所依赖的组成元素进行研究。

刘雪芹、张贵（2016）划分为有形资产"硬件"、无形机制"软件"。

2.1.2 创新生态系统的关系交互研究

（1）创新生态系统关系交互的内容。

任何要素都不是单独存在的，是与其他要素交互影响、互相促进的。在自然生态系统中，不同物种之间通过吃与被吃的相互关系形成的食物链、自然选择或竞争而关联在一起，不同的食物链组成食物网，不同物种间的关系主要包括竞争、共生、捕食等不同类型。创新生态系统类似，不同创新物种之间也会因各种创新行为而发生关联。

赵进（2011）指出协同演化关系包含生态系统内部企业间、产业种群间、产业种群与外部环境间的协同演化关系，种群之间的相互关系主要包括互利共生关系和竞争共生关系。互利共生关系是指两个创新物种之间相互有利的共同居住或存在的关系，竞争共生关系是指在创新生态系统中群间既竞争又协作，促进了相互依赖和协同。

生态系统内部企业间通过生态位不断重叠与分离，实现集群企业在竞争中不断进化，形成稳定的产业种群；产业种群基于相互间不同的生存关系（竞争/合作），不断相互适应，共同进化；产业种群与外部环境间物质、能量和信息在不断循环，系统内各要素都在不断进化，具有"多层嵌套、多项因果"的特点。汪志波（2012）根据演化模型提出创新生态系统内部通过横向和纵向的利益关系形成以技术、产品和市场等为构成要素的有机整体和利益生态链网，产业内技术创新活动既有竞争又有合作，互相依存，实现多赢。薛军等（2013）认为创新主体间存在多层次、多样化的创新关系（联系），不同主体的创新活动联结在一起，形成资源纽带关系和知识的或者技术的关联。李万（2014）指出创新生态系统关系是各个要素主体（如企业、政府、中介机构、分包商、金融机构等）之间的相互沟通、合作、交流而形成的创新网络。张贵、刘雪芹（2016）基于生态场理论发现场内追赶竞争力、合作外溢力、环境根植力及外力以正向动力或负向阻力形式作用于生态系统的内部网络，推动整个创新生态系统不断螺旋上升和演化。

（2）创新生态系统关系交互的机制。

各创新主体相互联系、相互作用，要保证关系网络的稳定、创新生态系统的健康发展，必须建立一套协调、灵活、高效的运行机制。

Hagedoom（2002）认为协作研发与技术标准合作互动，是高科技产业技术与市场整合的体现，有利于提高创新效率。Gensemer 和 Kanagaretnam（2004）运用博弈模型探索创新生态系统耦合性的收益分配机制。

黄鲁成（2004）提出区域技术创新生态系统的生存机制包括反馈调节机制、鲁棒调节机制、多样性调节机制，而其调节机制则包括稳定性调节机制、多样性调节机制和静态均衡机制。刘志峰（2010）指出在长期发展过程中，区域创新生态系统逐渐形成了动力机制、复制机制、变异机制、重组机制和控制机制，这些机制彼此影响、相互制约，共同形成区域创新生态系统功能机制的整体效应。动力机制是由政府拉动力、企业自动力和环境推动力综合的结果体现，复制机制是生物种群系统实现子代之间性态稳定有序传递的机制，变异是系统构成要素和性质的改变，重组指系统构成要素排列顺序、结合方式和组合关系的变化，控制则是对系统内外环境因素及相互作用过程进行适当控制，来保证区域创新生态系统的持续发展演化。李福、曾国屏（2015）指出创新生态系统可以分解为对内维护稳定有序的生存过程和对外寻求创新扩散的发展过程。这两个过程的作用分别称为生存机制和发展机制。这两种机制同时耦合运行，促进创新资源的充分流动和聚集，提升系统的创新效率。陈衍泰（2015）以龙头企业为分析对象，选择杭州、深圳两个电动汽车产业创新生态体系的案例，研究分析了产业生态系统中的"价值创造"和"价值获取"机制。罗国锋、林笑宜（2015）认为创新生态系统存在四种演化机制：遗传、变异、衍生和选择，其动力来源分别是政府、企业、用户及其他利益相关者。

2.1.3 创新生态系统的功能协同研究

（1）创新生态系统的功能。

Carlsson等（2005）指出创新系统具有构建知识库、促进创业实验、创造激励、创建市场（适当的市场条件）、促进正外部性、创建资源（金融、人力资本）等功能。Hekkert等（2007）认为创新系统具有创造技术知识、衔接要求、公共资源与私人资源的优先选择、规制、市场形成、通过网络进行信息交换、倡导联盟组织的发展、为创新提供资源等功能。王娜、王毅（2013）指出系统一致性决定了创新生态系统的绩效，系统内部和外部的一致性代表了系统的一致性，是系统协同发展的表现。杨荣（2013）在回顾创新系统功能学术观点的基础上，对创新生态系统的功能进行设计，指出创新生态系统用具备创业活动、知识生产、知识扩散、搜索指导、市场形成、资源配置、利益分配、系统稳定、合法性、正向溢出效应等十项功能。何向武等（2015）认为创新生态系统具有基本功能（能量流动、物质循环、信息传递）、自适应与修复、学习与发展功能。张仁开（2016）认为知识生产、知识应用、知识扩散是创新生态系统的基本功能，发展驱动和文化引领则是创新生态系统的衍生功能。

（2）创新生态系统的协同演化。

曹如中等（2010）研究了创意产业创新生态系统的演化过程，指出创意企业的初创、成长、成熟以及衰落的整个过程都必须与周围环境（包括其他企业、政府机构、科研院所和各种中介）相互作用并协同进化，促使创意企业群落内部结构与功能发生相应的变化。赵进（2011）指出协同演化包含生态系统内部企业间、产业种群间、产业种群与外部环境间的协同演化。罗国锋、林笑宜（2015）明确创新生态系统存在着遗传、变异、衍生、选择等四个演化机制，系统不断从外部输入新物质、能量、信息，将其有机结合，形成新的创新机会，从而孕育新的"物种"并逐渐优化创新生态系统，促使其不断升级，实现在原有创新生态系统基础上的吐故纳新，由量变到质变，最终形成全新的创新生态系统。

（3）创新生态系统的评价。

健康度评价方面，苗红、黄鲁成（2007；2008）提出了区域技术创新生态系统健康的概念，并从系统的组织健康程度、系统的整体功能、系统的外部胁迫三个角度考虑，建立了区域技术创新生态系统评价指标体系，并以苏州科技园区为例对其健康状况进行了评价。李福、曾国屏（2015）认为创新生态系统在生存与发展的运行过程中，进一步延伸出共生力、组织力、平衡力和生长力四种力量的相互作用。并根据其生存机制和发展机制健康运行机理，建立以持续能力和竞争能力为领域层，以及共生力、平衡力、组织力和生长力为子领域层的评估指标体系，建构创新生态系统的"四轮驱动"健康评估模型。

适宜度评价方面，周青等（2008）构建了由创新群体、创新资源、经济环境和技术环境四个测度要素构成的评估指标体系，同时甄选生态位评估模型对区域技术创新生态系统适宜度评估指标进行测算。张慧（2012）通过内生态系统、外生态系统以及内外生态系统融合指标建立了区域创新生态系统评价指标体系，对15个城市进行创新现状进行评价。薛军等（2015）基于生态学的理论基础，从活力动力系统、自组织系统、平衡系统等维度，设计了创新生态系统评价的 NDMEFE 模型。

2.2 创新生态系统的内涵

2.2.1 创新生态系统的内涵

创新生态系统是创新范式演进的结果。熊彼特（1912）提出的创新是一种毁灭式的创新，主要有开发新产品，使用新的生产方法，发现新的市场，发现新的原料或半成品，创建新的产业组织五个方面。创新自被提出以来跨越了三个阶段，创新范式 1.0 到创新范式 3.0，将创新朝着更注重全面化、全方位化推进（见表 2-1）。

表 2-1　　　　　　　　　　创新范式的对比

	创新范式 1.0	创新范式 2.0	创新范式 3.0
时段	线性范式	耦合交互创新	创新生态系统
理论基础	新古典经济理论和内生增长理论	国家创新体系	演化经济学及其发展
创新主体	强调企业单体内部	政产学研用	产学研用"共生"
价值战略重点	自主研发	合作研发	创意设计与用户关系
价值实现载体	产品	服务+产品	体验+服务+产品
驱动模式	技术	用户/人	多主体驱动
创新模式	集中式内向型创新	考虑外部性协同创新	生态系统化跨组织创新
创新出发点	在内部纵深结构的研究战略下研究专业技术	以用户为中心，以社会实践为舞台的用户参与的创新	多主体参与，多要素互动的过程中，作为推动力的技术进步与作为拉动力的应用创新之间的互动推进科技创新
创新特点	创新扩散、外部性效应	以共同创新、开放创新为特点	一方面以用户导向的创新，另一方面以生态位思想为基础对技术演化作了新的诠释，继而发展出战略生态位管理等
创新驱动模式	需求+科研双螺旋	政府+企业+学研需求+科研+竞争三螺旋	政府+企业+学研+用户；需求+科研+竞争+共生四螺旋

资料来源：根据相关文献整理。

创新生态系统是多个子系统的集合系统。创新生态系统是以企业、大学和科研机构为中心，科研与生产相结合，集外部环境、内部科研、硬件条件、软件条件和人才为一体,形成"政府(公共机构)—企业(产业)—大学科研—用户"的四螺旋创新范式,包含多方主体,协调外部环境,注重整体发展,实现利益共赢。2016年11月10日,世界经济论坛中国理事会发布了《中国创新生态系统》报告。根据中国创新生态系统的现状,良好的创新生态系统包括高等院校、科研院所、科技企业等创新主体,能够提供投资和资本的金融机构与生态系统所依存的稳定的宏观经济环境,还应有适于科技资源配置和流动的体制机制,鼓励创新的包容性文化以及适当的知识产权保护力度等。

创新生态系统是一个共生、共享、共赢的系统。创新生态系统的服务对象不仅包括行业、企业,只要是可以利用创新生态系统资源的任何主体都可以成为受益者,如政府、消费者、高校及科研院所。企业、高校、科研院所以及金融机构等其他机构或企业形成一个各类资源的集中营,在对系统内资源进行再配置,形成更高效的资源利用机制,促进社会的发展。因此,创新生态系统就是指创新的各个机构、企业的资源整合再分配,任何个体都不是孤立存在的,通过资源、知识的交换与其外部环境形成相互联系不可分割的整体。创新范式新一轮的变革与升级从工程化、机械化的创新体系迈向生态化、有机化式的创新生态系统,其本质是一个由相互连接的组织构成的网络,这些网络围绕这一个核心企业或平台,同时由生产方和用户方参与者构成,在此基础上通过创新实现价值创造和共享,核心就是其共生和共享。

创新生态系统是一个不停演进的动态系统。创新生态系统集合了创新过程和创新系统的高度动态性,把创新要素间的动态的复杂交互型的关系组合看作一个有"生命"活力的生态系统,成员通过协同合作、交互运行和市场竞争,达到共同演进。新的政策和制度变化可以使创新生态系统以新方式生长,创新系统中不同行动者之间的交互作用使各主体相互联系、共同演化。一个健康的创新生态系统并不是为了实现固有网络形态下的最优产出,而是通过资源、知识网络、有效的学习和共同选择的互补能力,实现主体与环境的动态演化,最终形成自适应、自调节和自组织的复合体。

2.2.2 创新生态系统与其他相关概念的对比

创新生态系统与其他相关概念的对比如表2-2所示。

表 2-2　　　　　　　创新生态系统与其他相关概念的对比

相关概念	联系与区别
创新网络	创新生态系统本质上是一种网络组织,是更广泛多样的网络形式的一种,具有层次化结构,其所处的外部环境也称为由交易关系构成的网络,因此生态系统由许多子网络构成,同时又是更大范围的网络的一部分
创新系统	创新系统是对组成系统的诸要素、要素之间的关系、系统结构、系统流程及系统与环境之间的关系进行动态地、全面的组织的过程,以促进系统整体功能不断升级优化。所以创新生态系统和创新系统都是动态的、全面的,但生态系统更重视市场机制及文化等非正式的因素
产业集聚	产业集群可以看作一个新的产业空间组织,产业集群把区域经济视为相互依赖的企业和机构的地理集聚,集聚强调的主要是地区的集聚,而生态系统在同一地点;集聚强调的是产业间的互动与竞争,而生态系统强调的是多主体的互动;集聚侧重于生产方,而生态系统既包含生产方也包含需求方和第三方
商业生态系统	商业生态系统就是由组织和个人所组成的经济联合体,其成员包括核心企业、消费者、市场中介、供应商、风险承担者等,在一定程度上还包括竞争者,这些成员之间构成了价值链,不同的链之间相互交织形成了价值网,物质、能量和信息等通过价值网在联合体成员间流动和循环
产业创新生态系统	产业生态系统是由产业群体与其支撑环境组成的一个整体,通过要素、信息及资金的传递相互关联,自我调节从而使整个产业群体发挥更人的作用。强调的是产业间的互动,创新生态系统有不同的范围和层次,产业创新生态系统属于层次较低的一级

资料来源：根据相关文献整理。

2.3 创新生态系统的特征

　　创新生态系统的特征有着不同的定义,Moore 认为共生进化是创新生态系统的核心特征;后来的研究学者有从在结构基础上对创新生态系统的功能特性、动态特征进行分析,有将创新生态系统的特征归纳为复杂性、开放性、整体性、互动性、动态性、层次性、稳定性等（杨荣,2014）,也有从主体与要素、结构与边界、功能与目标 3 个方面对创新生态系统的基本特征进行分析的（陈健等,2016）。创新生态系统作为创新的最新形式,在创新的发展过程中,也有过很多与之相关的概念，如产业集聚、创新网络、创新系统以及产业创新生态系统。

2.3.1 创新生态系统的互动性

创新生态系统的最重要的特征就是其多主体的互动性。产业集群是在一定区域内的形成的相互依赖的企业和机构，产业集聚强调的一般是产业间的互动与竞争，而创新生态系统强调的是多主体的互动；产业集聚主要集中于生产方，而生态系统既包含生产方也包含需求方和第三方等多个主体。创新生态系统的多主体互动主要体现在专利的互补，在累积性创新和新产品开发的过程中，经常会需要一些基础性的专利、补充性的专利和替代性的专利共存。

2.3.2 创新生态系统的稳定性

主要是指保持或恢复自身结构和功能处于相对稳定的状态。创新生态系统的稳定性主要原因在于创新生态系统具有自适应和自我调节的功能。而自适应和自我调节功能主要来自生态系统三个因素的作用：抵抗力、恢复力和功能冗余。此外，竞争和反馈机制也成为生态系统稳定性的重要因素。

2.3.3 创新生态系统涵盖的范围更广

创新系统是指组成系统的诸要素之间的关系，但与创新生态系统与创新系统相比，虽然两者都是动态的，但创新生态系统更重视市场机制以及创新文化等非正式的因素。而与创新网络相比，虽然创新网络也包含文化与市场机制等，但创新生态系统是更大范围内的网络。创新生态系统是一个共生、共享、共赢的系统，企业、高校、科研院所以及金融机构等其他机构或企业都可以成为参与者，形成一个各类资源的集中营，对系统内资源进行再配置，形成更高效的资源利用机制，促进社会的发展。

2.3.4 创新生态系统的层次更高

产业生态系统是由产业群体与其支撑环境组成的一个整体。通过要素、信息及资金的传递相互关联，产业生态系统是最接近创新生态系统的概念，拥有多主体的互动，关注市场机制等非正式的因素，也具有一定的自我调节能力，能够使整个产业群体发挥更大的作用。创新生态系统是层次更高的产业生态系统，从不同的层次来看，有全球创新生态系统、区域创新系统等，而产业创新生态系统属于层次较低的一级。

2.4 创新场理论的建构

创新场具有自组织性，是一个有机的系统，需要不断与外界进行信息、资源和能量的沟通，因此开放性是其特征之一。同时，复杂多变的内外部环境会促使创新场产生不断变化，因此具有动态性。企业、高校及科研机构主导的各类创新要素及资源之间相互关联、相互影响，形成一个复杂多变的熵。创新场的核心是创新主体间以及主体与创新环境的相互作用问题，引入经典物理的场理论，在分析系统内要素效应、作用关系等问题上具有明显优势，为创新系统开拓了新的研究视角。

创新场是在一定时空范围内，由创新物种、创新种群、创新网络和创新环境复合组成的动态、开放的系统，系统强调创新要素间的协同作用，以及创新资源的有效配置、组合和共享。当协同作用的创新有机体和无机要素在一定的区域空间里聚集叠加并达到一定规模，在系统中发散、相互作用和碰撞，形成某种动态的、具有指向性的场特征时，便随着时间发展出现不同的场效应。因此，创新场具有如下特征：强调一定的时空范围；在一定的区域内集聚了诸多资源要素；要素间动态的相互作用和联系，从而实现一定特征的分布。

2.4.1 要素动能

创新场具有力的作用，它源于场发起者的场波，并受周围环境因素作用影响。这种力体现为不同时刻场对创新资源、创新要素的吸附和整合，体现为不同创新要素之间的合作、竞争、知识流动及追赶拉拔。在不同力的叠加下，可以引发资源优化配置及组织关系的格局演变，而当场内信任、目标、利益一致时，可产生场共振，进而迸发出巨大的力对整个创新体系产生深刻影响，形成要素动能。创新场中的要素集中是场的发起者，系统中任何层面、任何形态的要素如企业、高校科研机构、政府、中介服务、用户等，均在系统内相互作用、自行演化。

企业是创新场的核心物种，通过战略、财务和组织等创新活动，致力于改进生产技术和合理配置资源。学习与创新是一个渐进过程，不可能一次性完成；创新需要不同单元、部门、集体的整合，提升创新力量。在组织学习过程中积累创新经验并从中发掘创新机会，重塑创新资源形成新的创新组合。

高校科研院所是直接创新要素，在创新系统中的功能主要是发现、创造新知识、传播和扩散知识、培养创新人才，应是创新场的中心。高校科研院所中浓郁的科研氛围、学术气息、创新理念和积极向上的学习态度、人文环境，有利于创新场形成良好创新氛围。

政府是间接创新要素，是创新的支持者、辅助者和推动者，通过一系列相关政策法规的制定引导、激励、保护、协调和约束创新。政府是创新场制度环境的供给者，是维护创新场持续稳定、推动创新场自组织演化的重要干预力量。

中介服务是创新的辅助要素，是辅助企业、大学和研究机构进行技术创新的创新主体要素。技术创新是一个涉及科技与市场经济的复杂过程，企业将新知识和新技术转化为生产力的过程中，难免遇到信息不完全、市场失灵和获得信息迟缓等问题。中介服务是创新场中各创新主体联系的桥梁与纽带，其建立在高度专业化知识基础上，为其他创新主体提供在创新成果形成、转化和产业化进程中所需的各种中间投入产品及服务，通过服务数量积累、质量突破，进而形成服务力量，实现创新场的服务效应。

用户的自组织能力会对创新产生一定的影响，有了用户的支撑，才能够积蓄力量，形成可持续的创新场。而且通过用户拉动对产品的需求产生影响，这种影响直接关系到后续的政策倾向及二次创新。

2.4.2 关系交互

创新场中的创新要素间存在一定的创新差异程度，即相互之间形成创新共生体的阻碍程度，它受两者间创新能力差异、创新相关性、技术互补性影响。每一个创新组织自身都拥有一定的创新存量，即内部资源积累。在叠加要素力作用下，容易出现创新能量的流动和创新主体间的碰撞、交互，可提升创新组织的内部资源积累，扩充可获得的外部创新资源，即提升创新势能和创新存量，形成关系交互。创新要素间以力的非线性叠加方式相互作用，以人的主观能动性进行选择性感应和目的性优化作用方向，从而促进了创新资源的集聚、组合变换和要素的创新创造。场的存在"活化"了生态系统，使得要素间可以相互碰撞，实现由要素力到组织关系的创造性重构，进而发生催化出现创新涌现。

创新系统的不断发展，组织间的分工协作、知识和创新要素在各行为主体间合理流动和配置，内部网络的演化也随之发生变化，企业间分工协作关系将趋向合理，呈现出动态中相对稳定的特征。开放性主要是指创新场接受外部知识、技术和资源的能力，一般来说，开放性越高越容易获取外部资源。

创新场促进知识和创新资源在各主体间流动，进行创新。层次性既表现为纵向性，又表现为横向性。从纵向上看，创新场内包含多个不同层级的创新网络。同时在纵向上也分为不同等级。这些不同层级的创新网络共同构成了创新场的层次体系。处于不同层级创新网络的创新内容、发展目标也不尽相同。通常情况下，低一级的创新网络是高一级创新网络创新活动的基本构成要素，为更高层次创新网络的行为提供创新资源和相关服务。更高层级创新网络所具有的结构特征、技术手段和创新能力均是低一级创新网络所不具备的。从横向上看，各区域系统因其主要功能不同，可以看作是创新场中相互独立且又相互制约的子系统，各子系统又都具有自身独特的网络结构。

创新场通过政策、文化、制度等功能协同与社会结构、环境的互动影响，与区域内环境密切联系、良性互动的长效机制，导致创新场吸收区域资源能力，共享产业资源，实现优势互补、共融共生。

2.4.3 功能协同

创新场具有自组织演化的特性。创新功能一方面为网络内各创新主体提供最短路径的学习交流渠道，提高了交流频率与学习质量；另一方面，创新功能在一定程度上促进创新产业集聚与主体间的劳动分工，提高创新网络的运作效率。

制度是一个宽泛的概念，一般是指在特定社会范围内统一的、调节人与人之间社会关系的一系列习惯、道德、法律（包括宪法和各种具体法规）、戒律、规章（包括政府制定的条例）等的总和。制度要素是与其他环境要素共同发挥协调联动作用的，是创新场高效运行的关键。经济制度、科技体制和法律法规是最为重要的三个制度要素。

组织外的文化主要指社会文化、价值观念、创新氛围等，组织内文化主要指企业和相关创新主体的文化氛围。文化是影响创新场运行与发展的最深层次的要素，主要通过潜移默化，从精神层面影响创新人才。创新文化的形成除了依靠政府政策引导、组织单位培养外，更重要的是在教育培训中形成人对知识的尊重和对创新的兴趣。

创新活动的发生与发展离不开创新政策的刺激、促进和保障。区域创新政策是创新场构建的直接影响因素，主要包括经济政策、科技政策、教育政策等。促进创新活动发展的政策措施可分为三类：第一类是创新活动、创新产品的激励与保护政策，包括建立健全保护创新回报及其相关法律，构建并完善创新人才培养与培训体系，设立奖励机制等。第二类是扶持创新经济发展的财税融资政策，包括政府设立专门类基金、税收减免和税收优惠等。第三类是创新活动发展的商业支持与服务政策，包括搭建公共服务支持平台，构建创新网络。

2.4.4 创新场的演化机理

通常，不同组织间所掌握的创新资源的深度、广度存在着差距，即创新存量不同，从而导致了创新位势差的存在，这种差距使得落后企业不断学习、模仿先进企业的技术、知识，吸收其先进的思想，模仿其创新成果，继而产生了创新竞争的场。创新组织总是无法拥有某一创新工程所需的所有知识、技能和资源，即存在创新能力缺口，这个缺口需要从其他创新组织处获得相关资源来弥补；由于创新的复杂性和创新产品的快速更迭性，创新要素无法按照市场需求快速研发出新产品，即存在着效率缺口。创新能力和效率缺口的出现，会使创新组织周围存在许多将其他来源的知识、资源推向该主体的力，创新组织自身也会对拥有缺口资源和能力的创新源产生吸引力，这种吸引力表现为组织间的创新协作。

创新场强调创新主体与环境之间的相互作用，它表现为创新须根植在网络与制度中，根植在拥有技术、资本、人才、合作伙伴、思想和文化的雨林环境中，良好的创新环境会对创新要素产生吸附和影响，它作用于创新的全过程，作用于创新者的思维判断、价值取向，作用于环境中的知识流动和创新交流。

创新场具有开放性，其发展还会受到系统外部影响，它主要表现为大的经济政治变动、突破性的产业技术革命、颠覆性的商业模式出现及威胁性的竞争挤压等。从短期看很难判断对系统影响的好与坏，但它确实会对整个创新场及内部组织产生大的冲击和扰动，从而可能会促进系统适应性或颠覆性的变革演化。创新场是一个动态的、不断发展的系统，它的演化成长是在要素动能、关系交互、功能协同的非线性叠加下共同作用的结果。

系统孕育期为创新场发展初期，主要体现为创新要素和创新组织的物理集聚，此时创新物种较少，创新网络尚未形成，环境优势不明显。因此，本时期场源较少，主体创新存量较低，整个生态内场能量较弱，产生的场势和场力都较小，系统及内部组织都处于创新低势能状态。此时，系统内同质创新物种较多，企业间主要体现为竞争关系，并且随着竞争的激烈，可能会出现恶性竞争。为避免两败俱伤的情况出现，在系统的自组织性和创新能动性下，企业通常会调整合作机制，努力寻求共生。

系统成长期为系统进入快速发展期，随着创新联系的日益增强，系统内知识信息传递频繁，企业间主要由竞争走向合作，创新个体的势能不断提升。在其作用下新的创新物种不断被发明创造出来，出现了孵化器、风险投资公司、创客、科技中介等新型组织。但是随着协作的深入，由于整体环境的不断优化，环境根植作用逐渐明显，外部的创新主体和资源不断向系统内流动，场不断扩展，创新场物理边界逐渐扩大。由于系统的不断成长，系统场源逐渐增多，整个场内创新能量增强，场效应明显。并且系统开始逐步走向动态平衡，虽然会时常受到外部的扰动影响，但系统通常能实现更高级的新平衡。

系统成熟期表现为系统日趋壮大和稳定，前期积累的技术和能量得到集中爆发。创新的基础设施、政策、体制等日趋完善，环境大幅优化。系统内围绕技术、产业、研发等形成了稳定而紧密的协作网络，并基于共同的利益准则和认知形成了长期的信任关系，建立了认可度较强的治理机制。同时，多数创新主体逐渐占据稳定而区别于其他主体的生态位，因此只在小范围内相同生态位主体间产生负向的竞争合作，大多数主体间实现了稳定的竞合共生。这一时期，整个场能量及场效应达到最大，在系统稳定性增强的同时弹性也随之下降，此时如果自组织调节和场的综合推动不能促使系统找到新的增长点，系统可能在下一阶段打破平衡走向衰落。

系统衰退期表现为系统成长速度减慢，原有的技术和产业竞争力降低，系统环境逐渐恶化，出现衰落迹象。为了维持生存，部分企业间出现了恶性竞争；原有的创新场变得不稳定，部分创新主体和资源开始向外流动。整个场能量和场势都在逐渐减小，部分主体会走向衰亡，部分主体会克服影响而重新孕育新技术和新市场，创造新产业和新需求，从而形成新场。

研究表明，创新场"活化"了系统内部要素，在要素力的非线性叠加下，创新种群不断成长，创新势能逐渐提升，整个创新场螺旋向上的演化循环是不断形成创新形态、数量、质量，实现场的放大、突破、迭代的发展过程。可见，成功的创新场不仅在于由诸多创新要素构成的系统活力，更在于在一定时空域内创新要素间及同环境相互作用形成的特殊场，叠加形成的强大场源形成了对资金、人才、技术等的吸引力，场内丰富的要素间恰当的场作用促进了知识、技术、资源等的频繁流动和有机结合，促进了时空域内高质量的经济发展。

第3章

策略、商业模式关系的场共演

3.1 策略理论的历史演化

3.1.1 策略的发展阶段

不同情境下,策略研究的重点有所差异。尤其自20世纪80年代开始,策略理论成为较成熟的学科(Ketchen et al.,2008)。Whittington(1993)归纳出古典、演化、程序以及系统四种不同的策略观点。Mintzberg等(1998)利用动物的行为特性打比方,列出设计、计划、定位、创新、认知、学习、权力、文化、环境、形构等十大学派,在不同时间点呈现出不同的活跃程度。对策略的认识,一直是多元的(Ketchen et al.,2008)。策略的发展阶段(Hofer,1976;Bracker,1980;Shapiro,1989;Whittington,1993;Porter,1996;Phelan,Ferreira & Salvador,2002;Boyd et al.,2005;Ketchen et al.,2008;Nerur,Rasheed & Natarajan,2008)可以分成以下阶段。

(1)1930年以前:营运效能。

20世纪初管理者的目标就是运用最少的资源获得最大的产出,进行效率生产,因此发展出泰勒主义(Taylorism)以及福特主义(Fordism);前者将重点放在专业化的生产,后者则是追求有效率的分工。Frederick Taylor在1898~1901年受雇于伯利恒钢铁公司时,通过科学方法观察与研究工人的动作与工具,设计出最适合工人使用的铲子,减少动作上的浪费。福特汽车公司的Henry Ford在参考芝加哥的一家肉食品加工厂后,设计出足以大量生产T型车的装配线。据统计,自 1913 年起的 10 年内,福特汽车的产量逐年增加一倍(Hounshell, 1985)。泰勒主义与福特主义揭露了当时的策略重点是生产线的专业化与量产,追求的是营运效能。30 年代的策略重点开始从低层次的作业流程,往高层次的战略目标转移。时任 General Motor 总裁的 Alfred Sloan,根据其管理经验得出结论:高级管理者应该关心的是企业的长期发展,而非每天的日常活动。从此,策略便与追求营运效能的作业流程分道扬镳。

(2) 20 世纪 40~50 年代:最佳化决策与策略计划。

20 世纪 40~50 年代,因为第二次世界大战的需要,产生了许多决策上的数量方法,如博弈理论(Von Neumann & Morgenstern, 1944)以及预算控制等。另外,大型计算机与计算机开始进入美国民间企业,企业开始学会如何使用计算机来处理复杂管理问题。因此,这一时期的策略重点放在如何通过数量与模拟的方法,在既定的条件限制下求取最优解。50 年代开始,因为组织与决策理论的蓬勃发展,正式的策略计划开始盛行,强调由上到下的计划过程,整合不同功能人员来完成组织设定的长期目标与短期任务(Chandler, 1962;Ansoff, 1965)。General Electric、美国国防部与学术界就发展出许多复杂的计划模型,如线性规划、项目评估技术、路径法、排队论等,以帮助管理者找到最佳的解决方案。

(3) 20 世纪 60~70 年代:多角化策略。

此时不仅企业与企业间竞争加剧,国家与国家之间竞争也急速上升,尤其当美国企业面对日本战后复兴所带来的挑战,如日本汽车业、半导体与家电用品,外部的威胁与机会成为不可忽视的策略方面,当机会出现时,就刺激企业从事多角化经营。Ansoff(1957)认为,美国企业要追求成长只有四种策略:增加市场渗透、产品开发、新市场开发以及多角化策略,而只有多角化策略所带来的成长是最大、最显著的。因此,发展出 SWOT 分析的策略工具,能够更清楚定义企业与其内部策略性事业单位(Strategic Business Unit)的范畴与功能。同时,快速的多角化扩张,发展出许多新的策略分析方法,如成长/市场占有率矩阵(BCG Matrix)、经验曲线以及 GE - 麦肯锡矩阵(GE - McKinsey Matrix),用来分析不同事业单位的相对优势与成长方向。

(4) 20 世纪 80 年代:Michael Porter 与市场定位。

1980 年 *Strategic Management Journal* 创刊,标志着策略理论开始有较系统性的发展,往后若干年所探讨的问题与方法日新月异(Mintzberg et al., 1998;Boyd et al., 2005;Ketchen et al., 2008)。Michael Porter 一系列有关于竞争优

势与定位的著作，更是重新定义了策略的内涵（Wright，1987）。Michael Porter（1996）认为过去经理人所追求的营运效能并不能算是真正的策略，过于强调营运效能的结果就是长期投资能力的削弱。此外，他认为在谈论策略以前，企业必须要先找到属于自己的产业定位，否则只是空谈。因此，被归类为定位学派（Mintzberg et al.，1998），分析工具是五力模型（Porter，1980）。Michael Porter（1985）提出一般竞争理论，揭示三种基本策略：成本领先、差异化、集中化。企业为了产生优于竞争对手的绩效，应该专注于其中一种策略，假若同时追求两种以上的策略，将陷入困境。无论是成本领先、差异化或集中化策略，都在追求厂商之间的差异化程度；换言之，如果想要在产业中获得竞争优势，最好的策略就是与别人不同。Michael Porter 的策略理论几乎主导了这一时期的策略研究（Galbraith & Schendel，1983；Hambrick，1983；Wright，1984；Murray，1988）。

（5）20 世纪 90 年代：资源基础观点。

20 世纪 60~70 年代多角化经营活动所产生的大而无效现象，让企业从过去的自外而内的策略思维转向自内而外，开始强调组织内部的核心竞争力（Prahalad & Hamel，1990），Wernerfelt（1984）、Barney（1991）等人的资源基础观点（Resource–based View，RBV），Cohen 和 Levinthal（1990）基于组织学习的观点提出的吸收能力，都逐渐成为主流，这些都有一个共同点：竞争优势来自内部资源的建立，也是厂商差异化的缘由，非相关多角化的策略思维应该被扬弃，专注的成长才是首选策略。Barney（1986）甚至宣称，厂商应该要将分析的重点摆在特殊技能与资源，而非外部的竞争环境。同时，交易成本经济学、利害关系等观点，在分析策略选择与购并行为中应用的更为普遍（Masten，1993；Parkhe，1993；Ghoshal & Moran，1996；Rindfleisch & Heide，1997；Harrison & Freeman，1999）。总之，策略已不再局限于传统的计划与执行，其运用范围、涵盖问题变得更加广泛。

（6）2000 年以后：动态能力、创新系统。

进入 21 世纪后，技术变迁的速度更加剧烈，产业与市场的结构瞬息万变，高级经理人甚至要面对激进式创新与破坏式创新的威胁（Christensen，1997；Ansari & Krop，2012），过去的传统企业也不得不改变既有的策略思维、调整脚步或推出更具创新的产品与服务，否则将面临淘汰的命运。Nokia 和 Kodak 都因为新型的挑战而面临破产或被收购的命运，eBay、Amazon 以及阿里巴巴等彻底改变既有的商业竞争模式，超竞争（Hyper–competition）的思维也加快了产业的创新节奏。因此，在快速竞争的时代中，管理者的策略开始放在动态能力的培养上。20世纪90年代出现的动态能力（Teece et al., 1994, 1997）开始发展，除了理论上更具深度的探讨外（Eisenhardt & Martin, 2000; Zollo and Winter, 2002; Zott, 2003; Winter, 2003; Zahra, Sapienza & Davidsson, 2006; Teece, 2007; Wang & Ahmed, 2007），也获得许多实证上的应用（Griffith & Harvey, 2001; Rindova & Kotha, 2001; King & Tucci, 2002; Verona & Ravasi, 2003; Rothaermel & Hess, 2007）。

创新系统理论等也逐渐走进学术的实证研究。例如，蓝海策略主张企业应该勇于开创尚未被开发的市场，创造出独一无二的价值（Kim & Mauborgne, 2005）。Chesbrough（2003）主张的开放式创新，认为创新的来源来自四面八方，管理者应该要同时开拓内部与外部的媒介来从事创新活动，凸显出组织的弹性与开放（Katz & Kahn, 1966）。因此，策略的本质也越来越开放，讲求组织能够吸收外面的知识，得以更能够适应环境的剧烈变动（Whittington, Cailluet & Yakis – Douglas, 2011）。

3.1.2 意志论、决定论与互动论的策略理论

意志论和决定论是认识论上的长久争辩（Berger & Luckmann, 1966; Diesing, 1966; Burrell & Morgan, 1979; Luthans & Davis, 1982），Burrell 和 Morgan（1979）在分述不同的组织范式时，说明意志论者采用民族志学或现象学等方法；决定论者通过系统或科层的观点来进行分析。两者最大的差别就在于各自的本体论假设：意志论相信人定胜天与英雄造时势的精神，属于主观主义的看法，认为行动者有能力与既有的结构与制度进行抗辩，甚至改变它；而决定论相信成事在天与时势造英雄，属于客观主义的观点，行动者受到既有结构与制度的约束，个人没有任何操纵的空间，最好的策略就是去配合与顺从。Giddens（1984）和 Bourdieu（1990）主张行动与结构原本对立的双方其实是互动的，在此观点下，存在于结构当中的规则与资源会受到行动者有意识，甚至是没有意识的行为影响，发生改变与重组，进而塑造出新的结构，长期下呈现出社会的动态与再造。社会系统的结构特征，同时是实践行为递增组织中的媒介与产物。换句话说，时势与英雄是相互影响的（Hung, 2004）。

（1）意志论。

策略源自于希腊字 strategos，而动词 stratego 则指有效率地使用资源企图毁

灭敌人（Bracker，1980）。因此，最早期的策略通常带有一些军事与政治背景（Whittington，1993）。正因如此，过去对于组织内部社会重要角色的策略研究，如企业家与领导者，大多是基于心理学观点进行分析（Schumpeter & Opie，1934；Begley & Boyd，1987；Bryman，1992；Dyer，Gregersen & Christensen，2011），他们的个性、特征、能力与经验被放大，并被视为他们得以成功的关键因素。Dyer等（2011）将所谓创新者特质称为创新者的DNA，包含联想、质疑、观察、实验及建立人脉这五种技能。此外，策略本身必须以个人或专业经理人作为载体，才得以被具体实践（Whittington，1996；Mintzberg，1973；Jarzabkowski，2005；Muzio，Brock & Suddaby，2013），所以意志论通常是探讨策略的第一步。

在意志论观点，个人被认为具备独特的能力与洞察力来克服所有的障碍，如同一只"看得见的手"，在组织内进行资源的调配与策略性计划（Ansoff，1965；Chandler，1977），个人的角色在决策过程中被凸显出来，甚至能对制度与结构进行强而有力的抗辩，或是在组织中主导创新变革（Hage & Dewar，1973；Daft，1978；Howell & Higgins，1990）。Schumpeter & Opie（1934）所强调的企业家精神可以算是最早的论述，认为企业家是由自身能力与洞见，将生产要素进行重新组合，推动资本主义下产业结构的创造性破坏（Schumpeter，1942），同时也是经济改革的推动者，他们改良或撤除旧有的生产形态，或由新市场与新产品的开发推动经济发展，获取超额的利润。Penrose（1959）探讨企业成长的理论时，指出企业家在市场中找寻机会，并利用自身的管理能力驱使组织成长。Drucker（1985）声称创新的过程是企业家有目的性的安排，他们主动寻求变化，对变化做出反应，并将变化视为机会的人。但是，对于企业家精神的研究，如果只探讨企业家本身的人格特质与认知心理，仍然无法具体得知企业家究竟是通过何种手段，发挥其运筹帷幄的本领。

在意志论的观点下，最直接且具体的策略过程就是动员与分配组织内部的资源，策略决定一切，包括所有的资源配置与组织设计。结构必须追随策略（Chandler，1962），如资源基础观点赋予管理者配置资源组合的能力来创造出独特的竞争优势（Wernerfelt，1984），围绕在核心资源上进行策略性行动，尤其是有价值性、稀少、无法被完全模仿以及不可被替代的资源，更能够塑造出独特的竞争优势（Barney，1991；Eisenhardt & Martin，2000）。而动态能力源自于资源基础观点，与其不同之处在于动态能力更加凸显管理者面对环境变化的回应能力（Eisenhardt & Martin，2000；Winter，2003）。除此之外，管理者也可以通过内部机制与管理工具，如平衡计分卡、目标管理或调整股权结构等方法，来达到策略性行动的目标。

在国家层次上，国际企业间的跨国竞争，Mathews（2006）以亚洲国家为例，认为缺乏资源的后进者，必须依赖三个阶段的进入模式：连结、杠杆、学习（Dunning，1988；Agarwal & Ramaswami，1992），而这个理论模型也是基于资源观点出发。首先，后进厂商会想办法从外部的环境中找寻可利用的资源，特别是与已开发国家的成熟厂商，或跨国公司产生连结关系。接着，善用这层连结的关系，发挥资源杠杆的效果，以源源不断地引进与汲取所需要的资源、知识或能力。由资源连结与杠杆，企业就能逐步地学习领先者的技术，并积累经验。

（2）决定论。

在传统策略中，有结构决定策略的主张，如结构—行为—绩效（SCP）分析（Mason，1939；Bain，1956；Scherer，1980；Porter，1981），强调市场的结构特征对于策略产生决定性的影响，而策略又决定了其在市场中运行的绩效。结构特征，例如组织环境（Duncan，1972）、结构变量（Zaltman, Robert & Jonny，1973）以及策略类型（Saren，1987）等，较少关注组织的资源、核心能力以及决策过程等变量，Porter（1980，1985）的五力分析与一般竞争理论便是基于此（McWilliams & Smart，1993）。权变理论将环境视为一个策略函数的调节变量，不同环境会导致不同的策略，而这些环境变量包含结构、人员、技术、文化等因素，随着环境变化，策略也随之调整（Hofer，1975；Luthans，1976；Lindsay & Rue，1980；Hambrick，1983；Lee & Miller，1996）。在此观点下，企业行为似乎已经被客观条件决定了，管理者缺乏施展策略的空间（DiMaggio & Powell，1983），只能任由外在的制度安排。相关的管理理论包含制度理论、技术决定论以及混沌理论等。

制度理论引用了 Pierre Bourdieu 的场域，认为镶嵌于同样组织场域的众多组织与行为人，会受到如政治、法律、文化与社会规范的约束（Zucker，1977；Hamilton & Biggart，1988；DiMaggio & Powell，1991）。组织与行为人必须对游戏规则予以妥协与配合（North，1990），设法制度化，以便在其中取得合法性的地位，减少来自制度的压力。制度化是由三股力量所构成，强制的、模仿的以及规范的力量（DiMaggio & Powell，1983），在此三者的交互作用下，会使组织行为趋于相似，产生趋同化现象（DiMaggio & Powell，1983；Deephouse，1996；Greenwood & Suddaby，2006）。镶嵌于同一制度下的组织，其行为会产生同质化，顺服于上层制度的管制。因此，对于市场的新进入者，必须配合与衔接这个制度环境，或是根据制度环境的变化，适时调整策略。实证上，McGahan（2004）强调产业是变动的，因此，企业所拟订的策略必须符合所处产业发展轨迹的特性。Anchordoguy（2000）在分析为何日本无法发展软件产业时，发现其追赶经济体的本质并不利于软件产业的发展。

除此之外，技术的发展轨迹也会产生类似受到制度规范下的趋同化现象，形成技术体制（Nelson & Winter，1977）。产业与市场在不同时间点，会规律地出现特定的技术范式或主流设计（Dosi，1982；Anderson & Tushman，1990；Utterback，1994），使得技术演化过程中所产生的异质性或替代方案，被迫选择屈服或是淘汰，这种机制类似于达尔文演化论中的天择过程。当代所有的产品都必须采用此技术范式或主流设计，否则无法在市场上竞争。例如，虽然Dvorak键盘比起传统的QWERTY键盘好用、省时，但后者已经成为市场的主流设计，Dvorak键盘无法取代QWERTY键盘（David，1985；Rogers，1962）。因此，当市场已经出现了一个技术范式或主流设计时，产业的发展轨迹就会产生类似物理惰性的特质，依附在这个范式或设计进行演化（David，2001；Rycroft & Kash，2002）。而且范式具有强烈的排他性，只要无法和它相配合的技术，就必须面对被淘汰的命运。

在决定论策略中，还有混沌理论或复杂科学的研究。混沌理论所阐述的是初始状态下的细小差距，随着时间的推移以及系统内长期的递增作用下，终将产生巨大且不可预期的差异，这就是初始状态的敏感性，又被称为蝴蝶效应（Lorenz，1963），也是整个混沌理论的核心思想。因此，身处在混沌系统中的行为个体，都难以逃脱由混沌系统所建构出来的决定性，从初始的状态到后来的结构性复杂，所呈现出来的是完整结构的涌现。混沌又被称为决定性混沌（Radzicki，1990）。在混沌理论的视野下，因果关系并非直观的线性，而是一种不可预测的非线性关系，凡是具有动态性、演化特质的实体都可被概念化为混沌的系统，如技术变迁（Hung & Tu，2014）、产业结构（Radzicki，1990）、创新发明（Koput，1997；Cheng & Van de Ven，1996）、交易谈判（Thietart & Forgues，1997）等。管理者所面对的环境是不可预测的，如破坏式创新（Christensen，1997）。面对不可预测的产业变革，管理者的策略就是做好环境的侦察，甚至是发展简单的策略与简单设计，避免因为复杂的思维与做法使得组织僵化，得以随着环境的变化而保有灵活的弹性（Brown & Eisenhardt，1998）。

其他的如产业发展与景气循环（Schumpeter，1942）、国家创新系统（Lundvall，1992）、产官学三螺旋的合作（Leydesdorff，2000）、政府制订的科技政策等，都阐明了存在于制度下的厂商或管理者，必须设法与制度进行衔接与配合，并随着制度的演化调整策略。

（3）互动论。

在意志论及决定论下管理理论的发展，这两种概念看似是二元对立，但结构本身其实隐含着相辅相成的双重性，兼具被动和制约两种特质（Foucault，1972；Giddens，1984；Bourdieu，1990），所有社会系统中的结构特征同时具备被动与制约（Giddens，1984）；结构本身既是限制，也是充满生机的机会，且主客观之间会产生协调的互动，没有任何一方可以单方面约束对方。主观实体通过社会化的堆砌产生客观实体，如制度、文化、习惯等，而客观实体又可以通过社会控制等手段来影响主观实体的自我认同（Berger & Luckmann，1966），制度本身也会受到个体行为的影响，产生去制度化的现象（Oliver，1992；Davis，Diekmann & Tinsley，1994），常以带有历史视野来分析组织，以此观点进行研究（Tripsas & Gavetti，2000）。对于结构与策略间的牵引，Mintzberg（1990）认为两者就像是左脚与右脚之间的相互协调，没有一方掌握优先权，McWilliams 和 Smart（1993）反对传统工业组织中 SCP 的分析模型，提出以效率与动态为基础的策略分析观点。强调制度与行动者间的互动论，制度创业及策略实践，都是此观点下的策略理论。

面对制度的压力，组织可以发展出独特的制度逻辑（Sine & David，2003）或制度策略（Lawrence，1999），来降低制度所带来的影响，创造意志论的策略空间。行动者可以通过默认、和解、规避、挑战与操纵等策略性回应来与制度互动（Oliver，1991）。行动者不一定要被动地受到制度管辖，规避乃至于挑战都是可能的策略。这造就了制度创业家，他们具备足够的能力来动员资源、改变规则，最终创造新结构（Maguire，Hardy & Lawrence，2004；Zilber，2007；Battilana，Leca & Boxenbaum，2009；Lee & Hung，2014）。制度创业家是结合个体观点与制度观点，认为创新是组织参与者的个人特质与组织结构之间相互影响演化而产生创新（Pierce & Delbecq，1977），这种创新过程不是阶段到阶段的创新，而是一种动态且随时间连续改变的过程。

Granovetter（1985）指出镶嵌于整个社会结构的所有经济活动，既不是讲求自由意志的低度社会化，也不是重视文化、规范与次文化期待的过度社会化；换言之，所有的行动主体都有既定的社会脉络，不是拥有完全理性选择的自主性，也不是完全内化的社会价值观，而是依其所在社会脉络的特质，与个人行为模式的交互关系来决定其行动的取向。

策略实践学派认为，策略并非抽象概念，策略研究应该要能够解释管理者的策略性行动，并体现出管理者实践策略的背景、脉络以及过程，其质疑以往策略研究过于强调策略的本质，而忽略了管理者实践策略时的运筹帷幄与即兴行动的过程（Evetts，2003；Jarzabkowski，2005；Olgiati，2010）。因此，策略实践学派呼吁将研究的重点聚焦在实践者于真实世界中的经验（Sandberg & Tsoukas，2011），因为任何管理者所实践出来的策略都是遵循着一套背后的实践逻辑（Bourdieu，1990；Jarzabkowski，2005；Vaara & Whittington，2012），而这套逻辑足以解释管理者采取特定策略性行动的动机与目的。

Mintzberg（1973）是最早从事管理与策略行为的研究者之一，首先质疑管理的传统定义，即计划、组织、领导、控制的一系列行为，通过直接观察高级经理人的日常工作行为，发现真正被实践出来的策略，同时也是管理者一天中花最多时间的地方，反而是一些看似平常的日常琐碎之事，这样的发现似乎与过去正式的策略性计划相违背，尤其在20世纪90年代，Jack Welch在GE的成功管理经验，让高管在策略执行与组织再造中，所能扮演的角色更被凸显出来。

决定论的研究出于欧洲的学术体系，因为欧洲各国的资源与规模都不如美国，经济政策上通常采取小国的发展模式，因此像创新系统、科技政策、Nelson和Winter（1982）的技术演化或Dosi（1982）的技术范式等研究就会相对受到欢迎，强调国家与政府在整个经济体系下所扮演的角色（Edquist & Hommen，2008）。对于亚洲国家来说，中国、日本、韩国等都被归类为追赶式经济体，同样面临资源短缺、技术落后等限制，也盛行创新系统与科技政策的研究（Mathews & Cho，2000；Wade，1990），但总体来看仍然不如意志论的盛行。策略研究过于偏重意志论的观点，如创业模式、创业家、资源基础理论以及动态能力等。而探讨结构、制度以及网络关系的决定观点则相对较少，大多集中在国家创新系统与科技政策等问题。强调结构与行动互动的观点又更少，多在谈论制度创业家面对制度环境的抗辩。不同的国情适合不同类型的策略管理研究，国家本身的客观条件（包含制度、文化以及法律等）与学术界的研究必须相互搭配，如此，才能达到相得益彰的效果。以美国为例，因为资源相对丰富，创业机会较多，文化上又盛行个人主义，所以意志论的研究相当多，这种可以做的文化自然而然孕育出不少英雄造时势的理论与实务研究，相关学者也几乎是美国背景。中国作为一个新兴的大国,许多条件与美国相似,由于体制与文化不得不重视制度方面的配合与衔接(Boisot & Child, 1996; Bruton & Ahlstrom, 2003),在策略研究上同样侧重于意志论的相关研究(Barney, 2008)。

3.2 策略与商业模式的场演化

Afuah 和 Tucci(2001)认为商业模式是由各种要素组成,要素之间互相连结且是动态的,动态性指公司的商业模式须不断创新。商业模式创新属于企业最本源的创新,企业的更新换代实际上是商业模式的推陈出新。商业模式可能存在着动态的观点,不仅仅是一种静态的表现,就是说商业模式基本上应该是一种变化的动态过程,并具有一连串运作活动的动态性。有学者提到策略与商业模式之间有着密不可分的关系,并说明了商业模式和策略之间存在着动态的概念。如 Zott 和 Amit(2008),依据权变理论的概念认为商业模式与企业的产品市场策略有着互动的适配性关系,证明了商业模式和产品市场战略原则上是属于两个截然不同、互补而非替代的一对概念,商业模式和产品市场策略组合的一致性能够为企业创造优秀的绩效。Yip(2004)认为通过策略的手段是同时可以改变商业模式的,并认为策略是更有用地预备给市场、其他定位或是商业模式等改变转换过的动态活动。策略是会随着企业长期的经营而做改变的,然而商业模式可以用来验证企业的策略选择。因此,策略基本上更会直接地影响到商业模式的改变,尤其是当策略改变的同时商业模式也跟着改变。

策略是会随着企业长期的经营而做改变的同时,商业模式亦应随着其策略选择内容而做改变。然而,策略选择概念是指企业在不同且互相对立策略手段中选择相应的手段并加以执行,就如同帮助企业最终决定策略的方向,而此概念仍属于静态观点。相对于此,策略变化与策略故事则属于动态观点。随着时间变化,策略选择会因为环境的影响(Chandler, 1962)或策略意图的变化(Child, 1972; Hamel & Prahaladad, 1994)而有所变化,此种情况则构成策略变化轨迹。策略变化是指不同时间点策略手段的组合。企业若只是为了随着环境的变化而散乱且随性地做出不具长远性规划的策略选择,那么其策略变化便不具完整性。因此策略手段的组合应是具有逻辑与意理且可供叙述,将其称为策略故事(narrative strategic story)。也就是说,企业若只是随着不同情况的发生而采取各种相对应的策略，那么其策略思维的运用只是被拿来当作一种临时救急的手段。因此，研究将使用此动态概念来探讨商业模式形成过程与策略和商业模式间互动关联性分析。

近年来对于商业模式是如何形成的研究尚未深入探究，通过案例发展过程中其策略与商业模式互动关联性变化来进一步探索商业模式的形成过程。家电行业环境竞争相当激烈，也容易产生模仿，然而海尔却能在短时间内快速从青岛到全球、多品种、多模式、跨地域经营的扩大经营版图，其策略手段与商业模式彼此之间的互动关系为何？研究为通过策略手段选择与描绘出海尔在其发展过程中所呈现的策略变化轨迹，并通过对应同时期商业模式探究其如何构成，同时勾勒出策略故事的精彩程度与全面性，尝试找出其两者间关联性变化，即场演化过程。以历史研究法针对近年来家电行业中较具代表性海尔进行实证分析，除了从叙述性故事的动态观点来探讨商业模式形成过程之外，希望通过两者间叙说分析以探讨商业模式与策略两者间的互动演化关系。

3.2.1 商业模式的动态观

商业模式首次于1957年出现在期刊中，在1960年出现在期刊的标题与摘要里，Konczal（1975）为最早使用 Business Model 这个名词，到了20世纪90年代末期，商业模式便快速引起了国内外广泛的讨论（Osterwalder & Pigneur, 2005）。相关文献整理后，主要是三个方面：第一，通过案例在实务上的营运方式来看其商业模式类型、运作及经营方式，探讨案例存在商业模式其成功关键因素、特殊之处等内容。第二，探究各种不同影响变量因子与商业模式之间存在的相互关联性，如经营绩效、创业管理、策略及运营机制等与商业模式的关系研究。第三，以理论观点探讨商业模式构成要素等静态性研究。关于探讨商业模式其构成与要素建构的静态研究至今没有达成一致的观点，研究发现各类皆偏向以静态论点来看商业模式，如以个案探索商业模式的方式其实出现在各个不同的产业类别、领域；如地方文化、品牌创新、电子商务及企业经营等多种面向皆以静态方式来探讨关于其商业模式研究，从中挖掘出其商业模式特殊之处；而探究各种不同影响变量因子与商业模式之间存在的相互关联性，整理发现是通过经营绩效、创业管理、成本绩效及运营机制等与商业模式的相互关系研究，依然没有探究商业模式是如何产生的？如何影响商业模式形成、构成等静态性相关研究，发现从不同的论点去影响商业模式的构成也就会有所不同，依据所探究的研究产业领域、变量因子的相异性也就构成各自唯一、创新的商业模式。

除了从静态面向来看商业模式外，Afuah 和 Tucci（2001）认为商业模式是企业用来建立并且使用资源，提供比其竞争对手更好的顾客价值，并赚取利润的方法。企业商业模式详细说明了一家公司现在如何获取利润及如何去规划它的长期获利，使得一家公司能持续优于对手，获取竞争优势。一个企业商业模式可比作一种系统的概念，它由各种要素组成，要素之间互相连结，并且是动态的。所谓的动态性指公司的商业模式需要不断创新，才能制敌先机或避开竞争对手，掌握机会避免威胁。商业模式是动态变化的，商业模式创新属于企业最本源的创新，企业的更新换代实际上是商业模式的推陈出新。有主张商业模式可能存在着动态的观点，而不仅仅是一种静态的表现，商业模式基本上应该是一种变化的动态过程，具有一连串运作活动的动态性。然而，探究关于商业模式的内容、商业模式对企业绩效及创新管理等的影响或是在探讨商业模式的形成等，对于商业模式是如何产生少有探讨，同时关于策略在商业模式的形成中扮演着某种角色研究也不多；当然已有学者主张策略与商业模式之间基本上是存在着关联性的互动关系。

3.2.2 策略与商业模式的互动关系

Zott 和 Amit（2008）依据权变理论的概念，认为商业模式与企业的产品市场策略有着互动适配性的关系，其证明了商业模式和产品市场策略原则上是属于两个截然不同、互补而非替代的一对概念，商业模式和产品市场策略组合的一致性能够为企业创造优秀的绩效，如创新型商业模式配合差异化、成本领先或早期进入市场的产品市场策略能够提升企业的绩效。研究认为，商业模式应该与策略之间是有着适配的关系，商业模式基本上应该追随着策略的脚步共同前进，也就是在说明商业模式应该如何顺应策略本身的内容。然而，所谓适配的关系其实也就是代表着的是一种静态的表现。

Yip（2004）认为通过策略的手段是同时可以改变商业模式的，认为 Porter 和其他策略学者大部分使用的例子较倾向于描述静态的商业模式，且认为成功的企业都有一个静态的商业模式，但事实上可能意味着该公司正沉浸在占优势及有利可图的市场地位上。长期策略是更有用地预备给市场、其他定位或是商业模式等改变转换过的动态活动，策略是会随着企业长期的经营而做改变的，然而商业模式可以用来验证企业的策略选择,因此策略基本上更会直接地影响到商业模式的改变,尤其是当策略改变的同时商业模式也将会跟着改变,当策略改变时商业模式也将会随着与之改变的变化过程。

Zott 和 Amit（2008）、Yip（2004）皆认为策略都会改变到企业的商业模式,两者之间存在着密不可分的关系。策略是会随着企业长期的经营而做改变的同时,商业模式亦应随着其策略选择内容而改变,换句话说,当企业组织的策略方向变动时,其商业模式也可能同时变动来达到企业组织的营运目标。因此,在商业模式的构成或要素组成上至今并没有统一达成共识的看法、少有学者探讨可能是什么样的要素使得商业模式进而产生,在组织的营运上策略在商业模式形成的过程中又扮演着一个什么样的角色等。然而虽然提倡了策略与商业模式之间是存在着配适关系,但仍终究是属于静态性的概念,因此,商业模式应是由渐进式等一连串活动所形成的。欲探讨的是商业模式形成的过程,以及在形成的过程中,基本上商业模式与策略这两者之间的互动追随关系。

3.2.3 策略选择与策略学派

3.2.3.1 策略选择

策略（stratcgy）一词是源自于希腊语的 strategos,表示是象征将军的作战技术,也是军事领域研究中的常见用语（Galbraith & Nathanson, 1978）。Chandler（1962）将之代入企业管理领域的运用。Ansoff（1965）发表了企业策略论,策略的出现能提供企业一个经营决策方向而使得企业经营者开始从诸多策略管理理论中选择一个对企业最好的策略来作为其营运的决策方向。策略计划、竞争策略与 Resource-Based View（RBV）等各式理论的兴起,当看待同一件事物的角度不同时,每个人的立论与诠释也就跟着有异。

研究以最基本且最为广泛使用的二分法,将策略分成策略计划与策略施行两者来看,这种策略管理二分法的方式,是策略研究最具支配性的基本论点。二分法具有目的上的差异性,可以归纳为:第一,企业目的的对立。按 Hoffer 和 Schender（1978）所述,依照公司内层级不同,企业可将策略分为以下两种,各自以代表两个互相对立企业目的。（1）公司策略。以成长为主要目的,其代表学者包括 Ansoff、Mintzberg 和 Quinn 等,而常使用手段则有国际策略、多角化策略等。在公司策略中最基本的策略则是多角化策略,当企业为了追求综效或降低成本时,往往会采用多角化策略,不论是垂直整合（向前或向后整合)或者是水平整合(并购其他相关的产业或企业,以此来提升资源使用率、扩大产能及市场上的占有率等)来追求企业的成长。(2)事业策略。以竞争为主要目的,其代表学者包含 Porter、Barney 和 Hamel 等,而其中著名的理论则有竞争策略、核心竞争力、Resource - Based View(RBV)等理论。事业层级的策略主要是在说明企业的各个事业部门该如何在其所从事产业或特定市场中,找到独特且优势的定位并维持本身竞争优势。而企业为了找出并维持竞争优势,则必须将事业部之中的各个功能性部门加以整合与协调,而这一连串的承诺与行动就是事业策略。第二,研究焦点的对立。依 Zan(1990)所述主要分为规范性与记述性。规范性其研究焦点专注于企业应该如何去分析其身处的环境,并根据分析结果找出环境中生存机会,并依此制定一个合理且有效的策略手段解决其经营课题,简单地说,其指的是注重策略内容实际执行时的手段。而记述性着重的重点是策略实际上是如何形成的,也就是着重策略过程探讨。若是以管理过程论所述的 Plan、Do、See 概念来诠释,那么规范性较重视的是 Plan 的部分,而记述性则较重视 Do 的部分。第三,策略来源的对立。主要可分为内部及外部两部分。内部指的是以内部的资源、环境为前提的研究,其研究重心主要是在说明决定企业绩效的因素不是在于企业的外部环境,而是在于企业内部的优秀资源与现场工作人员的创新能力来决定组织的绩效。因此,在内部重视的策略研究中,主要是在分析企业内部竞争力的来源以及发展出能够完整说明竞争力来源的一套模式。外部指的是重视外部环境以寻求决定组织绩效的企业,首先必须详细地对环境进行分析,根据其分析的结果在环境之中找寻适当的定位或利基市场,抑或是发展出足以应对快速变化的环境之有效手段。因此,在这外部重视的策略研究中,其研究的重心主要是有效分析环境的技法以及精致的策略计划手法的发展。

策略理论研究必然存在着对立概念,对立即意谓企业管理人必须作出选择,不论是否为正确或是错误的策略选择。总之,当企业面临在特定时期环境考验时,企业管理人必须选择一个能随着此挑战策略手段,也就是策略选择概念。那么到底策略选择有哪些依据?

3.2.3.2 策略学派的分类

策略选择指的就是假设当企业在面对变化的外部环境时,对于企业在资源分配与策略手段执行上有自由的判断能力与自主性(Child,1972)。管理者会因为面对外在环境与企业发展时期不同,而在决策经营目的与策略形态选择时有所差异。在策略研究领域中采用策略研究焦点和策略发生源两个分类基准以构成策略理论架构:策略的研究方式可根据内容重视和过程重视;策略的发生源分为环境重视和组织重视。

(1) 计划学派(the planning approach)。

计划学派是属于环境重视与过程重视的学派,主要是策略管理者以通过正式的分析手法所得到策略性意图为基础,有计划地筹划并制定策略,也常常被认为是策略管理理论中古典学派,也是在策略管理理论中关于策略制定模式的发展过程中最具影响力的学派,而具体来说古典策略概念如成长策略、多角化策略、并购策略均属于本学派理论范围。计划学派最早可追溯于 Chandler (1962) 出版的 *Strategy and Structure* 一书。以当时著名美国企业 DuPont、Sears Reebuck、General Motors 以及 Standard Oil 作为个案企业,通过多重个案研究法与历史研究法,整理归纳出企业在实施多角化策略后从不同组织结构转变至事业部组织演变内容。其认为策略是长远的眼光,为了达成企业的目的与目标,必须调整组织结构与资源分配。基于此,认为策略是先行于结构之前,于是提出组织结构追随策略,也就是说为了成功达成策略,必须具备合适的组织结构。研究美国企业经营史之后,其提出了企业成长策略主要内容,分别是量的扩大、地理的扩散、垂直整合、多角化策略。当时美国企业在成立之初会先关注于本身销售量的扩大,先在市场上求生存并站稳脚步,并具备一定的销售量之后,便会朝相邻的地理区域设置据点,慢慢拓展其经营范围,等到扩张到一定程度之后,便会尝试进行上、下游垂直整合,而最后便会在相关产业或是非相关产业中,实施多角化策略。Ansoff、Andrews 等早期学者皆受到 Chandler 强烈的影响,分别有垂直整合策略(Ansoff, 1965)、水平整合策略、企业策略(Ansoff, 1965;1988)、企业政策(Andrews, 1971)、策略计划(Steiner & Lorange, 1970)及策略经营(Hoffer & Schender, 1978)等理论。

(2) 创发学派(the emergent approach)。

创发学派是属于组织重视及过程重视的学派,其策略思考模式为由下而上。此学派的学者在考虑策略时,其思考角度主要是从组织内部的创发性行动和一些自律的行动来说明策略形成过程。在此学派中所谓的策略,并非是企业管理高层事前合理分析下的产物,而是组织成员在实施策略过程中所创发出来结果。创发学派代表学者为 Mintzberg (1986),认为策略形成是组织成员通过在实施策略过程中学习结果,并且与过去的行动存在着一致性。但在了解 Mintzberg 的研究之前,要先探讨此学派中提出理论始祖 Quinn (1978, 1980)

研究。其研究发现，尽管当高级主管在制定计划时，无法描述他们如何拟订策略，但却符合基本逻辑的渐进主义，并可以把不连贯的事物给拼凑起来。Quinn（1978，1980）称这样的过程为逻辑渐进主义。认为当企业内部决策与外在事件交会时，高管团队成员间会产生一种全新又普遍的行动共识，而当这种共识产生时，策略就容易逐步形成。Mintzberg（1987）将此概念为创发的策略，也就是指通过行动的实践去哪些意图是应该被优先考虑的，其中最重要的是学习的概念。因此，创发策略概念也影响到日后的策略性学习，也承认组织具有一个实验的能力。个体单一的行动可能会被采用，接着可能会收到反馈的信息，而此过程会不断重复下去，直到组织趋向于一个模型，形成组织的策略才有可能停止。Burgelman（2002）对于 Intel 的策略演变作用与过程做长期的研究，间接证实了 Mintzberg 所述观点，并提出了诱发型策略与自律型策略（社内创业）。策略形成的过程是一个开放的系统，策略流向也有可能由下往上的方式将策略反馈于高层。

（3）定位学派（the position approach）。

定位学派是属于环境重视和内容重视的研究策略曲径，其代表性人物为 Porter 以及他所提出理论概念。Porter（1980，1985）主张所谓竞争应该是事业部与事业部彼此之间的角力对抗，并非企业与企业的竞争，也就是企业中各个事业部将各自进行事业部策略（竞争策略）竞争。SCP 模式（structure – conduct – performance），由 Porter（1980）将其带入策略研究领域。由 SCP 模式引申出来的是 Porter 的五力分析。更重要的是，Porter（1980）修改了 SCP 模式原本的意图，强调寡占、独占市场，并非原先的完全竞争市场，并依此提出了策略群组分析与五力分析、一般性策略、价值链分析。

策略群组分析是探讨产业整体面与企业间一种中间的参考架构，根据不同策略要素，每一企业会处于不同策略群组。而产业内群组形成的因素和改变的原因很多，有可能是在技术或是资源发展上有其差异，因而选择不同策略，另外产业结构的改变也可能促使新策略群组的产生，或使不同群组同质化。总之，策略群组是竞争环境分析的一种工具，也是探讨产业整体面及个别企业间关系最基本方法，每一企业都有其独特因素，因此企业会分属不同策略群组。产业是由数个策略群组所构成，而不同策略群组会有不同的产业结构，也会有着不同收益能力。然而对企业而言，思考竞争策略最重要的出发点即找出适当竞争对手，也就是对企业最有利策略群组，此为 Porter 所指策略性定位概念。

Porter 认为单一产业或策略群组竞争程度的大小，取决于在产业既有的经济结构程度上。换句话说，产业的竞争态势主要受到五种竞争力量来决定，所谓的五力包括潜在进入者的威胁、现存竞争者之间对抗的强度、来自替代品的威胁、顾客的议价力量、供应商的议价力量。这五种力量构成了单一产业或某特定策略群组，也影响到企业获利能力。通过上述策略群组分析与五力分析概念，企业便能找到对自己而言投资利益相对较高市场，接着便是采取行动，也就是挑选相对应的一般性策略。一般性策略主要是在事业策略层级方面，利用低成本或是差异化这两个基本的竞争优势，在特定的竞争范畴内挑选其中一种来作为策略行动依据。而在产业内为了达成优于产业平均水平的业绩，主要有成本领先、差异化以及集中策略。企业能否有效应付五个力量便是根据此一般性策略，然而企业只能择其一来使用。Porter 认为企业在资源有限情况下必须从一些互为矛盾的基本策略中做出抉择，以取得竞争优势。

　　Porter 理论在此也留下了一个问题，也就是提出的三个策略，其来源和具体的方法从何而来？基于此争论点所发展出来的理论就是价值链。为了进一步说明企业应如何实施一般策略，并确保其竞争优势可一直持续下去，Porter 于 1985 年提出了价值链概念，价值链是指事业部内的各个功能部门间的策略适合性。为了维持竞争策略所获得的竞争优势，必须靠组织内的一致性（内在的配适）的支援，如果无法达到内部配适的话，将无法维持竞争优势。如果将价值链与一般策略合并思考可得知在企业选定一般策略后，即可通过价值链分析来决定执行策略重要功能，并促成其他次要功能与主要功能间配合。而此内部功能间互相配合即为 Porter 价值链的概念。

　　总之，Porter（1980，1985）提出竞争策略的概念，事实上存在着一定的顺序性。五力分析目的在于帮助企业了解产业全貌并找出特定的定位或缝隙。接着挑选相对应的一般性策略，如果适合企业策略群组只有一个，那就采取集中策略，之后再决定要用低成本或是差异化策略；反之，如果企业在两个策略群组以上具有优势的话，便可采取广范围竞争并配合低成本或者差异化策略。Porter 更认为企业不能同时追求广范围或是窄范围、低成本或是差异化策略，反之企业就能取得竞争优势。最后价值链的概念在于如何维持企业竞争优势，也就是指事业部间各项活动（主要活动与次要活动）的连结，价值链的持续性竞争优势来自事业部各个活动间"Fit"概念。

　　（4）资源学派。

　　资源学派则是属于组织重视和内容重视的研究。此学派主要是从资源的取得及创造、资源的活用能力以及通过学习以取得资源等三个方面说明持续性竞争优势的来源,而其所指的资源是指组织内部的资源,主要分为有形与无形两个方面。资源学派最早可追溯于第一次提出 resource – based view 这个名词的学者,就是 Wernerfelt(1984)在策略管理领域中阐述 Penrose 的概念,且通过企业目前所掌握哪些资源为观点,来说明企业竞争优势的来源。Rumelt(1984)认为占优势的企业能比其他企业更有效率地产生经济租,也就是企业手上握有多少的资源将决定企业业绩。将企业定义为一个大量且有生产性资源的集合体,并认为这些资源的经济价值变化取决于企业如何使用它们,也同样认为要通过企业的隔离机制来提高资源的不可模仿性。第三个提出资源基础相关理论的 Barney(1986a),Barney(1986a)进一步地将 Wernerfelt(1984)的 resource – based view 转变成俗称的 resource – based theory。Barney(1991)概括描绘了各种资源的观念,而这些资源可以区分为实体资本资源(实体科学技术、厂房及设备、地理位置、原物料的取得渠道等)与人力资本资源(训练、经验、判断力、智慧与人际关系等)以及组织资本资源(正式的制度与组织结构与非正式的群体关系)等。资源学派中的学者对于资源的看法,存在有形与无形两种视点,而他们的研究焦点特别着重于信息、知识、能力等无形资源。再者,资源学派的学者认为个别企业所拥有的资源皆有不一样的异质性,这个异质性会促使企业形成不一样的竞争优势来源。

从资源角度来探讨,延续了 Wernerfelt(1984)概念,以及 Rumelt 资源的异质性与隔离机制的观点,Barney(1991)更提出了一个理论模型架构,以此来判断企业的资源,是否存在异质性与不可分割的性质,换言之,企业的异质性与不可分割性取决于图中价值性、稀少性、不可模仿性以及组织系统这四项特性上。

从能力角度观点来探讨。随着 RBV 理论研究发展,近年备受注目的是包含所有的个别资源,也就是更高层次的资源企业能力。依 Amit 和 Shoemaker(1993)所述,企业是不同的资源与能力的集合体,将资源与能力相结合的话会形成其策略性资源。Grant(1991)将 Barney、Wernerfelt 等 RBV 学者基本主张资源直接决定组织的竞争优势扩展为资源是企业能力的来源,能力是竞争优势的源头,并提出了资源学派中代表性的模型。

从学习角度,Prahalad 和 Hamel(1990)提出企业的核心能力的概念,并将其定义为组织内的集体学习,特别是如何协调各种生产技术,以及整合不同类型科技的能力,在此概念为前提下,Prahalad 和 Hamel(1990)提出了能力树的概念来说明何谓核心竞争力。将能力树解释为现今多角化经营的企业就好比是一棵巨大的树木。树干和支干其实就是企业的核心产品，而较细小的树枝则是各个事业部单位；树叶和果实则是终端产品。而最重要的是提供养分、维生素和稳定作用的根部系统，也就是所谓的核心竞争力。如果企业只注意到竞争对手的最终产品的话，有很大的可能会错估了竞争对手的实力。

Teece 等（1997）提出动态能力概念，所谓的动态能力包括动态与能力两种概念，也就是企业随着内部或外部竞争而整合、学习与重组的能力。动态指的是为随着环境的变动，而更新自身的能力；能力则是指该能力的管理能力。动态能力应包括能力的更新与能力的延展两个部分。而能力的更新与企业的营运及管理程序、产业与社会中的定位、发展路径等三个因素有着相当大的关联性存在。企业在既有的产业轨迹与路径相依的双重限制下，通过一系列组织与管理程序，发展出适合的能力，进而得以在快速且不停变动的竞争环境中继续成长。事实上，由于能力是动态且演化的，资源亦是可重组的（Amit & Schoemaker, 1993），因此企业维持竞争优势的方法来自动态能力的展现。

Gulati（1998）提出策略联盟的概念亦为资源理论重要研究。策略联盟是指企业双方（或多方）为获取某种特殊的经营资源，所采取的非市场导向的网络交易方式。当企业无法用自行发展或者购并的方式获得资源时，则须由发展组织间关系来获得辅助资产，以降低环境的不确定性（Pfeffer & Salancik, 1978）。而这种组织间关系可以分为强联结和弱联结（Cranovetter, 1973；Nelson, 1989），其最大特点就是在交易成本的限制与知识扩散的考量之下，达成各方的共识。事实上，不管是强联结或弱联结，网络成员均可利用外部网络结构来获取成长所需的不同资源。

管理者在企业成长的过程中，所追求的是在每个不同时点的当下主要目的策略行动的结果，从多种策略里去找寻一个合适的跟随策略。策略选择意味着企业在不同且互相对立策略手段中选择相应的手段并加以执行，同时策略所面临的环境与困境是变动且动态的，而通过不断变动的矛盾才能使公司继续取得竞争优势，且解决矛盾最好的办法就是选择出对公司最有利的策略手段，在有限的资源中找寻到对公司最好的方法。企业在各经营时期时，会采取各式各样的策略做选择，而通过策略手段上的选择来解决企业在成长过程中所面临的困难处境。企业在追求企业成长与企业竞争的目的时，从目前策略方法出找出一个跟随目前策略的手法，研究称为策略选择。

3.2.4 策略变化与策略故事

3.2.4.1 策略变化

变化是无所不在且多方向的（Pettigrew，1993），在策略理论中，变化成为其研究领域中重要概念。首先针对策略变化相关文献作一整理，并以 Pettigrew（1985）所认为策略变化定义为主要依据。虽然在策略变化理论中策略转型与策略创新均为策略理论中较偏向动态概念研究，但策略创新概念无法表示企业在不同时间点下，如何选择策略手段、策略手段过程如何转变以及策略手段如何组合，且其观点常存在于产业间如何找出生存方式，较倾向于以经济学的概念来更新传统的商业思维。

（1）策略变化。

策略变化概念源于组织变革理论，也因为受到组织变革的影响，因此策略变化理论亦带有变化与变革之意。事实上，Change 的概念看似类似，其实彼此互有不同之处。在既存策略变化的研究中，本书发现 Pettigrew（1985）所提出策略变化定义是最具有全面性解释的，因此接下来将对于 Pettigrew 所述策略变化概念加以探讨。

Pettigrew（1985）指出，传统的组织变化理论忽略了以往的历史经验，除了只专注在特定时期研究外，还缺乏对组织环境研究。此外，Pettigrew（1985）更表示说对于组织变化研究方法需要做出改变，由于较少有研究是在描述组织变化的动态过程。就是说，组织变化理论必须进化，必须正视整体动态分析，并在研究过程中将随着时间变化组织环境也考虑在内，基于此概念提出了一个策略变化模型。Pettigrew（1987）所提出策略变化模型主要包含三个要素，通过此策略变化模型，研究者在观察企业策略变化时，在获取内容上能达到纵向与横向的水平，并能够以时间的概念来捕捉组织情境的关系。首先在内容的部分，其意思是说明将发生变化，或是什么样的变化，指的是一个基础的理论或是策略的内容；而过程则是一个描述如何发生策略变化，其过程是什么；最后情境就是解释为什么这些变化会发生，而情境又可以分为两个部分：组织内部情境指的是组织结构、企业文化、权力或国情；组织外部情境指的是社会、经济、政治以及竞争的环境。Pettigrew（1985，1987）针对英国著名的皇家化学工业做出的研究也支持此观点。将此公司的策略变化视为非单一的插曲事件，而是一系列插曲事件的组合，包含理性与政治、效率和权力的追求、特殊人事与极端情况的角色、机会或是环境中的种种影响力量,这也就是模型中提到的情境的部分,在这些情况中会混合出现的某些情境,便是策略变化过程。皇家化学工业研究得出以下结论:第一,变化的发生并不是一种持续性循序渐进的过程。第二,变化的模式适用于周期性间隔其间发生的剧烈变革时期,这些时期该公司在意识形态、组织结构以及企业策略上都出现实质重大的变化。第三,这些变化活动频繁的每一时期,都与经济衰退有所关联,皇家化学工业只有在陷于严重经济困境时,才会采取重大的变革,而另一关键因素是由企业经理人所干预并采取策略。第四,革命时期的变革与其内部领导人更改内部权力有关联。依 Pettigrew（1985,1987）研究,策略变化事实上是掺杂于高级决策制定者的核心信念调适,随之而来在组织结构、制度以及奖励措施上,进行变化的一种错综复杂的混合状态。

(2) 策略转型。

转型（transformation）一词主要是依据日文中"事业转换"而来,其意思主要是指企业为了随着经营环境的变迁,而改变企业经营形态的一种方法。策略其实是会有所转型,并非一成不变地实行下去。

Mintzberg 等（1998）的构形学派提出了两个重要概念,分别是形态与转型。形态就是描述组织与其周遭环境脉络的状态;描述策略制定的过程便称其为转型。如果组织采取的是一种存在的状态,那么策略制定则变成是由一种状态转换成另一种状态的过程。因此,转型是形态不可避免的后续结果,有时形态与转型需要前后一致,但有时转型却需要对于前一次的形态有所改变。事实上,策略制定的过程在一开始便是要改变组织正在前进的方向,因此造成的策略却是稳定了那个方向。构形学派描述的是在几种既定状态内的策略相对稳定性,有时会被偶尔激烈的跳脱所打断。

构形学派在两个层面上属于形态配置的学派,第一,在组织的不同构面上,如何在特殊的情况下串在一起,以界定所谓的状态。第二,这些不同的状态如何随时间而接续起来,以界定阶段、期间甚至是组织的生命周期。然而,状态隐含的是根深蒂固的行为,而策略制定变成让这些松散的行为方便组织成另一个状态,也就是把策略过程看成是一种相当激烈的转型过程,扭转形势或者重新展现活力。而另一项重要的概念是,形态往往是由学术人士所研究及描述的,然而转型却是企业经理人及企管顾问所建议的。

Mintzberg 等（1998）对于构形学派提出了以下预设前提：大部分的时间,组织可以以其组织特性的某些稳定形态的角度来描述,在于一个可以明显区分的时期内，组织会采取能够配合特殊情境的某种特殊形式结构，致使组织会从事某种特殊的行为来制定策略。这些稳定时期，偶尔会被某些转型过程（急剧跳到另一种形态）所打断。这些连续的形态以及转型时期的形态，可能会随着时间的推移形成有特定模式的连续结果，如描述组织的各种不同生命周期。策略关键是要维持稳定性，或至少是在大部分时间中采取调适性的策略性变革，但是也要定期地认知转型的需要，并且能巧妙地处理分裂的过程，而不至于对组织产生破坏的影响。策略制定的过程可以是一种概念性的设计，或是正式的规划、有系统的分析或领导人的宏观愿景、协力合作的学习或竞争性的政治角力，或专注于个人认知、集体社会化或对环境力量做出简单回应等过程。然而每一项过程，都有其各自的适用时机与各自的适用情境。换句话说，这些对于策略形成过程的各个思想学派本身代表的就是各种特殊形态。随之而来的策略所采取的形式，包含计划或模式、定位或视野，或是计谋。同样地，每一种策略都有其各自适用时机与各自的适用情境。

Mintzberg 等（1998）认为：第一，不管是策略或是组织结构，其在特定的时间点下，必然会表现出一种形态。例如，Pradip Khandwalla（1970）提出的论点，组织就像是一座森林的生态循环，包括成长、保护以及建设性破坏等三种形态；Danny Miller（1970）提出十种策略形成过程的原型；Miles 和 Snow（1978）将形态（指的是技术、组织结构和策略过程相关联的特殊形态）分为防卫者、探勘者、分析者、反应者等。形态必然会存在于世界上任何一种领域，策略、组织结构亦是如此。第二，具备了形态的概念，接着才能探讨转型定义。由于企业在不同时间点所面临的经营环境有所差异，以不同的经营时期来说，不管是策略形态或是组织形态（Mintzberg et al.，1998）必然有所差异。特定时期只会具备特定一种形态，但是经营环境的快速变迁，也导致了策略形态亦会有所转变。Mintzberg 等（1998）所要阐述的是，不同的策略形态间其过程到底是如何转变的，也就是策略过程是什么。

近年来，形态与转型概念也广为探讨，其通过成长策略概念将企业不同发展阶段所挑选不同策略手段作一整合，找出个案企业策略变化模式。采取的成长策略主要分为三类：阶层式的一般性扩张策略指公司的成长是以渐进或演化方式，随着外在环境的变迁和内部体质的转化，将公司组织内的闲置资源有效运用而逐渐茁壮和扩张。市场式的成长策略指的是企业可以通过自身能力与其他企业交换不可分割的闲置资源，快速获得成长所需而本身没有的特定资源与能力，实际上即称购并。组织间的网络式成长策略是让企业通过彼此间的相互合作，拆去壁垒来寻求更多的辅助资产来使公司成长，重点就是企业不用投入过多资源与复杂的内部化过程，即可在分散风险的情况下得到辅助资产。而实际执行方式包括合资与策略联盟。在此模型下，假设企业在面临环境剧烈变化之后，策略的决策也变得相对频繁，如果只是基于 Chandler 的命题组织结构追随策略，来说明日常业务对于策略的优势性前提，而使得组织能让策略加以独立的论点已不复存在。因此，必须从策略和组织理论双方的观点来理解组织的策略行动才是有用的。从组织的观点去探讨策略中四个学派之间的相互关系，而此模式也包含四种完全不同策略形成过程，包括环境→策略的形成过程、策略→组织的形成过程、组织→策略的辅助过程以及策略→环境的辅助过程。总之，此模型除了能解释组织的策略变化过程之外，符合 Mintzberg 等（1998）所述的构形学派概念。构形学派所提出形态与转型与企业在不同时间点下会采取不同策略选择的概念不谋而合：形态便是策略选择，也就是企业所执行策略手段；转型是特定时期所执行策略手段如何在面对另一种时期时，能做出调整，甚至是改变原本的策略手段至新的策略手段。

3.2.4.2 策略故事

当企业经营时在追求成长发展的过程中，面对前后各个时期其不同阶段的发展可能致使一连串的策略变化出现，而随着时间的演进使得企业经营因而策略选择、策略变化而有所改变，然而这一连串策略变化的产生其实背后有着故事脉络可依循，称为策略故事（strategy story）。在策略变化过程中，由不同策略手段所组成的生命故事，而在此所指的生命故事（life story）观点并非源起于经营管理研究范畴。生命故事又可称为故事、生活故事或是生命物语。叙说探究旨在挖掘企业个案从过去、现在甚至未来等一连串策略的踪影及其交集性所形成的故事起始发展关联程度，叙说同时重视故事背后的意义，也就是为何安排这些剧情的诞生，而这一连串变化其实在于说故事者如何诠释出这环环相扣的情节，简而言之就是在赋予每一个策略选择一种如何被说的故事生命。

叙说探究观点的学者认为策略故事仅是某一时间点策略选择结果，企业策略行为应属于短话长说。策略并非只是对于既存策略手段策略选择结果，而应该是一个能提供企业在实务上能诠释的叙述性故事。对此，故事是属于事前概念，可将其策略意图叙说给现场人员。例如，Shaw 等（1998）即提出策略性故事（narrative strategic story）观点来主张应用叙述故事方法取代传统策略计划。策略故事不仅是表述企业发展过程，应是一种有效的策略手段。

策略故事具有两个本质：第一，差异性即企业在不同时间，将前后相异手段做有效连结，以达成策略手段独特性进而获得竞争优势。而差异性又可分为目的差异性（企业在不同时间所追求不同策略目的）、策略取向差异性（企业在不同时期所采取不同策略手段间逻辑）、策略手段差异性（企业在不同时间点虽然采用相同策略取向但却采取不同策略手段）。第二，连结性即企业为了达成其目的，在营运的过程中，企业所采取策略手段间必须具备逻辑性与连结性，而此种具有内涵及条理脉络即故事连结性。连结性又有以下两种构成要素，分别为策略手段之间具备互补性（互补性决定了策略故事中连结性强弱，故事性强代表构成故事手段事件间彼此相互关系存在，是经营者在思考一个个不同的策略手段中要去审慎构筑的）、策略手段之间本身可供叙说程度（强调一连串策略行动所构成的策略故事内涵及条理）。好的策略故事要具有强而有力的故事性，此故事性可供内、外部人员清楚叙说程度越高，即表示该企业手段间连结性越强，员工对策略手段间转折意义也越了解。通过叙述性高的策略故事，高管可更清楚选择并连结未来策略手段以勾勒出企业的独特策略故事。

研究目的是利用叙说探究的方式来探讨单一案例企业在面对各不同经营时期所做出的策略选择，并将每个策略选择解释成企业发展的策略变化轨迹，找出企业经营发展时的策略脉络，也就是研究所想要探讨在企业发展过程中，形成的策略故事重现。研究适应当时环境及企业本身能力而在不同时期做出不同策略，称为策略选择，将此不同策略手段间的连结称为策略故事，不管是显而易见的策略行动或是因现场指导而改变的策略行为，事实上构成策略变化，最重要的是在这一连串的策略变化是由彼此可供叙说且具一定含义的策略选择所组合而成，彼此间存在着一定的连结性与互动性。

3.3 研究设计

针对海尔的初级资料与次级资料进行搜集与整理，以了解海尔在运用策略及商业模式构建情况。依以上步骤分析结果以时间序列方法呈现，最后将不同模型进行交互以找出研究发现并设定研究寓意并加以说明。研究目的在于利用历史研究法的研究方式，主要因素为深入探讨企业在历史发展的策略过程中，由系统搜集与客观事实的资料，能考验有关事件的因果、成效或趋势，以严谨的分析来探究过去事实的资料以了解过去及预测未来。研究将从面对不同经营时期下所做出策略选择与商业模式进行描述并解释企业发展过程中所采取的策略变化轨迹与商业模式活动变化。

研究对象为企业策略，策略本身即带有异质化，没有任何企业希望自己的策略在同一时间点与其他竞争对手企业的手法是相同的，并由于历史研究法仅以一家个案做深入讨论，因此在个案选择上倾向于近年来在策略上有重大突破与发展的海尔作为研究对象。并利用公开信息、官方网站以及相关著作与杂志，总共整理出海尔策略事件与商业模式事件。为深入观察其个案企业策略选择及策略变化进而归纳出其策略故事与商业模式活动，研究以策略明显为原则将个案统一依策略变化明显为原则各自区分为不同时期，并以各时期内策略手段的相似性为比较基础。挑选海尔作为个案原因在于：第一，受到产业特性的因素影响，家电产业环境与经营在短时间内快速扩增发展，研究认为其策略手段与商业模式精彩和丰富程度，均对于解释策略与商业模式的动态观点有正面影响。第二，海尔通过其发展过程与规模，以此发现家电产业的发展历程与转变。通过此种信息的发现，以研究海尔于不同经营时期不同策略选择所组合而成的策略变化历程、不同商业模式要素所结合而成的商业模式变化过程。

3.3.1 海尔集团策略分析

3.3.1.1 海尔集团历史发展

海尔集团创立于1984年，从单一生产电冰箱起步，现业务领域已拓展到家电、通讯、IT数码、家居、物流、金融、房地产、文化、医药等多领域，致力于成为全球领先的美好生活解决方案提供商，旗下拥有两家上市公司：青岛海尔（股票代码SH：600690）和海尔电器（股票代码HK：01169）。在互联网和物联网时代，海尔从传统制造企业转型为共创共赢的物联网社群生态，率先在全球创立物联网生态品牌。海尔一直以管理方式的时时创新著称，其首创的"日日清管理法"曾获国家级企业管理现代化创新成果一等奖，"以'市场链'为纽带的业务流程再造"荣获了特等奖。2005年，海尔为应对互联网的挑战，将用户作为起点和决定要素，将组织变为三级三类自主经营体，实行人单合一的管理模式。2012年，海尔策略由生产产品和服务转向生产创客（maker）后，在全集团范围内推行小微企业模式，并为打造创业平台推行了一系列的组织变革。2018年海尔集团实现全球营业额2661亿元，同比增长10%；全球利税总额突破331亿元，同比增长10%；生态收入达151亿元，同比增长75%。生态收入表现了人单合一方式在不断实践演进过程中显现出的作用,是生态系统各方价值增值,是物联网三生系统的系统途径,也是竞争力、网、场的具体体现。2019 年,海尔提出"为人单合一成为国际级物联网方式而尽力"。在向物联网转型的进程中,海尔 COSMOPlat 探索的大规模定制成为国际四大标准组织之一、美国电器与电子工程师协会认定的国际标准,这是全球首个由中国企业主导制定的智能制造标准,是全球制造领域首次出现中国方案和中国模式。

海尔大事记:
1984 年,35 岁的张瑞敏担任厂长,当时青岛电冰箱厂亏损了 147 万元。

当时市场上国产冰箱已有 100 多个牌号,但并没有"名牌"冰箱。

1985 年,海尔从德国利勃海尔集团引进先进技术,生产出第一代四星级冰箱。

1985 年,海尔发生著名的砸冰箱事件,打造品牌策略,深度挖掘客户价值主张,生产让客户放心的冰箱。

1988 年后,国内冰箱市场趋于饱和,海尔需要发掘更大的市场需要与更多的客户价值主张。

海尔在全国首次提出星级服务,包括无搬运服务,在海尔多元化过程中起了很大作用。

1988 年后,中国冰箱市场大幅度萎缩,市场竞争由此开始,大批厂商倒闭。

兼并青岛空调器厂,建设海尔园,海尔进入洗衣机行业,控股管理青岛第三制药厂。

1995 年 5 月 22 日,海尔集团东迁至海尔工业园,拉开了海尔二次创业的序幕——创世界名牌。

海尔集团在菲律宾、印度尼西亚建厂,在当地生产并销售电冰箱等产品。

海尔以"吃休克鱼"的方式通过输入海尔文化盘活被兼并企业,使企业规模不断扩展。

海尔与日本三菱重工合资在青岛生产空调,产品全部出口。

1997 年 4 月,海尔集团控股管理青岛第三制药厂。

海尔集团先后推出了冰柜、空调、洗衣机和彩色电视机,每 1~2 年做好一种产品。

空调方面成为龙头,洗衣机成为消费者首选,冰柜打入了行业前三名的位置。

开拓美国、德国、日本、中国台湾和约旦等市场。

1999年12月26日,海尔大学建成,供管理者与员工学习,培养员工管理创新思路。

海尔电器、药业、软件、通信、物流、家居、金融、地产、电子和智能家电等领域扩展。

2001年4月10日,海尔在巴基斯坦建立全球第二个海外工业园。

重庆海尔工业园投资签字仪式在重庆举行;在约旦撒哈布、尼日利亚建立海尔海外工业园。

2002年2月27日,德国柏林国际家用电器展览会隆重开幕,海尔推出"Haierline"产品参展。

海尔三洋建立新型竞合关系,互换资源创造更大的市场。

3月4日,海尔在美国纽约百老汇购买原格林尼治银行大厦这座标志性建筑作为北美的总部。

3月19日,海尔建立全球第十个工业园武汉海尔工业园。

2002年6月30日,海尔集团与德国欧倍德公司成立合资公司共同开发中国家居市场。

2003年3月10日,海外第一家欧倍德"海尔店中店"在德国杜塞尔多夫市开业。

10月6日,第一台约旦本土制造的海尔洗衣机在HMA(海尔中东电器有限公司)顺利投产。

2005年,海尔创造性提出"人单合一"理念。

2005年,海尔微波炉、电视机、滚筒洗衣机和空调的增幅分别高达155%、87%、65%和45%。

2007年6月,海尔在尼日利亚开业,开始了在尼日利亚实施品牌化战略。

2008年,集团申请专利912项,发明专利占525项。

2011年,海尔开始谋划建设数字化工厂。

2013年,海尔集团宣布进入第五个战略发展阶段网络化战略,由生产产品向平台型企业转型。

2013年12月,阿里集团对海尔电器进行总额28.22亿元港币的投资。

2014年,张瑞敏发布《致创客的一封信》,海尔内部每个员工都成为"创客"。

2014年,第一座互联工厂开始投产,总结互联工厂模式。

2014年8月,张瑞敏说"海尔要做互联网时代的引领者,建立开放的海尔电商平台"。

海尔打造的首个全生态跨界,打造了并联营销生态圈,为用户打造全新一站式购物体验。

2015年4月,海尔智慧空气生态圈首次亮相广交会,向全球展示互联网时代下的智能空气解决方案。

海尔在德建设中德智能制造联合创新中心,提出智慧物流的互联工厂模式及平台体系架构。

海尔建立COSMOPlat平台,HOPE创新平台,海达源平台,人人服务生态圈平台,海星汇。

2016年,海尔成立行业第一家工业智能研究院,研究院针对互联工厂模式进行集成、分析。

2017年9月20日,海尔人单合一模式12周年纪念日,首届人单合一模式国际论坛开幕。

2018年3月7日,张瑞敏在哈佛大学商学院公开讲授"创建物联网时代的商业模式"。

2018年10月5日,青岛海尔公布在法兰克福上市的计划。

2019年5月6日,BrandZ2019年最具价值中国品牌100强榜单发布,海尔品牌价值为162.72亿美元。

2019年6月11日,2019年BrandZ全球最具价值品牌100强发布,唯一进入百强的物联网生态品牌。

海尔集团策略演化:

从1984年创业至今,海尔经过了名牌、多元化、国际化、全球化品牌、网络化策略等5个阶段。

名牌策略(1984~1991年):

20世纪80年代,正值改革开放初期,很多企业引进国外先进的电冰箱技术和设备,包括海尔。那时,家电供不应求,很多企业努力上规模,只注重产量而不注重质量。海尔没有盲目上产量,而是严抓质量,实施全面质量管理,提出了"要么不干,要干就干第一"。当家电市场供大于求时,海尔凭借差异化的质量赢得竞争优势。这一阶段,海尔专心致志做冰箱,在管理、技术、人才、资金、企业文化方面有了可以移植的模式。1985年,一位用户来信反映海尔冰箱有质量问题,张瑞敏让员工用大锤亲自砸毁76台有缺陷的冰箱,砸醒了员工的质量意识。

1984~1991年实施了名牌策略,在这7年的时间里,冰箱是海尔主要的产品。为了提高冰箱的技术生产能力,张瑞敏制定了"起步晚、起点高"的引进技术原则,如青岛电冰箱总厂在1984年决定与德国利勃海尔公司签约,并从利勃海尔公司引进电冰箱生产线技术,这是当时亚洲第一条四星级冰箱生产技术。在20世纪80年代末和90年代初,中国家电行业在技术或设备上出现了一个奇怪的现象,即陷入了"引进—落后—再引进—再落后"的怪圈,此时海尔高层已经意识到这个问题的严重性,不能仅仅依靠引进成套的技术标准,在实践中探索、在利用中学习的方式,技术人员在接下来的6年时间里不断被选派到德国利勃海尔公司接受培训,目的是希望能在生产线使用过程中掌握一些关键技术,通过不断地消化吸收使自己具有核心技术的复制能力。在这段时间里,冰箱上国外的2000多项先进技术知识被海尔吸收,为海尔后期建立全面质量管理体系提供了技术支持。海尔在这一阶段通过在实践中探索、在利用中学习的方式,在此基础上进一步植入海尔的创新基因,同时注重产品的质量,从而成为国内家电市场领域的领先者。

多元化策略(1991~1998年):

20世纪90年代,国家政策鼓励企业兼并重组,一些企业兼并重组后无法持续下去,或认为应做专业化而不应进行多元化。海尔以"海尔文化激活休克鱼"思路先后兼并了国内18家企业,使企业在多元化经营与规模扩张方面,进入了一个更广阔的发展空间。当时,家电市场竞争激烈,质量已经成为用户的基本需求。海尔在国内率先推出星级服务体系,当家电企业纷纷打价格战时,海尔凭借差异化的服务赢得竞争优势。这一阶段,海尔开始实行OEC(Overall EveryControl and Clear)管理法,即每人每天对每件事进行全方位的控制和清理,目的是"日事日毕,日清日高"。

海尔重视市场调查与研究,重视用户意见,通过不断积累资料,利用市场间的差异性、自身的创新理念和技术来提高自己的产品市场。在冰箱上,不同地区的消费者对冰箱喜好不同。其中,宽大、粗犷的冰箱产品受到北京市场消费者青睐,而瘦窄、秀气的产品在上海市场上容易被消费者接受,如在上海市场推出了一种瘦窄型的"小王子"冰箱。在洗衣机方面,由于一位女顾客抱怨市场上的洗衣机容量大,耗时耗电耗水,希望市场上能出售一种适合现代人的小洗衣机。海尔成功设计出了"小小神童"洗衣机,此款洗衣机在市场上销售量很大,获得了巨大的成功。与此类似的还有"不弯腰冰箱""地瓜洗衣机"

等产品。

1998年前后海尔兼并了原青岛红星电器有限公司、广东顺德洗衣机厂、合肥黄山电视机厂等企业。在当时很多企业发现兼并容易整合难，海尔独创了自己兼并整合其他企业的方案，以"激活休克鱼"的方式。海尔发现那些被兼并的企业，它们失败的原因不是在资金和技术方面，而是企业的管理方面存在问题，此时的海尔具有成熟的管理思想，建立了自己的企业文化，可以通过"无形资产去盘活有形资产"的方式去使得那些被兼并的企业重新发展。同时，海尔创造与发展的"高层经理人员定期学习班"、每周的3次例会（周一的领域主会、周三的小微主会、周六的平台主会），这是海尔特有的学习文化，在学习班和3次例会中，领导带头学习并结合工作讲解管理与创新的哲理，共同分析决策与创新中存在的深层次矛盾，制定确实可行的战略，解决企业实际问题。1998年，哈佛大学把"海尔文化激活休克鱼"写入教学案例，邀请张瑞敏参加案例的研讨。张瑞敏成为第一个登上哈佛讲坛的中国企业家。

国际化策略（1998～2005年）：

20世纪90年代末，中国加入世贸组织（WTO），很多企业响应中央号召"走出去"，但"走出去"之后非常困难，又退回来继续做贴牌。海尔认为"走出去"不只为创汇，更重要的是创中国自己的品牌。因此海尔提出"走出去、走进去、走上去"的"三步走"战略，以"先难后易"的思路，首先进入发达国家创名牌，再以高屋建瓴之势进入发展中国家，逐渐在海外建立起设计、制造、营销的"三位一体"本土化模式。这一阶段，海尔推行"市场链"管理，以计算机信息系统为基础，以订单信息流为中心，带动物流和资金流的运行，实现业务流程再造。这一管理创新加速了企业内部的信息流通，激励员工使其价值取向与用户需求相一致。美国海尔大厦位于美国纽约曼哈顿百老汇大街，这幢建筑是纽约的标志性建筑，成为海尔在美国的总部。

从1999年开始，海尔意识到自己和跨国公司的巨大差距，必须依靠速度和创新来赶超跨国公司，要激发每一位员工的斗志和激情，防止出现"大企业病"的情况，由此提出了"模拟市场"这一新的概念。通过把外部市场的压力转化为内部员工的压力，原来内部之间管理与被管理的关系、上下级的关系就变成了一种市场的关系，让企业里的每一名员工都能充分感受到外部市场的压力，提出了"市场链机制"（SST）。为了使市场链机制能够充分实行，海尔进行了全面和系统的流程再造，将传统的职能管理变成市场关系，颠覆了传统的组织结构，1998～2003年5年时间里，海尔的组织结构就调整了42

次,这也是海尔实行市场链机制的第一个阶段。在这个阶段中,主要以"三化"为原则,即信息化、扁平化、网络化,通过"三化"可以整合各种资源,使整个组织结构能更好地适应市场。海尔市场链机制的第二个阶段以"三主"为主,即主体、主线、主旨,让每一个员工从管理的客体变为主体,管理者的角色转变成经营者的角色,从用户那里得到订单并满足用户的需求,此时每一个人都成为SBU(战略业务单元),每个人都成为一个创新的主体。市场链机制的实施,提高了海尔响应市场快速变化和满足用户个性化需求的能力,加快了研发、创新的速度,各种成本得到明显降低,国际竞争力显著增强。

全球化品牌策略(2005~2012年):

互联网时代带来营销的碎片化,传统企业的"生产—库存—销售"模式不能满足用户个性化的需求,企业必须从"以企业为中心卖产品"转变为"以用户为中心卖服务",即用户驱动的"即需即供"模式。互联网也带来全球经济的一体化,国际化和全球化之间是逻辑递进关系。国际化是以企业自身的资源去创造国际品牌,而全球化是将全球的资源为我所用,创造本土化主流品牌,是质的不同。因此,海尔整合全球的研发、制造、营销资源,创全球化品牌。这一阶段,海尔探索的互联网时代创造顾客的商业模式就是人单合一双赢模式。2010年,张瑞敏在美国与世界顶级的管理大师迈克尔·波特和加里·哈默交流海尔人单合一双赢模式。两位管理大师对海尔人单合一双赢的自主经营体的实践给予了高度评价,加里·哈默认为海尔推进的自主经营体创新是超前的。

网络化策略(2012年至今):

互联网时代的到来颠覆了传统经济的发展模式,而新模式的基础和运行则体现在网络化上,市场和企业更多地呈现出网络化特征。在海尔看来,网络化企业发展战略的实施路径主要体现在三个方面:企业无边界、管理无领导、供应链无尺度,即大规模定制,按需设计,按需制造,按需配送。2012年12月,张瑞敏获得"IMD管理思想领袖奖"。2015年11月,作为唯一受邀的中国企业家,张瑞敏在第七届德鲁克全球论坛上发表演讲;2015年荣获Thinkers50杰出成就奖之"最佳理念实践奖"。2016年6月8日,第86届耶鲁CEO峰会论坛上,张瑞敏被授予"传奇领袖奖"奖,成为唯一一位荣获该奖项的中国企业领袖。2017年海尔平台上互联网交互产生的交易额首次超过1万亿元,同比增长273%。2017年12月6日,海尔COSMOPlat探索的大规模定制成为国际四大标准组织之一、美国电器与电子工程师协会认定的国际标准,这是全球首个由中国企业主导制定的智能制造标准,是继中国产品和中国品牌之后,全球制造领域首次出现中国方案和中国模式。2018年3月7日,张瑞敏在哈佛大学商学院公开讲授"创建物联网时代的商业模式"。随后不久,工信部印发《制造业"双创"平台培育三年行动计划》,海尔双创实践经验作为典型案例在全国推广。此前,工业和信息化部信息化和软件服务业司曾公布《2017年制造业与互联网融合发展试点示范项目名单》,海尔工业互联网平台COSMOPlat成功入选,成为家电业唯一入选该示范项目的企业。COSMOPlat将用户、产品、机器与生产线之间实时互联,使用户参与到产品的设计、制造和交互等全流程之中。2018年10月5日,青岛海尔公布在法兰克福上市的计划。

3.3.1.2 海尔集团商业模式分析

在海尔的名牌策略阶段,推行全面质量管理,主要目的是重塑员工质量的观念。海尔进入多元化策略阶段以后,海尔的扩张速度非常快,企业在内部管理上遇到了极大的挑战,企业的管理制度跟不上市场发展的速度。为了进一步提高员工的执行力和效率,提出了OEC管理模式,核心含义是全方位地要求对每个人每一天所做的每一件事进行控制和清理,概括起来就是"日事日毕,日清日高"。OEC管理模式中的"日清日高"体现的是一种渐进式、阶梯式的改善思想,认为只有一个好的过程才能产生一个好的结果,将以前单纯对结果的管理转为对工作过程状态的控制。

在国际化策略阶段,海尔提出了"市场链机制"(SST)。为了使市场链机制能够充分地实行,海尔进行了全面和系统的流程再造,将传统的职能管理变成市场关系,颠覆了传统的组织结构,在1998~2003年,海尔的组织结构就调整了42次。在这个阶段中,主要以"三化"(信息化、扁平化、网络化)为原则,以"三主"(主体、主线、主旨)为创新主体,提高了海尔响应市场快速变化和满足用户个性化需求的能力,国际竞争力显著增强。

在全球化策略阶段,公司的组织结构由原来的直线职能制变成了矩阵制,这样使得组织的扁平化程度更高,信息流通得更快。2005年,海尔提出了"人单合一双赢管理"模式,要求每个员工直接去接触用户。为了实现这个管理模式,海尔给了员工更大的自主权,让他们自己在一定程度上可以进行自主决策。2012年进入网络化策略阶段后,海尔的组织结构完全被颠覆,实行了"三化",即集团平台化、组织小微化、员工创客化,而且赋予每个小微独立的决策权、用人权、分配权,这样极大地调动了员工的积极性和创新性。

2000年以前基于市场链的流程再造、信息化的流程再造,2005年的"人单合一"双赢管理模式,2007年的1000天业务流程再造,这些都体现了员工和组织、组织和组织之间的协同。海尔从2012年开始进入网络化阶段,海尔的组织形式变成了自主经营体,三级自主经营体成为创新的基本单元,如表3-1所示。

表3-1　　　　　　　　　三级经营体的角色和职责

经营体类型	主要角色和职责
三级经营体 (战略经营体)	制定新的战略 发现并创造新的市场机会 负责各类自主经营体的升级换代 及时关闭二级经营体的"差距"
二级经营体 (平台经营体)	给一级经营体提供资源和服务 对三级经营体提供的服务进行评价 及时关闭一级经营体的"差距"
一级经营体 (一线经营体)	快速响应并满足用户的需求 识别并创造用户的需求 对二级经营体提供的服务进行评价

一线经营体直接面对用户,为所负责的用户群创造价值。一线经营体又分为三类,其中市场经营体提供差异化的用户解决方案,型号经营体创造差异化的产品和服务满足用户需求,线体经营体提供即需即供的供应链服务,这三类经营体之间依靠"包销契约"的方式实现协同。在各线经营体内部,员工和经营体之间实行动态合伙制,每个员工随时都会面临被淘汰的情况。二级平台经营体为一级经营体提供资源和专业的支持。三级战略经营体即原来的领导者,主要负责制定战略方向和发现新的机会,同时为经营体配置资源,帮助一级和二级经营体达成目标,这三级经营体之间依靠"服务契约"的方式实现资源协同。在自主经营体中,通过建立"包销关系""动态合伙制""服务契约"的方式,调动了内部员工和各级经营体的自主性,提高了组织的整体创新能力。

不管是GE的Predix平台,还是西门子的MindSphere平台,它们主要聚焦于工业领域,准确地说是"工业互联网"平台。与这两个平台不同,海尔的COSMOPlat平台更像是一个"产业互联网"平台,海尔集团将COSMOPlat平台定位成物联网时代的大规模定制化平台,它的商业模式是"B2B2C",帮助工业企业直连终端用户。

早在20世纪七八十年代，就有提出"大规模定制"的概念，以类似标准化和大规模生产的成本和时间，提供顾客特定需求的产品和服务。但这种大规模定制模式还是以企业为中心的模式，目的是提升企业的竞争优势和规模价值。海尔对大规模定制模式进行了重新定义：以用户为中心，目的是创造用户价值，从全流程实现用户体验价值，通过场景定制体验实现用户需求不断迭代，将用户变为终身用户，并实现生态圈各方共创共赢。

大规模定制是对传统规模化生产模式的颠覆，它的本质是重构用户需求与产品生产之间的关系。在智能制造探索经验的基础上，海尔推出了全球首个以用户为中心的工业物联网平台：COSMO平台（cloud of smart manufacture operation），与GE的Predix平台不同的是，海尔COSMO平台最大差异点是能够直联用户，让用户全流程、全周期地参与到生产制造的全流程中来，通过规模化生产和高效供应链管理，实现了大规模与个性化定制之间的融合。在这一模式的转变下，企业由按计划生产变为以用户需求驱动生产，用户也由单纯的消费者变为"产消者"。2017年4月，COSMO平台代表中国制造参加德国汉诺威展，得到全球广泛认可，并对外开启社会化服务，海尔开始为全球企业提供智能制造转型升级的解决方案，COSMO升级为海尔的基石平台。

COSMO平台主要有五个子平台构成：

众创汇平台：海尔集团2015年推出的产品定制平台，主要聚焦于用户需求，用户可以在这个平台上参与整个定制过程，和设计师、工程师等实现零距离交互，打造属于用户独一无二的产品。用户可以在海尔众创汇先进行需求交互，再进行生活场景网上模拟体验，最后定制下单。

HOPE平台：由海尔开放式创新中心开发并运营的开放创新平台（Haier open partnership ecosystem），该平台于2013年10月上线，以开放、合作、创新、分享的理念，通过整合各类优秀的解决方案、智慧及创意，与全球研发机构和个人合作，为终端用户提供个性化产品解决方案。截至2018年，HOPE平台已经聚集了来自全球的数十万个解决方案资源提供者，覆盖从原型设计、技术方案、结构设计、快速模型、小批试制等全产业链的资源。

海达源平台：海尔的模块商资源平台，成立于2015年3月。这个平台可以使全球一流资源无障碍进入，任何合法企业均可在海达源上进行注册，平台促使模块商资源提供者与用户需求零距离对接、高频交互、量价约定。平台还为模块商资源提供了"超市自主空间"，支持模块商资源全方位展示自己的创新解决方案,吸引用户选用和购买。

制造平台:主要包括沈阳冰箱、郑州空调、佛山洗衣机、青岛热水器、胶州空调、青岛中央空调等八大互联工厂,这些工厂以用户为中心,可以实现用户全流程参与大规模定制。

物流平台:这个平台通过整合全球的一流物流网络资源,搭建起了开放、专业化、标准化、智能化大件物流服务平台。该平台以用户最佳体验为标准,依托四网融合的核心竞争力(即仓储网、配送网、服务网、信息网),为客户提供供应链一体化服务解决方案,可以为家电、家具、卫浴、健身器材及互补行业客户及用户提供全品类、全渠道、全流程、一体化物流服务。

COSMOPlat 平台的核心是 COSMO 云,五个子平台全部与 COSMO 云互联。同时,为了搜集数据信息,海尔还通过一系列智能设备与 COSMO 云直接联通。通过构建 COSMOPlat 平台,海尔试图通过大规模定制满足用户终身价值,实现大规模和个性化定制的融合,让海尔智能工厂内"生产的每台产品都是有自己的主人",实现从体验迭代到终身用户的升级。"交互"和"体验"是COSMOPlat 平台的核心特征,用户可以全流程参与到产品的设计研发、生产制造、物流配送、迭代升级等环节,以个性化需求指导设计和生产,由单纯的消费者变为"产消者"。COSMOPlat 平台给海尔带来的不仅仅是定制需求下的高精度与高效率,同时,由于定制生产,打通了市场需求和产品供给的壁垒,使产品在生产线上就已经赢得了市场,进而解决了当前困扰企业的库存问题,最大限度地降低了运营成本。海尔将 COSMOPlat 平台开放给工业企业用户,帮助传统工业企业向智能制造转型升级,提升生产效率,降低库存压力。以服装企业为例,COSMO 平台能够将工厂的数据采集上来,通过对每个环节的跟踪管理,便于服装企业对各个渠道进行标准的预售;同时,借助 COSMO 平台本身的 3 亿用户资源,帮助服装企业构建自己的用户社群,通过社群交互,让用户主动提出自己的需求,改变了过去服装行业先有衣服再有用户的模式,而是先通过用户交互再生产,为服装行业了解用户偏好及预测流行趋势,最终解决库存难题提供整体解决方案。目前,COSMOPlat 平台已经应用于汽车、电子、服装、农业等 10 多个行业。

3.3.1.3 海尔创新理论的产生

海尔创新理论产生于互联网技术蓬勃发展的 21 世纪初(以 2005 年人单合一模式的提出为标志),它最突出的特征是与时俱进、迭代创新。海尔首先立

创新场论：从系统性到复杂性

足于新的时代属性预判基础之上，在多年打造互联网企业之后，物联网是移动互联网之后下一个最重大的经济活动。它最核心的东西是实现社群经济。所谓的社群经济就是根据每一个人的需求为他提供场景服务。与此相适应，海尔将企业预设为：高不确定性、超常规竞争的市场环境中进行内外互动、价值创造的生态系统，而不是丰田制单向而有限地满足市场多样性需要的适应系统。海尔创新场将共享、开放、创新、创业等管理原则根植于组织之中，通过COS-MOplat进行多品种、大规模的个性化定制，强调用户体验和员工自治，拆解组织部门隔阂，解散中层管理人员，打破员工与用户界限，将原来的自主经营体发展为一个个独立核算、自主经营"小微企业"，使海尔整个组织转型为整合社会资源、孵化创业小微的生态平台。在员工激励方面，海尔则改变了丰田制片面强调高福利、情感归属和对绩效重视不够的方式，转而通过人单合一模式以价值创造为标准，将员工报酬、顾客价值和企业目标有机结合在一起，鼓励员工自我实现、自我驱动和自我领导。

承载着新的时代基因与中国智慧的海尔创新理论，在时代属性、人性假设、企业本质、管理原则以及组织结构、激励方式等各个领域均有突破。海尔彻底消灭了自泰勒制以来的科层制等级控制体系，将企业的适应能力、创造能力和生产规模结合在一起，将组织经济绩效、员工自我实现和用户个性化需求有机融合，以智能互联工厂连接了组织社群中的所有资源，淡化了企业与市场之间的界限，通过持续、动态的内外交互消除组织边界并获取生态价值。与福特制、丰田制在管理思想史上更多专指制造企业的生产组织形式不同，海尔在智能互联工厂之外，还包含从管理哲学到战略、组织、领导等更为丰富和完整的理论内容，其内涵与外延在组织与管理理论的几乎所有维度均超越了福特制（美国管理）与丰田制（日本管理）的范畴，触及了经典管理理论范式的人性假设、哲学基础、管理原则等，冲击了传统理论范式的组织、控制、领导、激励等理论，孕育出新管理理论的基本元素。

变革后的海尔，纵向结构上保持了一定的深度，即4~5个层级数。任何系统都是有层级的，网络组织也不例外。海尔平台组织结构上的纵向分层，是体现系统架构意义上的多层嵌套关系，而不再是科层制组织中权威服从意义上的指挥命令关系。这种存在于复杂系统内部的嵌套关系，确保了下层级平台能在上层级平台支撑下有序运作，但是，"上层级平台并不是下层级平台的简单加总"。海尔"人人都是CEO"理念所体现的复杂性系统的结构，并认为其"局部与全局、末梢与中枢完全同形，但丝毫不耗费成本"，因此体现复杂性。

海尔创业平台是由"小小微—小微(小平台)—行业(中平台)—领域(大平台)—集团"构成的业务范围逐阶依次增大的多层次嵌套系统,具有平台功能多样化、纵向层级自相似和整体结构复杂化的特征。这样的系统性,能够内在地产生一种必要多样性,以适应企业应对复杂多变环境的需要。

历经短短近40年的发展,海尔先后启动五次策略变革,诱发四次组织结构调整,几乎浓缩了人类近现代组织结构变革的全部历程,如表3-2所示。

表3-2　　　　　　　　　　海尔的组织结构演进路径

	科层制企业	事业部制企业	网络型企业	平台型企业
起止时间	1984~1991年	1991~2005年	2005~2012年	2012年至今
时代背景	改革开放	南方讲话、加入WTO	互联网时代	新工业革命
技术条件	简单机械技术	复杂机械技术	互联网技术	物联网技术
策略	名牌	多元化、国际化	全球化	网络化
组织形态	"正三角"	扩大化的"正三角"	"倒三角"、利共体	"小微"
资源配置	垂直整合(统管)	纵向一体化(并购)	横向一体化(外包)	平台整合(共享)
典型事件	"砸冰箱"、全面质量管理	"休克鱼"、海内外建厂并购	"人单合一"双赢模式、自主经营体	孵化"小微"创业

资料来源:根据《海尔人》报刊、张瑞敏系列讲话整理。

(1)第一阶段:科层制企业。

20世纪80年代,海尔(时为青岛电冰箱总厂)内部产品滞销、人心涣散,企业经营极为困难。1984年,张瑞敏刚到海尔就从规范和约束员工日常行为着手进行管理变革。当时,海尔只有冰箱这一种产品,张瑞敏在1985年便带头当众砸毁76台有质量问题的冰箱(砸冰箱策略故事),实施全面质量管理,正式开启追求卓越质量的名牌策略。海尔根据当时的技术与资源实力退出洗衣机市场,并引进德国利勃海尔的技术,生产出亚洲第一台四星级冰箱。当时,中国企业正处于向西方企业学习、引进科学管理思想浪潮之中,海尔引进西方的技术理性和管理规范,建立与机械技术及规范的质量管理相适应的科层制,依据合理性与标准化的专业化原则,划分设计、生产、营销、人事等职能部门并自上而下地垂直整合和配置各种组织资源,呈现出了典型的"正三角"形态和科层制特征。

(2) 第二阶段：事业部企业。

1991年，青岛电冰箱总厂、青岛电冰柜总厂和青岛空调器厂合并组建海尔集团。海尔开始采取多元化战略，稳妥和渐进地激活"休克鱼"，兼并、重组和盘活多家国内企业，从冰箱扩展到洗衣机、空调、冷柜等相关产品（休克鱼策略故事）。1999年4月，海尔启动国际化策略，在美欧推行研发、生产与销售"三位一体"的经营模式。为此，海尔组建冰箱、空调、洗衣机、电子等产品事业部，以及北美、欧洲、中东、亚太、华东、华南、华北、东北等区域事业部，实现由直线职能制向事业部制的转型。海尔事业部作为一种相对分权的纵向一体化组织架构，其本质是在产品和区域方面规模化的科层制企业，表现为扩大化的"正三角"组织形态。1998年，海尔的营业额增长到168亿元。此时，成长为一家大型企业的海尔开始思考如何进行加速创新和推行国际化策略。海尔吸取企业流程再造的思想，开始推进组织结构扁平化发展，呈现出分权化、扁平型的结构特征，提高了管理系统的效率和柔性，适应了规模扩张、多元化和国际化经营的要求，调动了管理人员和职工的积极性。

(3) 第三阶段：网络型企业。

2005年，面对互联网技术发展对传统管理方式的挑战，已经成为现代大型企业集团的海尔开始实施利用世界资源打造本土化品牌的全球化策略。海尔瞄准互联网技术及其诱发的网络思维，对外进行横向一体化扩张，通过战略联盟或外包等形式进行强强联合以整合利用全球资源；对内则以顾客为导向再造企业流程，以提高资源配置和人员管理效率。在组织结构方面，海尔通过实施人单合一双赢模式，将传统的职能管理关系变为市场关系（人单合一策略故事）。其中，"人"是指员工，"单"是指用户价值，具体是员工承接的创造用户价值的任务目标，通过二维点阵表进行显示。人单合一即员工价值的实现与其所创造的用户价值融合在一起。每一个"单"都是经由员工筛选和承载特定价值的目标，本质是员工自我认知和用户体验相结合的顾客价值，每一个员工的利益都直接与市场对接，而人单合一实施的载体则是自主经营体。

从2007年起，海尔开始建立自主经营体，将规模庞大的"正三角"组织颠覆为面向市场灵活运转的"倒三角"组织。自主经营体的建立打破了旧有的职能分割，聚焦于外部顾客需求的变化，将原来分属于企划、生产、销售、物流、财务等各部门的人员按照流程进行重新组织，小组经理及成员被赋予更大的资源整合和决策权力，围绕经营体自我选择和界定的共同目标，小组成员集体对从捕捉用户需求到满足用户需求进行全流程端到端的负责。海尔的自主经营体分为三种类别：第一类是一线自主经营体，主要包括研发、生产和市场，直接面对顾客提供端到端的价值创造活动；第二类经营体是平台经营体，主要从事财务、企业文化、人力资源和供应链管理等支撑性活动，是对传统相关职能的流程再造和功能重组；第三类经营体是战略经营体，由包括张瑞敏在内的高层决策者组成，使命是塑造和掌控海尔价值观与战略设计，整合和创造全球各种用户资源，保持企业持续增长的核心竞争力。

（4）第四阶段：平台型企业。

2012年12月，为更好满足客户需求和提升企业的运营效率，海尔宣布实施网络化策略，树立"企业无边界、管理无领导、供应链无尺度"的"三无"发展观，打破企业原有边界，变成以自主经营体为基本细胞的并联生态圈，为用户创造更大价值，实现从线性制造公司向依赖节点不断生长的平台型企业的转变（平台策略故事）。这一时期的海尔直面新工业革命时代大数据、智能制造、移动互联网及"云计算"等技术的发展趋势，针对自主经营体存在的契约过多、内容烦琐、个体本位、目标分歧等问题，建设战略自主经营体、市场一线自主经营体和研发、制造等资源部门共同面向客户、全流程融入和各利益主体通力协作的利益共同体。2014年年底，进一步根据海尔集团所处的制造业行业特征，聚集于物联网技术特性，为更加及时响应用户个性化的需求，推动自主经营体进一步向孵化创业的"小微"企业转型。"小微"是海尔的"在线员工"（合作伙伴）与"在册员工"（具有合同关系的正式员工）共同创业、主动结成的合作组织，是为用户负责的独立运营主体，充分享有决策权、用人权和分配权。至此，海尔真正成为内外部资源互动、组织无边界的平台型企业。

目前，海尔在组织结构层面只有平台主、小微主和创客。原来的集团部门领导都变成平台主，为小微主提供创业服务，使得企业内部市场需求的传递效率最大化，并且防止流程混乱。集团与小微主不再是领导和被领导的关系，从听从指挥变为共同服务客户。业务决策层拉近与用户的距离，其产品的设计方与制造方也能准确地感受市场压力。小微主就是小型创业公司，判别标准在于能不能够自主找到机会创业。对于大体量企业而言，抛弃原有大集团中的流程束缚，"小微"可以不断地与用户交互，在多次实践与尝试中探知用户需求，从而将多样性的用户需求变成畅销产品。

创客是海尔内部员工和外部资源相关方、用户社群等一切涌现在海尔创业平台上的参与者。在这个资源平台上，员工、用户、供销商以及其他网络合作伙伴进行集成互动，共同将海尔打造成一个共创共享的诚信生态圈。在人单合一模式指引下，海尔从传统制造企业升级为共创共赢的物联网社群生态。截至2018年年底，海尔已经构建了智家定制生态圈、触点迭代生态圈、万链共享生态圈、产城融合生态圈、智慧物联生态圈以及文化产业生态圈6大生态圈。

海尔不仅实现组织内部结构的扁平化和网络化，还建立组织内部员工与外部用户相互连接、生态共享的协同创新机制。海尔构建的创新场是一个开放、共享、体验的生态社群，是在互联网时代背景下，借助于发达的信息、通讯手段以及全球化网络平台，通过组织流程再造向基层赋能，连接员工与用户，形成以员工自管理、自驱动、自创新，以用户个性化需求为中心，以低成本或者零边际成本整合组织内外各种资源的新型企业组织模式。

3.3.2 策略与商业模式共演化关系

研究焦点主要在于通过动态性观点探讨策略与商业模式间互动关系。通过叙说故事方式来解释海尔在策略选择、策略变化和商业模式间互动关系，进而尝试找出策略故事与商业模式形成过程间的逻辑涵理。

自1984年以来，海尔从亏损的小厂变为世界知名品牌之一，其商业模式和创新路径成为关注的焦点。海尔已经从单一的冰箱业务拓展到智能家电、物流和金融等多元化领域。企业从最初引进德国先进技术到现在自主研发技术，并且转型为平台化服务型企业，保持创新基因，其发展如图3-1所示。

海尔转型为平台型企业后，组织层级的数量与实质发生了重大变化。从层级数来看，海尔通过前期的组织扁平化变革，裁减了1万余名中层管理者，使管理层级数大大缩减。以690领域为例，它为白电转型平台，内设有制冷平台、洗涤平台、智能互联平台等产业平台，每个平台上各自支撑若干创业小微。如制冷平台上有6个生产面向冰箱用户的创业小微，其中5个为转型小微（如智胜）、1个为孵化小微（馨厨）。有些小微还作为"小平台"衍生出了新的小微，如智能互联平台下的雷神小微已经孵化了战队、赛事、主播、培训、VR这5个小小微。即便是后一情形，纵向关系上也就"小小微主—小微主—产业平台主—领域主—集团层"5个层级。通过压缩组织层级数，大大提高了企业的敏捷度和灵活性，促进业务单位与市场的互联互通。

具体以"智胜"创业小微为典型案例，作为嵌入于海尔制冷平台的转型

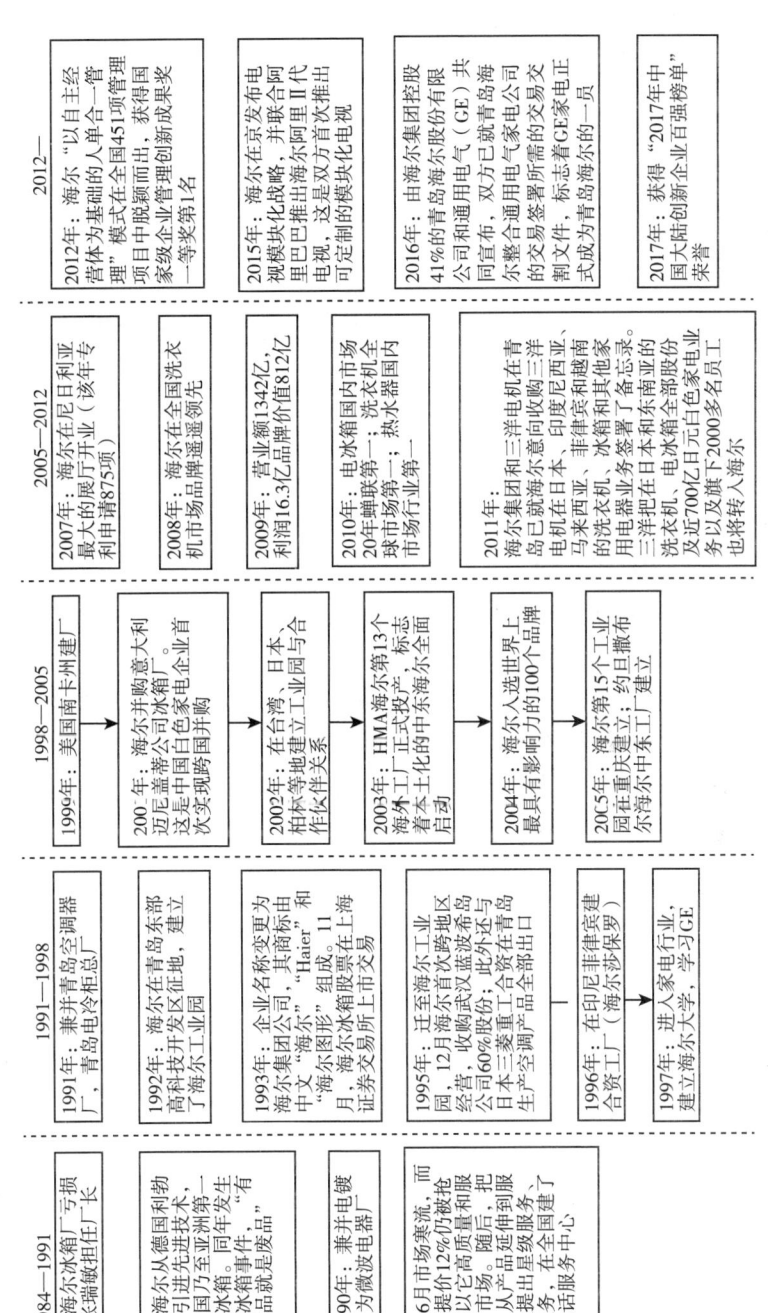

图 3-1 策略与商业模式共演化

类用户小微,"智胜"成立于 2014 年 4 月,主打产品为三门匀冷冰箱。其创意来源于创业团队成员通过 12 类平台(社区、QQ 群等)交互了 34 万用户后得到的"痛点"——用户需要冰箱冷冻室有较大的食物存储空间。与此同时,海尔的"匀冷"技术大获成功,蒸发器的全隐藏设计扩大了储存空间,为解决用户痛点提供了必要的技术基础。响应集团"人人创客"的号召,这些成员看到可以创造用户价值的商机后,提出了基于用户需求调整冰箱格局的创新创业设想。制冷平台主吴勇认为,这一商机符合制冷平台的整体战略规划,同意开放竞单。凭借自己的资源优势、深度的用户交互以及在商业计划书中承诺的相对具有挑战性的目标,团队成员得到了制冷平台投委会的认可,抢单成立智胜小微,曾做过技术员、利共体负责人等工作的王健在"官兵互选"中成为小微主。

通过与各阶子平台及其他关联平台的交互,智胜小微在机会实现阶段获取了所需的创新创业资源。其中,由各类节点小微组成的海尔内部资源平台,在智胜小微产品营销、设计、供应链、采购、质量、售后、交互、定制等 14 个节点上提供了直接的增值活动支持,促进了智胜小微的高效运营。制冷平台主的战略指导、三自驱动平台的管理支持,以及集团层面大共享平台所提供的财务、人力、法律、数据技术等支持性基础服务,都是智胜小微竞争力的不可或缺来源。用户反馈推动产品的迭代创新,使创业小微的服务需求可能发生变化。有一次,智胜小微从海尔交互平台获得新一代风冷冰箱存在蔬果风干问题的用户反馈。为解决这一新的用户痛点,智胜小微通过 HOPE 平台向全球资源方发布技术需求,最终控湿膜方案以其不影响用户方便使用和成本较低的优势脱颖而出。

智胜小微团队中的 10 名员工就分别对接了创意、产品、用户交互、营销、供应链、质量、采购等资源,以"资源接口人"身份接入集团内外部一流资源。与此同时,各资源方以及其他利益相关方均以并联对赌方式融入进来,与用户小微一并围绕同一目标协同创造价值。以智胜小微与各个节点小微的并联对赌为例,在三自驱动平台的协助下,全流程事先算赢,协同确定实现智胜小微引领目标的整体预案,并分解到全流程的 14 个节点上,最终通过签订对赌契约的形式加以落实,实现全流程的价值共创共享。在产品持续迭代升级的过程中,用户小微的创业需求、资源供给及相应的供需匹配关系都发生动态的变化,当发现某个"接口人"无法胜任接入满足需求的资源时,或某个并联节点的预案不能达标时,用户小微便启动"竞单抢入"机制动态调整相应的岗位和节点，寻求与新的接口人和节点小微进行更融洽的协作。智胜小微成立后两年多的时间内，全流程并联的节点小微中已有接近一半发生了调整。

除了与节点小微的协同，用户小微之间也需要进行协同，以解决潜在的资源争夺问题并实现行业引领。以互联工厂为例，作为提供制造资源的节点小微，智胜、朗度、金厨等用户小微内都会有一个接口人与其对接，而每一个制造工厂也有对各用户小微的接口人。这些用户小微制造节点的接口人与互联工厂内对应这些用户小微的接口人，就在制冷平台下组成冰箱制造专业方面"全球供应链"行业引领小平台，与互联工厂所嵌入的690智能制造平台共同进行产能规划。以无霜冰箱中广泛使用的制冷技术为例，用户小微了解到用户的"无霜"需求以后，想对产品进行更新迭代。为满足这一需求，8个互联工厂中的4个工厂都需要进行大面积的改造、产品线的升级和场地的匹配，而这超出了单个用户小微及其接口人可调配资源的范畴，因此需要行业引领平台来谋划并与智能制造平台协同，以确保海尔制冷产品的制造工艺、制造能力、制造质量具有全球领先性。目前制冷产业平台内已经演化出在各个专业功能领域的行业引领平台共7个，包括全球供应链、全球模块资源迭代、全球产品迭代、国内虚实营销资源迭代、海外虚实营销资源迭代、保证期和服务交互。此外，制冷产业平台还设有融入业务、提供贴身管理支持的三自驱动平台。

不同的创业小微以及同一创业小微在不同的发展阶段，因为需要搜寻不同的商机、整合不同的资源，所以与不同类别的组织发生互动。为确保自己在适当的时间从合适的供应主体那里获取适当内容和方式的支持（包括无形的创意启发或者有形的资源支持），每个小微往往在内部配置数量不等、专业分工各异的成员（创客）作为"接口人"联络所关联的平台。

3.4 本章结论

3.4.1 商业模式渐进式过程

Mintzberg 和 Waters（1985）认为策略形成是一种相当复杂的且渐进式的过程。普通的策略制定是将思考后的计划与其他的要素构造（如环境因素）紧密地结合在一起，认为策略是一连串行为模式。在此概念下，已实现的策略并不是由高层管理者原先刻意设想的，而是由现场策略实施者一个接一个采取的行动所形成，这些行动会随着时间进行渐进地聚集成某种一贯的模式，到最后就会形成策略。策略并不是一种先行制定下的结果，而是随着不同时间点而被创造出的一个个行为表现，并于最后形成一连串有意义的连结。楠木建（2013）认为策略与商业模式是很相似的概念，对于其构成要素也不易确实掌握的因果理论，致使在商业模式的形成过程中所引发的变化和动作就容易变成如同静止画般的策略思考，应更直接关注于多项决策互相影响连动作用的理论，以及因此产生的动画般的策略思考。

综上所述，在策略变化的重要转折过程会建构出不同商业模式要素的商业模式活动，而这些商业模式随着企业成长的发展历程所采用的一连串策略手段而形成了一种渐进式过程。也就是说，商业模式并非是一种既定的结果，每一个商业模式要素的出现形成一连串商业模式的构成其背后逻辑皆有意义的连结存在。实践中，设计商业模式时应该注意所采用的重要策略手段，如此一来才能使每个商业模式的构成具有连结性架构内涵存在，为组织建立一种独特的竞争优势来源。

海尔发展共5个策略阶段，处于不同时间点中使用的策略手段是因环境变化、企业成长方向变更而有所转折，并不是一种既定下的结果，策略选择的背后具有一定的连结性与逻辑来造就出海尔的策略变化，如从早期重视质量→跨足多种领域经营的多角化→聚焦于家电市场的国际化范围→沿用海尔电冰箱成功的营运模式的全球化品牌发展→网络化市场建构的策略变化等重大的策略转折。

不同的策略会相应建构出不同类型的商业模式，从创立初期的质量、领导、组织设计标准化等重点价值活动要素→聚焦于海尔家电发展的价值主张、文化扩张、标准流程等研发关键资源与能力要素→进行内部市场创业发展的国际化的重点价值活动要素→品牌、市场、技术等重点重点价值活动要素→追求低成本而建立要素、结构、生态系统的重点价值活动要素。可以发现在海尔历经的5个时期里，策略变化的重要转折过程会建构出不同商业模式要素的商业模式活动，而这些商业模式随着企业成长的发展历程所采用的一连串策略手段而形成了一种渐进式的过程，因此商业模式间的连结便具有意义性的存在。

3.4.2 商业模式与策略间有着互动追随关系

在组织发展历程中，策略与商业模式的形成都是一种渐进式的过程，在实践中发现，商业模式与策略两者间也是一种相互影响的对应关系，具有紧密的互动追随关系。策略影响到商业模式手段产生，而商业模式也会影响到策略故事形成。一定的策略需要一定的商业模式支持，而特定的商业模式也会产生特定的策略手段。不论管理者在面对策略选择或是商业模式设计时，都不再只是朝单一思考方向去做决策，而是要注意其两者间适配性与相互影响关系。在海尔实践中，策略选择、策略变化不再只是策略的单一问题；商业模式设计也不再只是商业模式的单向思考，而是在策略与商业模式间存在着一种彼此追随的关系、相互影响下的结果，因为商业模式的构筑是通过与策略的相互编织进而逐渐完整的过程。

3.4.3 商业模式与策略间是一种相互影响关系

策略与商业模式两者间存在着相互追随的关系，随着策略转折的变化过程而影响到商业模式活动的产生，商业模式的出现可能影响到企业在策略上的选择，因此追随此长期动态互动关系来看其实是一种共同演化现象。Eisendhardt 和 Galunic（2000）所述共同演化是一种复杂的适应体系，指两种或两种以上的组织相互依赖所产生的连续变化，随时间演进而变得交错不可分离，这些物种彼此均适应所属的环境，也相互彼此适应。因此，在策略和商业模式两者之间存在的共同演化（共演化）便是一种相互运作或互相影响的结果。从海尔实践中发现，策略与商业模式更是一种互相影响进而改变策略方向的过程。特别是通过与策略故事的共进化过程，商业模式的构成要素间的连接性会更具有特殊意义，形成一种无法轻易复制的竞争优势来源。

第 4 章

技术转移项目类型与互动模式的场配适

4.1 引言

当今企业竞争面临复杂性,使得企业成功与否和土地资源、资本与劳动力相去甚远,创新成为竞争利器(Drucker,1993)。知识资本很难确认与寻找,谁能找到,谁就是赢家(Stewart,1997)。一般来说,企业知识的来源可分为两大类,一类来自内部自我发展,另一类来自企业外部。但是,面对快速的技术变迁,企业很难单打独斗创造出足够的知识。所以如何有效取得外部知识或技术,成为竞争优势的重要来源(Lambe & Spekman,1997;Wilderman,1998)。

中小企业虽然具有灵活弹性优势,但企业终究无法负担金额较大、回收效益较不确定的研发费用。那么,企业如何才能进行成功的技术转移呢?由于技术是一种高度内隐性、复杂性、不确定性与互依性的产出(Teece,1986;Chi,1994),技术转移执行又是一个跨组织的团队,运作过程复杂,研究从交易成本观点讨论技术交易机制(Lambe & Spekman,1997),从策略观点讨论转移技术的选择(Hagedoorn,1993;Hagedoorn & Narula,1996),从沟通观点讨论技术转移信息传递过程(Reddy & Zao,1990;Smilor & Gibson,1991;Katz et al.,1996;Tan,1996;Calabrese,1997),从学习观点讨论技术转移接受者如何培养吸收能力(Jao,1997;Lambe & Spekman,1997;Khanna et al.,1998)。整理相关文献发现,增进技术转移绩效的关键成功因素大概包括:技术接受者、技术提供者和技术转移过程(接口因素)三方面来讨论。可是,若基于技术转移过程含有大量复杂沟通、学习和信息交换（Khanna et al., 1998），技术转移双方互动的渠道是否畅通、互动的机制设计，对技术转移的绩效有显著的影响力（Katz et al., 1996；Tan, 1996；Yu & Yeh, 1996；Khanna et al., 1998；Lane & Lubatkin, 1998）。

在技术转移互动模式的研究中，大部分文献集中在互动内涵中的单项变数做讨论，如交流模式、转移信息类型、沟通频率、沟通渠道（Katz et al., 1996；Tan, 1996；Moon, 1998），有关互动模式的整合研究并不多。因为，互动模式由同时发生的不同要素组成，要素间可能具有双向且非线性的关系，想要划分互动模式的类别，将有很大的挑战性，如沟通的频率与沟通的方式可能有关，沟通的渠道又与沟通的内容有关，若以绩效观点来发展内涵的组态，或是照着单变项的关系进行改善，则互动模式容易失灵；例如，互动频率有助于互动满意度，但是互动频率太高，对绩效可能并无帮助，因此须整体考虑。

构型理论的观念来自生态领域，主要将现象分类，以找出方便辨识的类型，认为观念不同的特征存在一定的拉力，拉力间将维持均衡，呈现一种多维群组，而当特征要素间的动力失去平衡时，组织可能会突破原构型，改变成另一种组合，唯有不同组合并不一定导致不同的效果（Mintzberg, 1979；Danny, 1987；Ketchen et al., 1993）。基于互动模式由不同的构面所组成的，可以说是以一种构型的方式呈现。

若要发展较适配的互动模式，权变理论强调配适的观念，认为世界上没有一个绝对的最佳模式，所谓较佳的模式，只是和环境相关因素较配合（Lawerence & Lorsch, 1969；Galbraith, 1973；Schoonhoven, 1981；Gupta & Fogarty, 1994）。由于互动模式是双方相互影响的动态过程，过程的进行必须视技术转移双方当时的条件和要求而定，所谓的较佳模式，指的是与当时环境相关因素较适配的模式。

综上所述，基于打造一个良好的双方互动模式对转移绩效影响甚大，研究拟将技术转移双方视为一个团队，采用技术接受者的观点，尝试了解与发展转移过程中技术提供者与技术接受者双方较适配的互动模式，以增进技术转移的绩效，实现技术转移的场效应。具体来说，研究了解技术转移互动失灵的原因；探讨技术转移过程中双方互动模式的类型与其内涵；从技术转移接受企业观点，讨论影响互动模式的技术转移项目类型特性；了解技术转移互动模式与技术转移项目特性配适程度对转移绩效的影响；提供技术转移互动模式的建议。

4.2 相关文献探讨

4.2.1 技术转移

对技术转移的定义较多（Zhao & Reisman，1992），研究强调技术转移过程的沟通和学习，将研究焦点放在技术转移契约签订之后的执行过程，认为技术转移是指将技术从一方转移到另一方的互动过程，目的在于协助技术接受者改进或制造新的产品，进而获取利益与提升企业竞争力。

Sharif（1988）认为技术包含技术体、信息体、人格体、组织体等四部分。Holatius（1995）认为技术包含产品、程序和人员三个层面。将技术定义为一种知识（Hedlund，1994）、一种能力（Autio & Laamanen，1995）或是一个实体，具体来说，外显的技术文件、蓝图、专利，内隐的经验与能力，都算是技术的内涵。至于如何达到成功的技术转移？研究发现，第一，虽然大部分的研究证实结构性与过程两类因素同时影响转移绩效（Bidault & Cummings，1994；Zaheer & Venkatramn，1995），而且双方互动程度对绩效有显著影响，但是，技术转移过程往往被当成结构因素与转移绩效间的干扰变项（Tan，1996），较少研究以过程因素为影响绩效的主效果；若将技术转移视为技术提供者与接受者双方组成的跨组织团队，以团队的运作来说，团队任务的特性反倒是团队运作过程与绩效的干扰变项，认为相同的运作过程并不保证产生相同的绩效，须视该团队的任务性质而定（Robbins，1998）。若要研究技术转移的过程与绩效的关系，应该要以适配的观念出发，也就是强调互动模式和环境因素相互作用效果对转移绩效的影响。第二，文献中有关互动模式和绩效的关系大多只有做线性模式的统计检定，无法研究其互动模式。

有关转移绩效的衡量，文献有三方面：第一，衡量技术转移绩效的指标，可分为转移过程满意度、提高技术能力程度、提升获利能力程度等三个面向；第二，技术为一种能力，内隐于人的身上，绩效的显现必须靠人来执行，文献以简单的观念架构分析（Bonaccorsi & Piccaluga，1994；Katz et al.，1996），或以主观指标衡量（Tan，1996），客观评估研究较少；第三，技术成效具有时间递延性，绩效衡量面可能有顺序性，通常执行转移的满意度将影响强化体质绩效,强化体质绩效再影响获利绩效。

若以技术接受者的观点,技术转移对接受者来说就像是一个训练过程,因此,转移绩效的衡量可参考训练绩效的衡量方式。衡量训练有四个指标:反应、学习、行为和结果(Kripatrick,1959)。应用于技术转移绩效衡量上分别为:反应代表转移过程的满意度,学习指转移结果,而行为则指是否提升了技术能力,结果则指企业是否真的因此而获利。所以有关技术转移绩效衡量的研究以技术接受者的立场,以主观法衡量,且假设各个绩效面是独立的,衡量面包含互动过程绩效、技术绩效、成本绩效及提升竞争力绩效。

4.2.2 技术转移互动模式

若将技术转移团队视为一个团队,互动模式类似该团队的组织沟通。在组织沟通案例中,将组织沟通的层面分为接受信息、传送信息、信息传送后采取行动、信息来源、沟通渠道、从主要来源接受消息的时宜性等六项;若应用在转移团队的互动,其中接受信息与传送信息种类就是所谓的互动信息,称为互动领域,而信息来源称为互动方式,即通过哪一种方式得到信息。由于互动层级、功能别对转移绩效有所影响,而信息传送后采取行动属于沟通绩效衡量范围。所以将互动模式内涵要素分为:互动领域、互动方式、沟通渠道、互动频率与互动规模等五方面。

4.2.3 技术转移项目特性与互动模式

(1)技术复杂度。技术复杂性指系统中不可分解的单元数,或是技术中的特征及观念数目、新奇程度、与零件之间的连结关系(Simon,1979;Tyre,1991;Miyazaki,1997);当技术复杂度越高,不确定性越高,需要更多的信息才能创新与维持(Garud & Nayyar,1994)。因此,在技术转移过程中,如果技术复杂度越高,技术接受者所需要具备的能力就越多,学习也就越复杂。

(2)技术外显性。外显知识则是指可以被编码化、制度化,容易通过语言传递的知识。一般来说,外显知识通常是可以写下来,容易转移、分享和被模仿的,Elias 和 Alexander(1999)在对美国政府技术转移民间的研究就发现,技术转移中如果能将技术明文化将是技术商品化的关键;但是,基于易模仿的特性，必须通过相关法律加以保障，如商标法、专利法、著作权法等。而内隐知识很难被具体描述，如果要有效转移，通常倾向非正式的技术性的沟通，必须采用在职训练或师徒制的方式（Edvinsson & Sullivan，1996；Teece et al.，1997；Staropoli，1998）。

（3）技术不确定性。一般来说，当产业技术较标准化、外在知识变动较小时，或是技术成熟度较高时，技术不确定性较小，此种技术转移有利于企业获得许多互补性技术，立即发展商品化技术，即刻量产，降低生产成本，快速提升产品的销售。但是，此种技术的运用寿命可能较短，获利期间较短；若产业技术较不标准化、外在知识变动较大，或是技术成熟度较低时，可支持的互补性资源较少，转移较困难，但未来的获利的空间较大（Rosen，1994）。有鉴于技术不确定的高获利倾向，近年来许多的技术转移倡导企业早期参与的共同研发或是合作开发模式，由早期参与，降低转移的困难度与技术的不确定性。但研究认为，技术不确定性将影响互动模式，当技术不确定性低时，合作双方参与谈判的层级较低、较少，合作双方互动频次较低，双方应利用人员交流、人员转移、工作团队做知识转移；当技术不确定性高时，双方合作谈判的层级较高、参与的部门较多且双方互动的频率较高，应利用书面文件、电子档案、软件程序做知识转移。

（4）技术转移困难度。技术转移接受者的技术能力与新技术越兼容，则越容易将技术并入原有作业程序，越能解决组织所遭遇的困难，如此则转移绩效较好（Folster，1995；Sakakibara，1997；Lambe & Spekman，1997；Beecham & Cordey - Hayes，1998）。所以许多有关技术转移的研究，强调转移技术路径相依度的重要性（Teece，1996；Teece et al.，1997），并说明进行技术转移，必须考虑双方技术能力的差距，若双方差距小，技术能力差距小，输入与输出的知识倾向内隐，反之，则倾向外显。在国际技术转移的案例中，影响双方互动的重要因素莫过于双方的语言、文化和地理位置（Dearkshani，1984），但就算是同个国家内的技术转移，由于涉及两个组织，两个组织的文化、管理机制亦将影响双方沟通效果，进而影响转移绩效。

（5）过去合作的经验。研究显示，信任是增加团队运作的重要因素，成功的合作经验将影响彼此间信任的建立，对互动的模式有影响力，良好的合作经验则有利于双方合作（Wilderman，1998）。在技术转移过程中，若双方曾有合作经验，或是未来还有合作空间，则双方沟通的成本将较低，互动质量将更好。另外，人们选择沟通渠道也将考虑过去的沟通经验（Carlson &

Davis，1998），技术转移项目特性应考虑双方过去互动经验的满意度和次数。

（6）双方互动需求。互动是双方彼此交流的动态过程，双方的行为将依据对方的反应而改变，而互动沟通属于人的决策较多，人的认知很重要。在研究技术转移中，必须衡量双方对互动的需求，主要的衡量变项为对方的配合程度；也就是说，当觉得对方配合度较低时，可能需要协商的议题较多，互动需求就较大，互动规模可能会增大，互动频率也可能会增加。

4.3 技术转移互动模式失灵原因探讨

研究将技术转移模式失灵定义为接受技术转移企业认知项目失败，而企业认知项目失败的标准为何？必须从技术转移绩效标准来看。由于问卷发放对象为与合作过的中小企业，技术转移互动失灵名单的标准为：合作满意度较低的企业，或是结案时间太久的企业或是无法结案的企业；由于行业特征不同，研究分别在电子、化工、机械产业中各选取两家企业接受访谈，共访谈六家企业。

4.3.1 合作项目达成目标程度

企业认为达成目标可分作两阶段来看，有两家表示，从争取政府经费来说，目标是达到了，但是从技术成效来说，尤其是可运用在实际生产上的技术，则尚嫌不足；所以有一家进行半年就撤案，有一家拖延很久才签字结案。

4.3.2 项目互动失灵（不成功）的原因

（1）外在因素。环境变迁、技术成效降低；可能因为市场信息不足，市场现况与原先评估有差距，也可能是因为对提供的技术认知不够清楚。有其他企业愿意提供技术，此合作企业可能拥有较高的技术能力，或是转移时效较迅速，虽然通常转移费用较高。

（2）互动过程因素。合同订立不明确、双方的权责、与达成的结果定义不明确；原因可能来自彼此合作经验不足、没有共同规划、双方对技术认知有差距。地理距离远，对于彼此沟通不方便，尤其在需要驻厂指导时，更为困扰。惩罚不明确，以致进度控制落后。沟通渠道不够丰富与适当，必须依照相关约定选择沟通渠道。

（3）企业本身因素。合作的动机不单纯，对大企业来说，有时候合作只是当作在另一个组织的研发，事前并未仔细考虑技术成效。企业技术能力不足，或是不了解自己需求。

（4）研究单位因素。技术人员市场经验不足，技术多半较少考虑成本效益分析，或是较少考虑量产技术的弹性。人力太少，项目成员工作负担重，接受委托厂商很多，以至于常有出差、开会等事件，无法专心做研究。定位问题，研究单位定位必须包含前瞻性研究，可能与市场目前应用技术的程度保有一定的张力。

4.3.3 合作的过程中沟通的模式

大致来说，企业对具体沟通模式还算满意，沟通的问题有：项目工序的修正、产品规格的确立、产品设计的细节检讨。

至于困扰双方沟通的原因有：双方认知标准不同、缺乏共同语言，项目成员未完成前即调动，担心将合作厂所提供的机密数据外流，而有所保留。

4.3.4 对研发机构的期待

有关上班时间：上班时间过短，而且加班不够有弹性，不能配合厂商的急迫性需求。

商品化能力要充实。

项目进度要确实控制。

合作结案前收尾工作务必确实。

4.3.5 重塑技术转移互动模式的建议（见表 4-1）

互动失灵的近因在于沟通方式，研发单位技术能力与经验不足为中介因素，根本的问题在于研发单位的定位上。鉴于研发单位的定位和研发单位的技术能力经验是企业较不能改变的条件,且对于技术转移项目来说,两者属于项目进行前已知且应该被评估过的变项,因此,以主动性来说,研究将重塑互动模式的重点放在转移过程中两者的沟通模式,有关外生变量的处理,则以开放性问题,搜集企业对研发单位与政府的期许。

微观的观点,主要的原因在于双方进行转移项目时,只单纯考虑了转移项目的特性与互动的模式的效果,并未整体考虑两者适配的程度;例如,相同的互动模式放在不同的技术转移项目,效果不一定相同,如案例企业访谈时,就有企业提及互动频率越高,效果越好。

表 4-1　技术转移失灵原因研究对重塑研究的变量建议

失灵因素	专案特性	互动模式	备注
环境变迁 有其他企业愿意提供技术 政府法令不适当			外生变量、以开放性问题分析
合同订立不明确	合作经验	互动频率 互动方式:程序交流(共同规划)	
地理距离	转移困难程度	沟通渠道	
惩罚不明确		互动方式:组织交流(订立规则)	
沟通渠道不够 丰富与适当	技术特性	沟通渠道 互动议题	
合作动机不单纯	合作动机		
企业技术能力不足	转移困难程度		

4.4

互动模式与技术转移项目特性的场配适

4.4.1　研究架构与假设

研究主要以配适观点讨论重塑互动模式,所谓配适指的是技术转移项目特性与互动模式配适,因为两者的配适有一定的关系,例如,当技术复杂性高、技术外显性低时,技术蓄积在人身上,不易学习,若加上双方技术能力差距大、交流困难,及之前没有合作经验,彼此不熟悉对方的沟通方式,此时,以人员交流的方式较佳,面对面的沟通方式较好,互动频率较高。当技术复杂度低、技术外显性高时,技术能够系统化、明文化呈现,若双方技术差距小,交流困难度低,有多次合作的经验,就可通过程序交流的方式互动,甚至以电子数据交换来进行技术转移,互动频率较低;若双方无合作经验,或是双方有交流困难,则通过开会、共同规划来交流,辅以书面或是电子沟通系统来交换数据,互动频率中等。而如果转移技术复杂度高、技术外显性高且技术不确定性高,接受技术转移的风险可能很大,双方技术差距不大,可以先期参与的方式加入共同开发的行列,此时可能需要以组织交流的模式,订立详细的合作规则,甚至成立跨组织的团队,沟通的渠道丰富、互动频率频繁。

因此,依权变理论的看法,不存在所谓最佳的模式,看配适的程度而定,因此互动模式与技术转移项目特性契合越高,则转移绩效应越高。

假设1:技术转移绩效会受转移项目类型与互动模式配适程度的影响。

若再考虑技术效益有递延效果,互动过程绩效以满意度衡量,效果立即可现。所以两者配适度对互动绩效有显著影响较大,对其他的绩效构面影响可能较小,研究将对各个技术转移绩效衡量子项进行单独检定。

假设1-1:互动过程绩效会受转移项目类型与互动模式配适程度影响。

假设1-2:技术绩效会受转移项目类型与互动模式配适程度影响。

假设1-3:成本绩效会受转移项目类型与互动模式配适程度影响。

假设1-4:提升竞争力绩效会受转移项目类型与互动模式配适程度影响。

4.4.2 研究设计

经过讨论选取电子、化工与机械三个产业为研究样本,由于技术转移绩效有时间差,调查近三年接受技术转移的企业,而因为互动模式是动态过程,而在技术转移前后,企业对技术的认知将有所不同,所以技术转移进行中的企业也纳入研究范围。总计发出300份问卷,回收问卷达131份,其中若有填答不清楚,或是遗漏值太多者,皆算为无效问卷,共有无效问卷9份,故有效回收问卷为122份。

4.4.3 研究结果

(1) 有关互动模式。

技术转移中双方互动的领域有费用、进度、技术内容、检讨与修正、信息交流等。

互动方式以共同规划的频率最高,研发单位驻厂指导的方式较少;此项因素分析可收敛成三个因子,分别为程序交流、组织交流和人员交流,三者在不同类型的互动亦呈现不同的频率。

互动所用的沟通工具有面对面沟通、电话沟通、电子式沟通与书面沟通,平均来说,以电话沟通最多,电子式沟通最少;但若将面对面沟通、电话沟通、书面沟通归类为传统沟通工具,再与电子式沟通工具比较的话,除了技术导向型的互动外,电子式沟通频率皆大于传统式沟通工具,可见电子式沟通工具越来越普遍。

互动模式类型可分为费用导向型、技术导向型、进度导向型、策略导向型(见表4-2)。

表4-2　　　　　　　互动模式类型与内涵分析

互动类型	互动领域	互动方式	沟通方式	互动频率	项目时间	层级	参与人数
费用导向型	转移费用	组织	电子	低	超九个月	高管以上	5~6人
技术导向型	转移技术内容	程序+人员	传统	中	约七个月	高管以上	5~6人
进度导向型	进行进度、修正、检讨	人员	电子	高	超九个月	高管以上	9~10人
策略导向型	其他	程序	电子	低	约五个月	中层	9~10人

(2) 技术转移项目特性。

建立适配的技术转移项目模式要考虑项目特性变项,考虑的项目特性变项共分两类:第一类为技术特性,即技术复杂性、技术外显性、技术不确定性;第二类为项目特性,即转移困难程度、双方过去合作经验与双方互动需求。

技术转移项目类型可分为低技术转移容易型、低技术转移困难型、高技术转移容易型、高技术转移困难型(见表4-3)。

表4-3　　　　　技术转移项目各项变量分析归类

类型	技术复杂度	技术外显性	技术不确定性	地理距离	技术差距	合作经验	合作满意度	对方配合度	动机
低技术转移容易型	低	高	低	近	小	多	高	高	技术水准高 良好互动经验
低技术转移困难型	低	高	低	远	大	少	低	低	可共同申请经费 多动机导向
高技术转移容易型	高	低	高	近	小	多	高	高	良好合作经验
高技术转移困难型	高	低	高	远	大	少	低	低	技术水准高

（3）假设验证。

互动模式与项目特性的配适程度对转移绩效的影响，研究以两因子有交互作用的变异数分析检定，总绩效则以衡量变量的平均分数来计算，虽然技术绩效、成本绩效与竞争力绩效在因素分析时，可收敛成企业实际达成绩效，为观察其不同的地方，仍然以各项衡量变量的因素分数来分析；各项因素分析后都只得到一个因素，互动绩效、技术绩效、成本绩效与竞争力绩效的 Eigenvalue 分别为 5.249、3.358、2.642、2.617，而因素解释量分别为 0.75、0.84、0.88、0.87，皆达可接受水平，如表4-4和表4-5所示。

表4-4　　互动模式、项目特性对转移绩效影响汇总分析（P-value）

	总绩效	互动过程绩效	技术绩效	成本绩效	竞争力绩效
类型	0.001***	<0.001***	<0.001***	<0.001***	<0.001***
互动模式	0.001***	0.001***	0.001***	0.261	0.223
类型与互动模式配适度	0.037**	0.014**	0.086*	0.299	0.157
整体模式	0.001***	<0.001***	<0.001***	<0.001***	<0.001***

注：* 表示 $P<0.1$，** 表示 $P<0.05$，*** 表示 $P<0.01$。

表4-5　　　　互动模式、项目特性对转移总绩效影响分析

变异来源	SS	df	Mean Square	F	P-value
类型	12.247	3	4.082	13.242	<0.001
互动模式	5.161	3	1.720	5.580	<0.001
项目类型 X 互动模式	5.364	8	0.670	2.175	0.037
残差	30.800	100	0.308		
合计	53.572	114			

研究假设验证汇总如表 4-6 所示。

表 4-6　　　　　　　　　　研究假设验证汇总

假　　设	验证
假设 1：技术转移绩效会受转移项目类型与互动模式配适程度的影响。	支持
假设 1-1：互动过程绩效会受转移项目类型与互动模式配适程度的影响。	支持
假设 1-2：技术绩效会受转移项目类型与互动模式配适程度的影响。	支持
假设 1-3：成本绩效会受转移项目类型与互动模式配适程度的影响。	不支持
假设 1-4：提升竞争力绩效会受转移项目类型与互动模式配适程度的影响。	不支持

（4）配合技术转移项目类型选择适当的互动模式。

经由两因子变异数交互作用效果模型分析，研究得到互动模式与项目类型的交互作用将影响转移绩效（P-value=0.037），也就是说，互动模式和项目类型的配适度对转移绩效有影响，至于两者应该如何配合？由两者的交互作用大小与其相对的绩效大小来推定，交互作用越大，代表两者越适配，如果越适配的组合，所相对的绩效实际值亦很大，因此适配度越大，绩效越好。各项目类型的配适的互动模式为：

低技术转移容易型项目配适进度导向型互动、费用导向型互动。对技术转移绩效有正的影响效果。

低技术转移困难型项目配适费用导向型互动、技术导向型互动，对技术转移绩效有正的影响效果。

高技术转移容易型项目配适进度导向型互动，对技术转移绩效有正的影响效果。

高技术转移困难型项目配适进度导向型互动、策略导向型互动，对技术转移绩效有正的影响效果。

由此可知，进度导向型互动除了与低技术转移困难型项目不适配外，与其他项目类型皆适配，低技术转移困难型项目适配的互动模式为费用导向型；至于是否越适配，绩效越好，从表 4-7 中可知，大部分交互作用越大者，绩效越好，而有关低技术转移困难型项目，实际绩效是以技术导向互动较佳，但从配适度效果来说，以费用导向较佳。所以可以印证互动模式与项目类型越适配则绩效越好。至此，权变理论的适配论点也获得证明。

表 4-7　互动模式、项目类型交互作用效果与实际绩效分析

	低技术转移容易型	低技术转移困难型	高技术转移容易型	高技术转移困难型
费用导向型（实际值）	0.026	0.601	-0.219	-0.408
费用导向型（交互作用效果）	3.514	2.930	3.465	3.046
技术导向型（实际值）	-0.261	0.482	-0.059	-0.162
技术导向型（交互作用效果）	3.848	3.432	4.247	3.915
进度导向型（实际值）	0.254	-1.015	0.369	0.392
进度导向型（交互作用效果）	4.155	1.726	4.465	4.260
策略导向型（实际值）	-0.020	-0.068	-0.090	0.178
策略导向型（交互作用效果）	3.507	2.300	3.633	3.672

（5）厂商对研发单位与政府的期待。

在企业对研发单位的期望中，企业最希望研发单位给予的帮助是签约、互动过程的进度控制，以及技术能力加强。

在企业对政府的期望中，以提供经费、设备、人才比例最大，然后是提供市场信息与提供转移技术。

4.5

本章结论

本章在项目类型与互动模式分类上印证了构型理论的观点，在互动模式与项目类型配适组合上，印证权变理论的观点，增加构型理论与权变理论的解释力。从场理论的来看，以案例研究的方式找出互动失灵的原因，再以配适与权变的观点，发展一套选择技术转移互动模式的决策准则，在实际进行项目时，可以依据执行项目的类型，选择较配适的互动模式，避免互动失灵，进而提高转移绩效。

第 5 章

数字经济背景下的创业创新场

5.1 引言

20世纪80年代,企业家精神多半被视为带动企业组织创新、变革的方法原则(Drucker, 1985, 2014),强调追求获利的企业家精神成为主流,使得企业家在社会关系与价值的讨论中相对显得弱势。同时,强调理性、数理建模的经济学方法论长期占据主流的情况下,创业研究的流派就显得复杂许多,诸多创业研究学者广泛地从经济、社会、心理、管理领域来研究,虽造成研究过程中的方法论冲突与重心的不稳定,但使得这个领域充满创新,始终贴近社会发展需求(Shane & Venkataraman, 2000; Landstrom, 2004; Baker & Welter, 2014)。在持续成长演化过程中,80年代有几个重要发现,为当时的创业研究拓展了崭新而重要的路径。首先,Birch(1979)的研究发现来自中小企业的就业人数,远超过大企业所雇用的比例(Birch, 1979; Kirchhoff & Phillips, 1988)。其次,后福特主义崛起,经济生产模式发生了变迁,也兴起关于区域主义的复兴思潮,承自马歇尔的产业区概念,有关地方经济的制度、网络、弹性化等概念,进一步强化了以中小企业面对新生产制度变迁挑战的发展优越性(Piore & Sabel, 1984; Storper & Christopherson, 1987; Asheim, 2000)。这些观点普遍认为,区域内的中小企业彼此聚集及形成的制度网络与互动关系,相对大企业僵化迟缓难以应对时代潮流改变的缺点,中小企业之间的合作反而能够促进更多的创新,提升区域的竞争力。最后是技术驱动下带动的全球化以及信息革命,经济发展模式走向强调知识及数字化的发展模式,同时也促使更为活络的创业活动。特别是从硅谷发迹的高科技产业地区,在半导体、个人计算机、消费性电子产品领域的企业群在 90 年代以来在全球攻城略地，2000 年以来再次通过互联网衍生的电子商务、平台经济等商业变革（Saxenian, 1996; Dicken, 2007; Coe, Dicken & Hess, 2008）。以硅谷为典范，以及相关新兴地区的成功发展经验为研究对象（Johnson, 1982; Rogers & Larsen, 1984），探求的核心问题在于为何一个地方的产业会成功？如何形成？如何做到？依此逻辑，90 年代起逐渐发展出有关产业群聚、创新氛围、创新螺旋等理论，及在政策操作的国家创新系统等理论（Lundvall, 1992; Camagni, 1995; Leydesdorff & Etzkowitz, 1996; Braczyk, Cooke, & Heidenreich, 1998; Porter, 1998）。区域内个别行动者、企业组织之间的良好互动，若能共同合作、集体学习、竞合互动，便能有机会促进区域的经济发展。

然而，这些企业一开始是如何出现在区域中的？这个问题除了少数尝试从个人家庭、就读学校、任职单位的地缘关系来理解企业出现原因之外（Feldman, Francis & Bercovitz, 2005; Feldman, 2007），较少提出具体的机制或理论模式。企业家角色之所以长期受到忽略是有其理论根源的。第一，在原本主流的新古典经济学的静态均衡思维中，企业家的出现其实破坏了经济学家对于市场的预设前提充分信息、原子化、"理性经济人"等条件。第二，创业者的创业动机以及初创过程难以捕捉、不易标准化，往往受到个人背景、动机、能力与行为等多元异质变数影响，若再加上外在创业历程的风险与发展不确定性，都造成企业家的角色，若放在追求简明数理模型的新古典经济学的脉络中，非常容易陷入逻辑解释上的矛盾与困难（Davidsson, 2008; Ramoglou & Gartner, 2015）。既然企业家及其创办的企业是来自具体的地方，又扮演着对于区域经济、就业、创新的重要角色，那么该如何促使这类优秀企业能够在特定地方不断出现，则成为处理经济问题时实在无法回避的核心。

仔细分析，可分为两个问题。第一，什么是优秀的新创企业？若论区域经济发展的诉求，关注重点自然不在于那些仅求基本谋生所驱动或受迫创业的创业者，或是追求经营自主的自我雇用的创业模式。反而是来自具备高成长动机或是主动抓紧趋势机会的企业家（Rosa, Kodithuwakku & Balunywa, 2008），因为这类型的企业家志在把握市场契机，积极投入各种资源，不畏竞争追求成长和创新，志在追求高成长规模的企业发展模式。因此，比起前述倾向被动、单纯谋生的创业者而言，更有潜力在未来扩大规模、创造更多就业机会与经济贡献。对于这些创业者所成立的新公司，称为新创企业，以凸显高成长潜力的意义（Kane, 2010; Kaplan, 2014; Jain, 2016），甚至对于初创期间快速成长、市场估值超过10亿美元的新创企业被称为独角兽（unicorn）（McNeill，2016）。基于这些，使得各国政府为了追求产业发展，投入了资源孵化催生这些优秀企业。第二，何谓特定地方？在早期创业研究中，对于地方的探讨研究不多，而是继承自早期古典经济学的色彩，环绕在企业家对于经济的影响角色。例如，在奥地利学派的讨论中，逐步梳理出企业家个人特质的重要性，如风险承受能力、创新与破坏市场的能力，以及发掘机会、利用市场信息的不对称来谋取利润等个人特质与能力（Davidsson，2003；Landstrom，2004，2007，2014）。在20世纪60年代，有学者引进更多心理、社会、文化的讨论，70年代以来开始强调将企业家精神引入企业组织、创新、流程的发展上，着重于企业获利，以及促进专业经理人的发展讨论上（Drucker，1985，1992；Hébert & Link，2009；Gartner，2014）。

20世纪90年代中期以后，随着硅谷地区的经济发展，当地的高科技产业地区持续繁荣吸引全球人才、技术、资金，这个现象的特殊性，开始扭转了创业研究长期忽略地方环境影响的研究不足，开始注意到地方、区域或是国家等空间尺度下，蓬勃发展的创业行为对于经济发展的显著影响（Saxenian，1996；Rosenberg，2002；Himanen & Castells，2004；Feldman，2007；Lüthje，Hürtgen，Pawlicki & Sproll，2013）。这样的观点，常引来所谓英雄造时势或是时势造英雄孰先孰后的争辩。所以，究竟是地方发展造就创业活动？还是创业活动造就了地方发展？（Rogers & Larsen，1984；Arthur，1990；Kenney，2000；Lee，2000；Rosenberg，2002；Stross，2012；Venture，2013；Guzman & Stern，2015）。但是，不论何种立场，唯独可以确认的是外部环境的制度、社会、文化等因素，在这些企业家（英雄）与时空环境（时势）之间，确实存在着某种相互连动的关系。随着现今各国或地方政府对于推动经济的迫切性需求，面对创业活动带来的经济效益的思考，反而使人开始关注，究竟在何种区域环境条件或是空间特征下有利于这些优秀的创业家出现？（Glaeser & Kerr，2009；Plummer，2010；Welter，2011）。延续前面的讨论，如何促进更多具有成长动力的企业家与新创企业在本地方上出现？及其是否具有发展的模式、机制、方法？

早期有关创业环境的研究讨论，不仅对整个经济水平、法治、政策、人力、教育、产业群聚、社会文化等各外部影响要素进行探讨分析，同时也关心空间环境对创业家的动机、意向、行为所带来的影响（Cooper，1970；Birch，1979；Shapero & Sokol，1982；Gartner，1985；Bird & Jelinek，1988；Muller & Fujiwara，2003；Sternberg & Fritsch，2011）。这些研究尽可能囊括各种因果变量，在各种经济要素或是对个人动机行为的因果关系上进行分析讨论。但是受限于过多因子交错的复杂性，不易发展出简明的概念模型与操作性架构，导致理论应用上的价值有限。

随着近年创业热潮兴起，许多创业活动在全球重要的产业区或都市区蓬勃发展，开始有学者尝试提出新概念框架来理解这方面的现象，特别是引入自然科学的生态观点，形成所谓创业创新场的概念与研究。这类研究一方面认同创业者所处的区域及周遭环境的重要性；另一方面聚焦在企业家在创业发展过程中，与各方行动者所牵涉的互动关系。加上自然界的生态观、互助共生的概念，不仅让人易于理解、操作性简便，又利于政策设计及产业推动，因而广泛受到欢迎（Borissenko & Boschma, 2016；Stam & Spigel, 2016；Brown & Mason, 2017；Loikkanen, 2017）。

创业创新场的核心主张是强调区域或地方空间中，参与各种创业行为、活动相关的行动者之间的互动关系，彼此互相支持、共生共荣，促进了地方创业与创新活动的发展（Stam, 2015；Brown & Mason, 2017；Spigel, 2017）。这不仅关心了区域发展中企业是如何从无到有的过程，揭露了区域内行动者如何协助企业孵化、成长过程中引入相应所需的知识、人才与资金等资源，而且进一步帮助了企业家或政策推动者在进入一个区域或地方时，能够利于形成政策规划或产业推动需求的推动架构。研究认为，此概念在研究质量与深度上其实仍有诸多欠缺（Stam, 2015；Stam & Spigel, 2016；Brown & Mason, 2017）。创新空间尺度的定义不够明朗，往往也引发应用困难（Isenberg, 2010, 2014；Mason & Brown, 2014；Borissenko & Boschma, 2016；Alvedalen & Boschma, 2017）。此外，当前诸多国家或城市纷纷推出打造创业环境或是健全创业创新场等政策，如政策补贴、举办竞赛展会、鼓励交流合作等方式，诱使资金、人才、知识集中，并引导市场机制筛选出优秀的新创企业，进而带动经济与就业。

这使得创业创新场成为当代许多国家推动创业政策的关键（Isenberg, 2011；Feld, 2012；Kon, Cukier, Melo, Hazzan & Yuklea, 2014；Jain, 2016；Gauthier, Penzel & Marmer, 2017；Motoyama & Knowlton, 2017）。特别是面对诸多新兴的创业机会，以及在产业竞争转型压力下，迫使政府的经济部门必须尽快推出相应对策，来迎合这些企业家、新创企业的需求，以缓解经济压力。随着不同国家或地区面对经济制度、产业网络、社会环境的差异，很容易出现政策照搬，企图复制相似的产业地图的现象，这凸显创业创新场研究迫切性、必要性。

5.2 创业热潮现象的社会形成背景

5.2.1 新时代创业生态发展

首先，影响创业活动的蓬勃发展主因之一来自技术变迁下形成数字经济的影响。自互联网问世以来，随着数字经济的制度成熟化，促使了企业产销行为的大幅变化，降低了创业者的进入门槛，使得采取数字化、科技化的创业广受欢迎。从2007年苹果公司首次发布智能手机起，新兴的移动通讯技术、电子商务平台、物流系统、在线支付技术渐行完备，渠道障碍消解大幅降低了交易成本，数字经济市场大幅扩展，供需两端融合速度加快，形成了正向网络效应（Johansson, Karlsson & Stough, 2006; Malecki & Moriset, 2007; Kenney & Zysman, 2016）。对供给端而言，极低的网络空间的上架成本、长尾效应的空间优势，使得各种商品都很容易在网络上找到买主，进一步提升了互联网的经济效用，吸引更多的少量、订制、利基商品涌入网络平台上架销售；在需求端方面，消费者逐渐熟悉适应在线支付、消费习惯的养成，需求大量进入市场，辅以成熟的信息分类排序与搜寻引擎技术，帮助消费者更容易找到满足需求的个性化商品。两相呼应的结果是，越多的商品上架，吸引越多的消费者聚集上线购买，市场扩大，进一步促使更多商品与消费者涌入（Anderson, 2007; Choudary, Van Alstyne & Parker, 2016）。

对于创业者而言，数字经济模式使得创业者进入市场的门槛大幅降低。在数字经济尚未崛起前，可以预见通常市场多半被既有企业占据，消费者的选择有限，市场信息呈现高度不对称，主流商品往往被少数企业主导生产与销售。企业家或是新创企业进入市场时只有两种选择：一种是选择同质化来与现有企业作竞争（如推出类似的产品、采取类似的定价），否则就是采取差异化来另辟新的市场来谋求生存（如开发更优质的产品，或更吸引人的价格）。无论如何，同与不同之间，这都使得新产品进入市场的起步过程艰难。企业家的出现能够带来创造性的破坏，改变市场的均衡态势（Schumpeter, 1934）。这也表示，在企业家尚未出现前，现有市场其实是相对均衡，即相对接近最适化的产品组合，几乎已被现有企业所生产的商品占据了（因为已经受过消费者考验与接受了），迫使资源有限的新创企业究竟是要选择进入蓝海市场（产品差异化、成本大、竞争少但客户也少），或投入红海市场（产品同质性、成本低、客户多却竞争激烈）的两难之中（Kim & Mauborgne, 2004; Sharma, Seth & Niyazi, 2012）。

自数字经济的崛起以来，翻转了既有企业主导市场的优势，市场出现了极低成本的网络上架空间，透明的市场信息流动，搭配发达的物流、广告投送等条件，拉近了企业家与现有企业在起跑点的差距（Anderson, 2007）。例如，在同样的电商平台上架的情况下，只要新创企业推出更好的产品服务，数字化工具使得更容易触及消费者，吸引他们购买，就使得新创企业有机会在市场存活，甚至进而挑战既存的企业（Kim & Mauborgne, 2004; Sharma et al., 2012; Trimi & Berbegal-Mirabent, 2012）。在此情况下，大企业面对诸多后进企业的挑战，也只得加紧创新，竞争促使市场活络发展，创新产品的早期采用也带来新的消费族群，共同创造了更大的市场，形成特殊的共生关系，也间接促进了更多创新与经济繁荣。新创企业虽然比起过去拥有更多进入市场，甚至拥有颠覆大型企业优势的潜力，但却非一帆风顺，因为同样无法避免来自其他新创企业的白热化竞争，从诸多的行动应用程序的在线商店中出现成千上万的新上架软件产品就是显著例证（MacMillan, Burrows & Ante, 2009）。

另外，数字经济也促使企业内部核心的研发生产行为开始出现变化。互联网兴起以来的共享文化与传播威力，促使各种软硬件开发轻易能在网络上找到，形成知识平民化的现象，知识不再由少数机构或专家垄断、生产与把持。网络上各种知识分享、信息交换的平台出现，使得那些从事以软件开发作为产品或服务为主的企业家，更容易取得新知识、技术与学习机会（Gates & Hemingway, 2000; Leamer & Storper, 2001; Malecki & Moriset, 2007）。并且与过去的产业不同，这些从事软件、平台服务开发的企业家，并不依赖土地、厂房、生产设备等传统生产要素，反而是凭借着自身在数字化产品与服务的知识与技术研发能力，在完善的信息基础建设、营运管销的外包制度成熟化情况下，研发生产周期比起传统产业更快。创业者用很精简的人力团队，而不须聘请庞大的研发或是营运管理人员，就能够有效率地委托外部企业来协助营运、上架、销售等管理工作，而能更专注在核心的产品与服务开发工作之上，尽早开发出产品原型投入市场来进行测试验证，以抢夺市场先机（Turban, Leidner, McLean & Wetherbe, 2007; Böhm, Leimeister, Riedl & Krcmar, 2011; Ries, 2011; Rasmussen & Tanev, 2015; Won, 2015)。

除了市场供需两端、研发生产活动的变迁之外，企业家空间的聚集行为也出现转变。随着创业主题转向以知识、科技、服务为主的开发模式，创业者能够轻易携带笔记本电脑在城市移动，这使得城市之中的交通、信息、社会支援体系的基础建设就显得非常重要。再加上宜人的都市生活环境，若都市本身具备多元、包容等文化，营造出来的宜居城市等因素，都将使得都市区比郊区更能吸引人才聚集。研究显示，在全球众多大城市或区域中，很容易形成特殊的企业家群聚现象（Florida, 2002; Glaeser, 2007; Glaeser, Rosenthal & Strange, 2010; Florida & Mellander, 2014），本书称此现象为创新生态系统（Siegele, 2014）。

这些创业者、新创企业的聚集现象，进一步吸引了支持创业的周边服务机构、专业顾问服务的靠拢，出现诸多创业交流活动、工作坊等机会。从活动举办的网站平台，可见这些在都市中密集发生的创业活动。这些孵化器、加速器、共同工作空间等机构、创业投资机构、天使投资人以及形态各异的创业聚会，帮助创业者及新创企业得以减轻地租压力在城市落脚，在都市中共同创造出邻近性优势，促使参与其中的个人或组织能够享受最新的知识、产业信息与地方互动，形成创新场的重要基础（Merkel, 2015; Florida, 2016）。

5.2.2 风险意识改变投资与政策思维

2000年前后先后出现三次的经济动荡（1997年亚洲金融风暴、2000年网络泡沫化、2007年的华尔街金融风暴），金融风暴所带来的全球经济的巨大冲击和损失，到后来却为创业活动的热潮，创造了支持性的资金及社会基础。

第一，在资金方面，虽然面临经济动荡后的紧缩压力，但随之而来各国政府为了救市，美国等先后推出量化宽松政策，引发了各国货币贬值，采取通货膨胀以支撑经济稳定，甚至不断压低利率以保护本国出口。后果是大量热钱在市场除了使得房地产持续飙升之外，也间接扩大了关于创业投资、私募基金与资金。而为了创造资金的流动性，这些天使投资者或是创投机构为了寻求获利，便必须不断积极寻找投资目标，进一步带动了创业活动蓬勃发展（Drexler, Jacobides, Saavedra & Gratzke, 2016）。

第二，接连发生的经济风暴促使了社会对风险的警觉意识提高，促使人们理解到全球经济系统整体连动的复杂性与难以预测的隐藏性危机。充满不确定性的经济发展前景，使得如何保有随机应变、灵活应对各种突发危机到来的观念大行其道。从描述不可预测事件的"黑天鹅"，或是强调现代人缺乏危机感的"灰犀牛"现象，以及探讨如何回应这些风险、不确定性概念的行动与能力建构，如恢复力、适应性，或是反脆弱等不同的避险观点引起诸多话题（Berkes, Folke & Colding, 2000; Aven, 2014; Taleb, 2012; Wucker, 2016），明显地令人观察到社会普遍笼罩于不确定性的未来感之下，如何可持续发展的理念相对抬头。相较于众多全球大型企业轰然倒闭、诈欺、假账风波，都让人们感受到传统大型企业的不可信任，反而是那些有志于改变社会、颠覆旧有经济模式的年轻科技企业家，就相对值得信任。更重要的是，这些新创企业很有可能潜藏着投资获利机会。

第三，政府面对风险的思维转变，改变了产业投资模式。面对突如其来的金融风暴，凸显了产业规划与投资行为相形失败。在经济稳定时代，传统方法乃是由技术蓝图预测与规划，进行直接的市场干预，不论是产业领军，或是通过技术合作、圈地开发、推动特定区域的产业群聚，以及扭曲市场价格对于特定产业进行补贴奖励等手段，特别是东亚地区新兴工业化国家的成功发展模式（Malmberg, 2003; Tan, 2006; Potter, 2009; Yeung, 2013）。然而，面对信息技术的长足发展，各种新兴技术不断地推陈出新，却都亟待相应的基础设施投资、社会制度配套与产业链的重组，制度调整时间的迟滞效应，使得政府官僚体制的问题突显出来，促使产业投资与治理过程更有挑战。

当策略不再如同以往有效，加上经济转型压力，将资源投入在环境建构上，鼓励创业活动发展，既能促进经济创新转型的可能性，又能兼收创造就业的效果（Roudini & Osman, 2012）。面对高风险的经济前景，及产业技术世代加速迭代，政府逐渐从产业技术发展的领导者退位，不再轻易发展特定的产业技术，反而是朝向扮演产业孵化的发展模式（O'Reilly, 2011; Janssen & Estevez, 2013）。投资转向能够孵化良好企业的环境与基础建设，鼓励新创企业发展，接着由市场来择优汰劣（Lathrop & Ruma, 2010; McDermott, 2010; Yu & Robinson, 2011）。这既可避免因为投资失败的"政府失灵"，又能支持新创企业，弥补"市场失灵"的信息不对称问题，解决各种需求问题与社会挑战，促进经济的发展。

5.3 创业创新场的研究路径

从字面意义上来看,创业创新场可初步分为创业创新与场两组概念。前者主要是强调有关创业或是与企业家、新创团队相关的一切活动,泛指掌握创业机会来开发新的产品与服务,个人进行持续的探索评估与利用,最终导向创新的结果,以及设立具有获利能力的新组织(Shane & Venkataraman, 2000; Gartner, 2004)。场则是借用自然科学的观点,将大自然本身复杂的生物链的互动关系,以及具备演化、彼此相互依存、共同繁荣的特性,套用于组织的互动描述上。然而,随着的不同语境与需求,场观点常与商业环境、基础设施、产业供应链、协同网络等概念混用,也导致诸多模糊混淆的问题。在早期文献中,有学者从环境的角度来强调良好的创业环境应该包含家庭创业、个人典范、多元的经济、强劲的基础设施、投资资金的取得、支持创业的文化、公共的激励政策等(Dubini, 1989)。在当前数字经济领域中,场观点指企业自身供应体系的建构策略与协同网络的发展模式(Hanna, 2016; Yang, Ou & Zhou, 2017)。

根据相关研究,最早将生态概念套用在商业环境应用上的是 Moore(1993),他认为生物存在的基本要素:阳光、水与土壤营养所形成的系统概念,能够用来比喻商业环境中关于资本、消费者、人才等要素有利于创新的环境发展(Moore, 1993; Brown & Mason, 2017)。此外,Marshall 等强调具备熟练员工、专业的律师与会计师,以及当地的大企业、大学的存在,利于吸引企业与人才聚集,促进创业发展(Marshall & Guillebaud, 1961; Feld, 2012; Loikkanen, 2017)。场观点的引入,重点在于隐含了环境中各种要素相互影响与变化,如同大自然的生物一般,商业组织彼此互动独立,但又能够共同运作达到特定目标,形成不断循环发展、生生不息的环境(Matthews & Brueggemann, 2015)。

2000 年以来全球经济环境先后受到各种突发危机冲击下,使得这种具备适应性、恢复力、反机械式的非线性的生态观点受到业界广泛欢迎,成为创业创新领域的关键词(Cohen, 2006; Bernardez & Mead, 2009)。虽然强调的重点有所出入,但也逐步形成一定程度的共识,综合创业创新场的概念,可归纳为:在特定区域的社群中的各种行动者,包含企业家以及周边相应支持服务的机构与个人,彼此独立自主,拥有正式或非正式的关系,但却又彼此相互影响、调整、拥有共同理念,向持续推动支持或促进新创企业的发展。而特别需要注意的是,这些行动者通常包含来自不同的领域,扮演不同的功能角色,包含产业、学界、政府以及相关的研究机构、服务组织,及具有社群影响的个人或团体(Cohen & Prusak, 2001; Cohen, 2006; Mason & Brown, 2014; Stam, 2015)。

回顾文献,既有研究成果分为三类:一是探讨区域内成员互动网络形态、功能与治理的社会网络取向,属于互动主义的理论;二是偏向制度主义,从各种外部规范理解分析创业生态内涵的制度环境;三是企图通过系统化的量化调查,评比出理想发展典型,属于实证主义的分析模式。

(1)社会网络:区域互动的网络建构。

这方面主要从社会网络的互动观点来切入,主要关注在区域内部创业中从各成员互动过程、治理应对、结构的发展模式来探讨创业的现象。所以通过社会网络互动的观察,不仅利于理解经济活动的社会性特征,如信任、集体、耐久等特质,也从人力资本或社会资本的角度重新审视在互动网络形成过程中形成的社会与经济价值(Becker, 1974; Coleman, 1988; Rogers & Jarema, 2015)。要增进经济发展,除了对有形要素进行投资之外,也必须强调社会文化上的无形要素,通过互惠的合作机制来维持良好关系,从日常实践不断的操演过程中,强化形成高强度的网络与规范。唯独需要留意的是不断强化关系过程带来的负面性,如固化的发展路径、信息封闭、自私牟利、成本外部化等风险。

借用哈耶克主张知识分散化的见解来理解创业的过程,企业家不仅必须从市场中发掘创业机会,也必须通过与他人交易及互动,来统合这些散落的知识与信息,重新组合出新的商业模式,并以此满足个人在学习上、安全感等等需求。社会网络就成为创业者在缺乏诸多资源工具的情况下进入门槛的成本最低、最有效获取资源的渠道(Schumpeter, 1934; Von Hayek, 1937; Shane & Venkataraman, 2000)。并且,对于一个正处于创业环境未臻健全的创业者而言,经常面对现有制度或法规相应配套不足的资源困境,若能拥有良好的社会互动网络,便有机会能够大幅降低创业风险、交易成本以及政府执法成本,企业的利益提高,也能提升整体的经济效益(Putnam, 1995; Scott, 1988; Bercovitz & Feldman, 2011; Bouba-Olga, Carrincazeaux, Coris & Ferru, 2015)。要形成良好的社会网络却不容易,往往受到社会关系的地方镶嵌,被特定的历史所影响。不同区域也会演化出不同的网络结构、治理形态,因此形成不同的比较优势，这也进一步影响了观点差异，使得社会网络的创业创新场研究往往会随着立场、目的、对象、方式等研究变量产生差异，形成多元观点。不过，这些论点的共同特征是，这类研究均采取了类似于行动者网络理论的方法论的理论建构模式，将个人、组织、社群活动事件等，皆纳入社会互动网络的讨论框架中，混搭成区域的拓扑形态，广受创业的欢迎。

Feld（2012）以自身在美国科罗拉多州博德市推动新创社群中的经验，就是以社会网络的观点，建构出成功的创业环境要素，分别是领导者、专业中介者、网络密度、政府支持、人才、支援性服务、交流合作、大型企业、资金支持共九个方面，主张创业者扮演了带领及驱动地方创业社群发展的重要角色，但任何与创业有关的培育者，如政府、大学、投资者、业师顾问、专业服务、大型企业等，则因为创业者在不同发展阶段、目的动机，带来差异化的影响。因此，为了促使更多资源的汇聚，认为塑造开放、多元包容的文化，促进各界持续性参与的创业社群发展尤为关键。

Schwarzkopf（2016）从创业者本身的环境观点出发，用由内而外的同心圆模型所构筑而成的关系圈来理解创业创新场，认为以创业者个人为圆心，向外拓展个人圈、私人圈、教育圈以及公共与商业圈，并依照各圈本身的属性特征，深度扎根拓展相应的资源关系。这样的理论模型，尝试从企业家个人角度的亲疏远近关系，将创业生态进行通则化，其实也暗示了创新场有潜力随着每个企业家的主观差异而有所不同，同时能够让创业者可以主动建构出来，串接相应的资源与机会。

社会网络研究的创业创新场，强调的是良好的创业生态对于创业者的效用价值，在通过本地的互动关系形成网络链结与治理过程中，取得发展的必要资源与情报。在受到不同行动者各端的需求与供给互动下，创业生态可能呈现多元、相异、多极、层叠化的形态。从实务方面并不难理解这样的概念，毕竟创业者在面对市场竞争、商业模式尚未建构完成之前，企业优势的建构过程主要通过既有的社会网络，或是选择加入既有的网络，寻求成本最低、风险最小的渠道来取得。对于初创的企业而言，良好的网络往往决定了其早期存活机率，因此显得关键重要（Hite & Hesterly, 2001; Zimmerman & Zeitz, 2002; Ciavarella, Buchholtz, Riordan, Gatewood & Stokes, 2004; Stuart & Sorenson, 2005）。然而，虽然这些行动者彼此具有主动能力，通过互惠、信任的建构过程，创造共荣的社会网络。但随着环境发展，趋于成熟的过程中创业者从个人的地方网络，踏入区域、国家尺度时，便开始明显受到了市场规模、产业结构、法规制度等诸多变量影响,原先依赖的社会网络的内部动力与效益,相对而言,显然就不完全足以创造充分的成长动能。初创时期关注的微观行为,以及个体组织的互动观点,反而需要逐步迈向成长过程中,从相对较为中观尺度的制度环境上来进行理论的补充。因此,制度环境与社会网络的研究,两者并不互斥,反而在空间尺度、创业发展阶段上具有阶段性衔接的政策意义。

(2) 制度环境:场作用的环境基础。

制度环境的研究则是从相对较为宽广的角度看待区域内的社会与文化的制度对于创业生态的影响。诸多文献指出,良好的制度将能够带动区域内企业家精神的正向发展,而这些制度也包含正式(法规、游戏规则)、非正式制度(习俗、传统、宗教信仰等)所带来的诱因差异,形成不同的机会与限制,进而影响创业者的策略与适应模式(Williamson, 2000;Estrin, Korosteleva & Mickiewicz, 2013),这其中包含如政府对于产权的态度、税务制度、地方文化等方面,并且将影响企业家对于个人互动上的关系治理,以及资源上的配置行为。而制度在影响区域内的成员之际,也会同时在互动过程中发生变迁,特别是在相对资源较为缺乏的情况下,新创企业或是创业者等生态系统中的行动者,往往扮演带动制度变迁的中介角色,特别是当专业知识实务或结构重新再定义的过程,共通标准的制订,再加上游戏规则的确立,不论是正式或是非正式,都将带来制度的调节与转变(North, 1990;Hwang & Powell, 2005)。数字经济崛起,创业环境制度在新兴的数字化与互联网影响下逐渐转型,这其中包含研发生产、运筹决策上的众多制度改革,企业家得以依赖完善的信息网络基础设施,以及技术模块化所带动的外包,再加上无限空间的电商、网络平台空间等,形成高度利于创业的制度环境(Tapscott, 1996;Johansson et al., 2006;Malecki & Moriset, 2007;Turban et al., 2007)。此外,随着信息技术的知识扩散与平民化,创业历程中往往涉及产品概念早期投入市场验证的研发过程,如欧盟发起的生活实验室开放创新平台模式(Eriksson, Niitamo & Kulkki, 2005;Bergvall – Kareborn & Stahlbrost, 2009),或是仿效丰田汽车的精益生产观念,快速组装出产品原型,创业者也都必须依赖区域内邻近的产业群聚,或是数字化的跨国合作网络得以实现(Ries, 2011;Blank, 2013)。而这些生产模式也都强调模式推动过程中所必须拥有的先天条件的制度基础,包括网络技术与建设、成熟快速产业生产制度、大众化的移动通信网络及后续的法规所形成的整体制度环境的安排,才能有利于信息或创新在区域内快速传递与散布(Terranova, 2000;Walli, 2005;Freedman, 2012)。

Sussan 和 Acs（2017）尝试架构出整体概念架构，创业者不仅创造、影响新的制度、交易场域，也是市场上重要的中介者，进而吸引或创造出数字经济的消费者及使用者。从制度的观点出发，在既有产权的保护下，数字与平台经济模式不仅快速降低了交易成本，一方面创业者破坏了旧有市场，创建了新的交易制度与模式；另一方面也吸引更多市场中的创业者、使用者、顾客加入创新的过程，甚至令使用者有机会摇身一变成为企业家（Sussan & Acs，2017）。这样的概念，由于涉及基础建设、交易市场、企业家、消费者、使用者的调和与治理关系，因此国家或是地方政府在这样的理论框架中，比起社会网络研究取向，相对各方的行动者而言，具有更积极性的角色。诸多研究指出，政府或国家在创业创新场普遍扮演着关键的制度性角色（Verheul，Wennekers，Audretsch & Thurik，2001；Acs & Szerb，2007）。Sternberg 和 Fritsch（2011）就提出影响企业家精神的诸多区域性决定因素，诸多来自政府支持性政策，不论来自地方、区域、国家或是跨国家层级的方案，都有重要的决定性影响，也吸引了诸多学者进行各种讨论和评估，填补了过去长期以来在创业研究与政策应用方面的研究空白。Foster 等（2013）提出了创业生态的基础构成，依序从政府政策、法规框架与基础设施、资金与财务、文化、业师顾问与支持体系、大学角色、教育与训练、人力资本与劳动力、地方与全球市场的关联性影响之外，也强调系统化的反馈机制，建构出具有其生态循环的连续性特征。

随着近年针对各国政府部门竞相投入推动创业政策，可以看到诸多的创业创新制度，如募资、加速器、硅谷工作文化等方式。Isenberg（2010）主张当前多人追逐硅谷经验是过于狭隘的，对于后进新兴的地区，提出了几个规范性的建议，包括呼吁大家应该停止模仿硅谷经验，应当因地制宜来塑造创业生态；尽早公私对话合作；聚焦支持高成长企业；创造出色的成功案例；促进创业文化变革；培养新创挑战弹性；政府放手让群聚自然发展；重塑法规与官僚框架等原则，应对创业所带来的浪潮与机会。

Brown 和 Mason（2017）进一步探讨公共部门政策的有效性，以及对主导推动创业创新的政府所应该采取的策略与立场提出见解。主张完善的创业政策目标宜聚焦在四个方面，分别是针对服务行动者、关系连结者、资源提供者以及培养创业导向的文化，来进行各种支持协助。同时，主张政府应该改变从过去广泛通盘支持各种企业的做法，向集中资源支持以成长为导向的企业发展，对于那些高成长、高潜力的企业，促进它们与本地投资者、专业服务提供者的连结与关系，甚至由科技化的工具，来连结供应链上下游以及消费者、客户的信息,来增进生态以及企业本身的发展。不同于业界总是乐于谈创业英雄的成功故事,认为创业不论成功或是失败的过程,所创造出来的创业循环机会由知识、人才、资源等发展与本地循环,都有利于生态系统能够持续的发展(Mason & Brown,2014)。

制度的创业创新研究,多半是从政策应用导向来进行讨论的,毕竟相对其他的行动者而言,政府可以是主要的利益关系者与资源投入者。学者们多从制度要素、法治规范中建构出政策化的理论逻辑,提供国家或地方政府得以介入的空间。然而,基于创业活动本身混合了创业者个人、地方行动者所构成的社会网络因素以及创业环境可能不断随着本地行动者的互动过程发生关系或制度上的变迁,这也促使了创业创新场的建构或推动上同时具备了既有社会互动与制度建构的主动性,但却又可能因为产业路径依赖的被动性的共存矛盾。国家或地方政府的创业政策的制度设计通常必须同时考虑既有产业环境需求,与新兴产业崛起下的配套,不可避免既有产业发展路径依赖的影响,对于产业转型需求迫切的区域而言,如何摆脱以往的发展"瓶颈",又能保有创新创业的鲜活动能,也形成当前诸多政府部门鼓励创业政策的关键挑战(Garud & Karnoe,2001;Heffernan,2003)。

(3)定量研究:比较中寻求发展。

有学者主张应运用统计调查,至少能够掌握既定创新系统的某时间截面,则可能是各个国家或区域迫切需要厘清的基础工作。一是主张创业创新具备绝对性、客观化的模式,能够进行科学尺度的量测;二是主张创业创新的排名评估过程,能够筛选出理想的发展模式。例如,OECD 即利用不同国家统计资料进行比较,整理出影响企业家精神的关键指标,建构以决定要素、创业呈现、影响效果的线性模式(Ahmad & Hoffmann,2008),其研究主张从国家政策影响法规、研发、资金、创业能力、文化、市场的六大要素,进而促进企业发展与劳工就业,最后导向经济成长、扩大就业机会、消灭贫穷等经济效果。World Economic Forum 则是采取个体观点的量化调查,在 2013 年 9 月发表来自调查全球超过千位创业者的观点,比较归纳出影响创业创新的九大核心支柱,分别包含:市场可及性、人力资本、募资财务、顾问支援系统、法规框架与基础建设、教育训练、重要大学、文化支持等,调查指出市场、人力、资金这三个方面则特别受到创业者的重视(Foster et al.,2013)。对于地方而言,企业家具有多重的角色与价值,有机会在创意、投资、人才、就业等方面带来贡献,通过行动者之间彼此的正向关系,领军带动本地的发展。

同样地，硅谷的 Startup Genome 则通过综合性的量化指标，对全球主要的创业城市区域的新创企业进行调查，运用在线问卷填答及地方专家伙伴进行访谈，以深度了解这些城市的创业创新场的发展特征，以及如何协助新创企业在全球市场取得成功机会。该报告以创业生态发展的生命周期作为研究框架，依顺序区分为创始期、全球化期、扩张期、整合期四阶段，并强调新创企业的发展绩效、募资能力、市场营销、人才团队、创业经验等，综合评比全球主要城市创业生态的发展程度。2016 年的研究排名，前五大城市包含硅谷、纽约、伦敦、北京、波士顿（Gauthier et al.，2017）。研究建议，虽然排名带来各方诸多的关注，但是在不同的发展阶段中，本地的政府机构也应该按照本身不同的发展时期与条件，搭配不同的政策与指标，积极与其他区域进行更广泛的学习和互动。

另一项全球的创业调查 Global Entrepreneurship Monitor（GEM），则由 Babson College 与 London Business School 成立于 1997 年所发起全球性的调查体系，并在 1999 年发起首次的研究报告。其调查主要目的在于探讨不同国家创业活动的形态与本质、发掘创业活动与当地经济的关联程度与影响因子。特别是从创业态度、创业活动、成长期望，提出属于该国的政策参考建言。在方法上主要分为两大分项：一是通过成年人口调查，调查该国区域内的早期创业活动、现有创业比率等变项与操作模型，协助理解影响一地创业程度；二是运用访谈各国专家，探讨国家创业生态环境的综合表现，用以理解各国本身的在创业环境上的基础设施与条件，作为政策应用的参考。

与 GEM 系统相似的，美国全球创业精神暨发展机构（GEDI）所发起的全球创业精神发展指数（Global Entrepreneurship Index，GEI），该研究整合各家的调查成果进行二手资料的分析，主要整合了前述世界经济论坛、全球创业观察，以及联合国、世银、欧盟等研究报告，将个人与制度变量化约为 14 大指标支柱，涵盖范畴包含态度类指标（机会认知、创业技能、无惧失败、网络连结、文化风气）、活动类指标（机会创业、科技产业、人资质量、市场竞争），以及期望类指标（产品创新、流程创新、高成长程度、国际化程度、创业投资），进行不同国家之间的评比（Ács, Szerb & Autio, 2016）。

前述这些调查，聚焦在创业者本身的意向与行为层面进行定量分析与归纳，与前述强调地方行动者互动网络，或是单以制度环境分析的方法截然不同，但却能够帮助我们了解一个地区在特定时间横断面中的发展状态。但缺点是随着指标、统计方法的复杂化，也导致了地方信息的隐没（Brown & Mason,

2017)。虽能从研究成果中理解区域的排名顺位,但却不能带来积极性的指向,不能明确告诉读者应该往何处走,毕竟,政策决定或产业投资,其中牵涉复杂的区域发展的各种价值选择,则是这类量化调查研究所无法贡献之处。无论如何,这些调查也带来有意义的副作用,也就是因为本地行动者参与调查过程后产生的观测者效应,其实在一定程度上为后进或新兴地区也带来制度学习与社会网络组织动员的机会。对于当地政府而言,能凭借此机会投入资源借以营销城市、宣传政策及调整本身的发展策略,这也是当前全球众多国家、城市积极参与此类调查评比的深层动机。

5.4 数字经济与以往研究的异同

数字经济时代,创新创业在理论结构、方法论意识的发展上其实有着相近的分析逻辑。例如,在区域经济研究的领域方面,一脉相承自产业群聚理论、区域或国家创新系统、学习区、创新三螺旋等理论,创业创新场研究与这些区域发展理论不约而同地强调在一个特定空间尺度的范围,成员彼此在社会网络互动中共同创造新的知识,进而带动该地的创业动能。而在此过程中,也形成了制度化的共识,区域内的行动者拥有共同或是类似的共识目标,促进区域的发展(Feldman & Francis, 2004;Ben Spigel, 2015)。但创业创新场的概念与以往这些区域经济理论的不同之处,从关注对象、发展目的、政策重心等方面有显著差异(Mason & Brown, 2014;Stam, 2015;Stam & Spigel, 2016;Brown & Mason, 2017;Sussan & Acs, 2017;Spigel, 2017)。

5.4.1 关注对象机构与个体的重心差异

相对于其他传统产业群聚等空间理论所关注的主体,通常是成熟的大型企业,或是既有的中小企业(Brown & Mason, 2017),以及同属产业区域内的相关组织化的行动者,如研究机构、专业组织等产官学研机构,各行动者均具备一定的关键影响性。在创业生态系统的研究观点中,以个人作为主体功能角色相对重,如企业家,或是新创企业团队中的共同创办人所构成的行动者,以及随着顾问、天使投资者、财会法律专家等个人角色,比起传统理论中机构所扮演的角色与资源能力的影响,创业生态系统的空间观点所涉及的个人变量,如人脉网络、社会资本、社群互动、生活区位等，不可避免地将带来更显著的影响。

5.4.2 关注对象的固定与变换角色差异

过去理论所探讨的对象，不论是国家、政府机构、公共研发机构、大专院校、企业主体等对象，其彼此的互动与定位，主要相对比较固定的角色，即这些机构的功能与定位，通常是稳定的，也少有改变。创业创新场关注主体的对象，不论是个体或是机构单位的个人，随着创业创新的发展，却可能轻易进行角色的变换，这也是现有创业创新场的研究中明显尚未定论之处。例如，可以观察到创业者可以在创业成功（或是退出、失败）之后，成为系统中的创业顾问，甚至转型成为天使投资者，进一步影响政府在法规制度上修订过程，孵化机构也基于能力的进化与竞争需要，从空间租赁者转型成为社群中介者、投资机构等多重角色。以创业循环来描述本地的创业家从经营者转换到投资者的角色变化，而这也是创业发展的重要动力来源（Brown & Mason，2017）。所以，面对研究客体角色的多重、变化更快速的特性，既有理论的规范性定义在应用上就显得片面，也使得研究必须更重视创新场演化的历程、成因与运作的机制。

5.4.3 产业发展的成熟与萌芽阶段差异

以往的产业群聚、区域创新系统等区域经济发展上的讨论，理论选取的经验对象主要来自成熟的产业区域，从硅谷、中关村等成功的案例，可以了解这些区域内长期形成的互动模式，及如何促进区域内的繁荣与发展（Saxenian & Hsu，2001；Scott，2014；Tan，2006）。研究主要关心的是从这些高度成熟发展阶段的产业区域理解企业群聚互动行为，以归纳出良好的区域发展模式。所以，后进地区经常选择直接参照复制相似的产业空间的策略，期望能再次创造区域繁荣的可能性。但是，在创业生态系统观点的研究逻辑上，则是聚焦在区域内产业发展周期的初始萌芽阶段，偏向更多的是社会网络、制度规范的无形资产的形成，硬件的投资反而位居次要。面对数字经济的快速发展以及高度不确定性的产业未来，既有的产业面临发展"瓶颈"或转型压力，政策的重心就不再是直接向成熟的企业或产业进行投资，而是在早期阶段切入协助新兴领域的创业生态环境发展，以达成区域的繁荣（Lerner，2010；Mason & Brown，2014；Fuerlinger, Fandl & Funke，2015；Brown & Mason，2017）。

5.4.4 政策应用的领导与孵化思维差异

从政策应用来看，各国政府经常将产业群聚、创新系统等理论应用在区域经济政策推动框架之中，一方面预设了政府能够采取市场干预的方式，挑选区域领先或是进行产业补贴以强化竞争力；另一方面也预设了产业能够通过规划而领导其走向的发展思维。然而随着诸多新兴科技的快速发展，以及全球经济动荡所形成的诸多不确定性与风险，此种由政府带动产业进行巨大投资已然面临瓶颈。以往由政府带领产业前景的领导者角色，面对这些挑战，已逐渐退位走向扮演孵化者的角色（Stam，2015；Stam & Spigel，2016）。这也使得创业创新场的理论观点，有机会凸显出其价值。此外，除了在经济方面的角色外，研究显示创业者处理社会挑战的解决能力日益增强，政府也能够借此依赖企业家来解决市场或社会发展上的信息不对称的问题，汇聚资源改变诸多经济与社会发展瓶颈（Dees，2007；Phills, Deiglmeier & Miller，2008；Carter & Jones – Evans，2009），这也成为当前全球积极推动创业的政策效益与目的。

5.4.5 数字经济时代的研究思路

创业创新场的发展与操作，有机会鼓励主政者或是产业推动人士进行策略性选择，由社会成员间的产业网络关系与场域（如孵化器、加速器、共同工作空间），随着制度环境的调整（如人才法规、智财、投资等相关创业法规的制定），引入市场筛选的机制（如投资、创业竞赛、地方实验），来逐步发展出合适本地的产业发展，则有机会能在相对有限的投资与风险下开创出合适本地发展的路径。

（1）强化历史演化观点的依赖。

创业创新场理论发展至今，在方法论上，最常受人诟病的是理论容易流于循环论证倾向（Stam，2015）。即理论的参考架构通常来自发展良好的区域案例，以硅谷为例，硅谷因为拥有强劲的创业动能，因此拥有良好的创业生态，自然能够从中推导出良好的论证。但对于欠缺发展的地区，或是企图追赶的后进国家来说，该理论中强调行动者的存在与否，以及相应的能力都可能不足，自然无从塑造成良好的创业生态，也遑论更进一步来促进区域的繁荣。很明显，若仅从创业生态系统相关研究所产出的规范性论点来进行政策应用参考，将可能忽略了地方特色与发展特性，而产生推动上的诸多障碍。更进一步，可以发现多属于规范形态的理论定义，缺乏有效的因果推导的逻辑与讨论，来自缺乏对区域发展演化历程的理解。因此，在有限的时间与资源的限制下，对于有意操作应用的企业与政府而言，究竟必须优先从何下手？或是资源分配的顺序，明显缺乏可资参考操作性方法，甚至，许多后进国家或区域、地方政府往往流于随意照搬复制的模式，其实也带来相对的风险与资源错置的可能（Borissenko & Boschma, 2016; Brown & Mason, 2017），但这也是因为创业活动通常充满多维度的变量，难以单纯从线性角度观察所带来的研究挑战。面对这个问题，Stam（2015）尝试提出分析性的框架概念与因果关系来弥补这方面的不足，将影响创业创新因素区分为外部环境框架前提、系统前提，以此两类前提之间的交互作用，产出与影响创业活动进而创造各种累积性的经济效果与价值。

（2）理解创业创新的都市优势及风险。

探讨创业生态系统的研究，多半从国家、城市或是都市区域作为讨论对象（Bosma, 2013; Acs, Szerb & Autio, 2016）。尽管如此，关于创业生态系统的诸多研究中，关于空间尺度的划分意识上总是不十分清楚，这也影响了彼此沟通对话的基准，所以有必要持续留意的是：什么样的空间尺度，最适合作为当代创业生态研究或是政策应用的发展场域？以纽约都市区为例，主张蓬勃发展的创业及商业活动，造就了都市区的成功发展（Vernon, 1960）。Jacob对于都市生活的赞颂，强调多元文化、城市生活偶然性的创新机遇；20世纪90年代后，Saxenian等对于硅谷、华盛顿特区观察中，理解地方文化与产业特质对于创业者的重要性（Saxenian, 1996; Jacobs, 1970; Feldman, 2007），到Florida、Glaeser等人强调城市环境的优异性，吸引人才、创投资金、知识技术，以及拥有广纳多元的包容性优势，成为促进人们聚集在此激发创意、发展创新，形成创业群聚，或是成为新创城市（Florida, 2002, 2014, 2016; Glaeser, 2012; Glaeser, Kerr & Kerr, 2015）。近年，研究全球人口城市化、协同制度成熟，以及知识扩散平民化的数字发展环境，这些因素共同揉合促成了都市的创业热潮，也引进了市民与既有的创业生态系统的产生更多互动与合作实验机会，发展出新形态的多角伙伴关系（Cohen, Almirall & Chesbrough, 2016; Cohen & Muñoz, 2016）。

若从创业过程的实践来观察，随着相关孵化器、加速器，甚至共同工作空间在都市区的兴起聚集,创业者通过各种抱团的模式,如租赁孵化器办公室,或是合作参与创业展览、募资竞赛等,大幅减轻了地租压力之余,也同时享有在都市区创业的各种福利:便捷的交通系统、高速网络频宽、财会法律专业服务、知识研发环境,以及各种随着数字经济崛起的成熟外包制度,使得让创业者在都市区中能够专注在产品开发工作上,以及身处全球主流消费的市场之中,创造出利于信息掌握以提高竞争力的邻近性优势。总之,可归结出当代创业活动与都市经济密不可分的关系。特别是那些以数字化、科技为题的创业活动,都市区域都扮演了重要的核心场域。

然而,面对都市场域蓬勃发展的创业活动,与庞大政治、经济、社会资源的投入,其实也可能带来反向的效果与危机,如目前房产物价的提高形成对于都市社会弱势的排挤。另外,数字平台企业的快速崛起的垄断隐忧,如 Amazon 垂直整合及进行无人商店研发、Uber 致力转型推无人运输载具等(Fischer-Baum & Bialik,2015;Jordan,2017;McGee,Agnew & Hook,2017),明显造成了就业排挤以及现有基础设施应对延迟等问题,对于城市治理面向上的挑战,这都与原先各方期待促进创业发展的初衷相左,反而造成更多的私人垄断。需要强调的是,当草根化、弱势的创业者,通过快速资本市场的运作以及企业兼并的过程,一跃而上成为新锐的企业巨头时,数字化技术可能成为垄断创新、阻挠后进者创新、创业的控制工具。因此,平衡各方经济利益与社会永续的空间治理模式就显得更加重要,这也相当于创业创新场所带来的研究挑战。

(3) 从个人行为到本地的集体行动。

相较于其他传统的产业群聚的相关理论,个人或是小组织的功能角色对在创业生态系统中扮演的角色与影响更为显著,这些以个人形态活跃于生态系统中的创业家、业师顾问、天使投资,以及提供财会法律专业人士等,以及那些只有 2~3 人不等的新创团队,他们之间彼此的互动往往决定了生态系统发展的走向。因此,对于运作良好的创业生态而言,区域内的个人、机构、组织、团体、联盟之间共同构成良好的互动模式,彼此在有形或无形之中,凝聚了某种特定的共同目标,通过行动者的理性计算,在非预期约定、长期博弈互动的过程后,形成了特定的集体认同、意识形态与行为,有利于本地生态的发展,最终建构出本地创业的优势。

从这样的角度观察创业生态系统,其实相当贴近了社会学中对集体行动理论的分析性观点。引进集体行动理论分析观点的意义在于,可以进一步理解创业生态系统中,本地的行动者彼此是如何组织动员以及究竟有哪些选择性诱因机制的提供可以促使本地生态的良好互动,创造出何种形态的公共财政以带动创业环境的发展?基于本地政府或学研机构投入大量公共预算与人力来促进创业生态发展的情况下,从逻辑上来看,可预期的是,姑且不论政府作为稳定公共财政供给的义务性角色,从创业生态系统中,这些资源将直接或间接吸引创业者,或是生态圈中的特定行动者取用公共财政的"搭便车"行为,在极度信息不对称的情况下,不可避免地引发更多道德风险的存在(如参与政府补助却未有效或实际投入创新活动、佯称投资者却是抄袭创业构想者或不作任何投资者),以及逆向选择的政策风险(如很多人批评各种政府补助资源多半投入理应失败或低效的项目)。此种"搭便车"的行为结果:一是获利了决定出场;二是获得好处后再度投入。前者对于创业生态系统可以视作能量的逸散损失;后者显然随着博弈互动次数的增加,参与者在承受既有的社会信任、互惠压力要求下,为了保持能够再度入场的机会,必须提出能够再度参与的入场券。

所以,如何促使引导这些自利的个人,主动持续地将获利反馈到这个生态系统中,创造循环的诱因机制设定,或是有哪些机制、制度、意识形态、社会网络的力量能够进一步鼓励那些获利的创业家、投资者持续地参与再投资或是经验的再分享,预期可能是关于这类"寻租"或"搭便车"行为的解套关键。更进一步,从创业生态互动过程中的公共财政的价值意义上,反而是鼓励越多人来"搭便车",进而筛选或引导鼓励正向的反馈行为,如连续创业的企业家、天使投资者的存在均是类似的例子,进而有利于区域经济的发展可能性。

(4)本地与全球的竞合与协作。

以往学者对于创业家精神与社会资本、社会网络的关系,已累积了诸多的理论工具,能够援引用来解释创业生态在跨界的动态逻辑,基于社会的镶嵌性,以及关于信任关系建立、声誉的传播效果上普遍具备本地化的特征(Fukuyama,1995;Aula & Heinonen,2015),使得本地创业活动的相关行动者比起那些来自国外、其他地区外部行动者更具备优势,然而,面对创业实务呈现的严重信息不对称情况,新创企业的团队建构、财务状况、产品研发、市场营销等发展过程中的不确定性所带来的压力,使得来自其他跨国行动者(不论是创业家、或是周边的服务提供者)在进入本地市场,或是企图融入本地的创业生态系统的过程中,面临的高度的进入障碍,这使得本地创业者具有一定的优势,在享有本地的知识、情报、相对呈现较强连结的关系邻近性的情况下,占有结构性的优势。

反之,当本地创业生态中的行动者企图越过国界或区域的场域时,就同时必须与外地创业生态系统建立合作模式,以较低的交易成本,将商品(创业家)能够快速投放到外国市场。在这样的情况下,基于从事活动的极度信息不对称、不确定性,不同的创业生态在国际互动过程中,采取策略性耦合的串连合作成为非常自然发生的结果,跨国创业生态的经营者不易长驱直入掠夺本地创业服务经营者的客户,只好选择合作策略,其实也成了本地创业生态系统发展的另类保护机制,避免被外部强大的创业生态的行动者掠夺本地的企业家。

总之,在当前全球化、数字科技影响情况下,诸多的跨界(跨国、跨区、跨城市等)互动机会确切不可避免,越多跨界连结的创业创新场,彼此互动合作更加蓬勃,从企业的角度来看,越多连结带来更多市场商机、人脉,以及生态内行动者对商品(创业者)的竞争,形成更为健全发展的机会,但也可能在跨国并购、技术转移的创业投资架构中,加速造成本地创新动能的外流。对于小规模的本地创业生态而言,在全球诸多新兴的创业生态普遍欢庆高度镶嵌于全球合作网络的同时,其可能为本地带来的风险为何?是否成为强区域对于弱区域的另类的优秀企业或人才的吸取方程式?特别是对小型区域、新兴的创业生态系统而言,在全球及区域中如何回应长保优势之道?则是各国乐观推动创业所应该有的风险担忧。

5.5 江苏创业创新场的实证分析

5.5.1 现状分析

在全球化日益凸显的今天,创新必须突破区域限制,加深国际合作创新,使得人才、资金、平台等要素与外界流交互,在更深层次上激发创新活力,才能打造面向全球的、具有国际竞争力的创新生态系统。江苏深入贯彻创新驱动发展战略,各地创新生态系统也逐步显现出强大的生命力,取得了一系列的发展成果,包括南京、苏州、常州以及江阴等。《中国区域创新能力评价报告》显示,2015 年,江苏、广东、北京、上海、浙江 5 省市分别位列区域创新综合能力排名前 5,并且该名次保持相对稳定,已连续多年未发生变化(见图 5 - 1)。虽然江苏等 5 个省市有着不一样的创新发展道路,但作为在全国范围内创新能力最强的省市,其创新动力多元,已成为区域创新的领跑者。

第5章 数字经济背景下的创业创新场

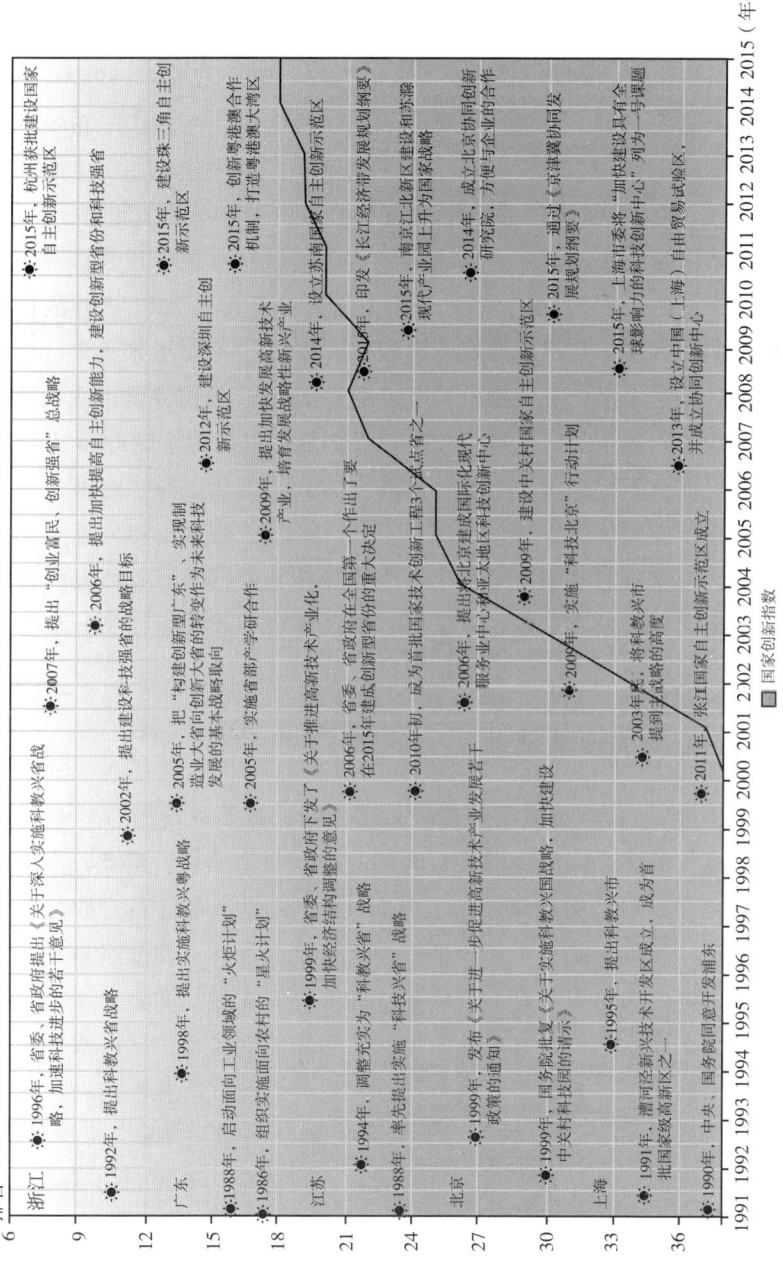

图 5-1 国家创新指数排名变化情况以及苏、粤、京、沪、浙的创新发展历程

资料来源:《中国区域创新能力评价报告》2015。

由图 5-1 可知，位列全国前 5 的省市，其发展历程具有极大的共性。5 省市均积极响应国家关于创新政策的号召，做好阶段性规划，并依据前一阶段的创新任务实施情况，找出不足，及时做好调整，遵循创新系统生命周期的发展规律。1988 年，在深刻分析国内外形势和研究总结经济发展经验的基础上，江苏省委、省政府率先在全国提出实施"科技兴省"重大战略，1994 年又调整充实为"科教兴省"战略。经过十几年科教兴省战略的实施，江苏在各方面都取得了很大的发展。1994 年 2 月，国务院下达《关于开发建设苏州工业园区有关问题的批复》，苏州工业园区成为全国首个开展开放创新综合试验区域、改革开放试验田和国际合作示范区。2006 年，省委省政府《关于增强自主创新能力建设创新型省份的决定》，成为第一个在全国做出了要在 2015 年建成创新型省份的重大决定。另外，在不断发展的过程中，2010 年年初江苏成为首批国家创新工程 3 个试点省（浙江、安徽、江苏）之一，2014 年国务院正式批复同意建设苏南国家自主创新示范区，推进江苏建设创新型省份的建设。2015 年《长江经济带发展规划纲要》印发，创新产业转移方式，鼓励上海、江苏、浙江到中上游地区共建产业园区，发展"飞地经济"，共同拓展市场和发展空间，实现利益共享。江苏充分遵循创新系统生命周期规律，依据阶段特征及时做出调整，提出新的推动创新发展主题，在全国创新强省市中亦脱颖而出。江苏科技创新水平位于全国前列，近年来更是加快产业集聚的步伐。

5.5.1.1 创新场要素比较

2017 年 8 月 15 日，江苏省泰州市公布了创新型体系建设的"1+4"政策文件，以后发城市的姿态，加快由要素驱动向创新驱动转变。至此，在中央出台《国家创新驱动发展战略纲要》后，江苏 13 个地级市都已基本跟随国家和省级层面的步伐，相继完成了各自转型中的政策层面设计。在鼓励科技创新方面，江苏各地力度之大前所未有。近年来，江苏突出企业、政策、平台、要素的积聚力量，突出新时期创新型系统的生态性与功能性特征，同时重视国际合作与开放创新。因而江苏各市高新技术产业发展势头良好，各市均在原有基础上稳步上升，为打造面向全球的、竞争力强的创新场奠定基础。值得注意的是，江苏与其他强省（市）在某些方面仍存在一定差距，以及省内各市之间发展不平衡问题突出，具体分析如下：

（1）企业。

企业是开展创新活动的重要主体，也是一个国家或地区创新体系的重要组成部分。企业创新的规模和质量，在很大程度上代表着一个国家或地区的创新能力与水平。江苏省 13 市企业研发活动情况进行对比如下：江苏各市研发人员占比情况，南京、常州、无锡、苏州的研发人员在企业职工中比例显著较大，淮安、宿迁研发人员占比最少。在各市科技人员中 R&D 人员占比方面，宿迁、泰州、镇江、淮安略显薄弱，其余各市研发人员比例相差不大。总体来看，苏北整体研发人员数量占比低于苏南地区。因此，需要缩小江苏各市之间的差距，苏北地区要加强研发人员的引进，增加企业创新能力。

企业创新主体地位持续稳固。知识产权是自主创新的基础和衡量指标，是市场竞争的重要手段。专利作为知识产权重要的一部分，不仅可以提高企业效益，还是企业可持续发展的动力，因此专利已经成为企业做大做强的重要力量，同时也是参与市场竞争的重要手段，而发明专利作为一项重要指标，与技术进步和自主创新能力关系最为密切。2015 年，我国企业发明专利申请 58.3 万件，占国内发明专利申请受理量的 60.2%，该数值已连续三年超过 60%，这体现了企业在自主创新中的决定性作用（见图 5-2）。

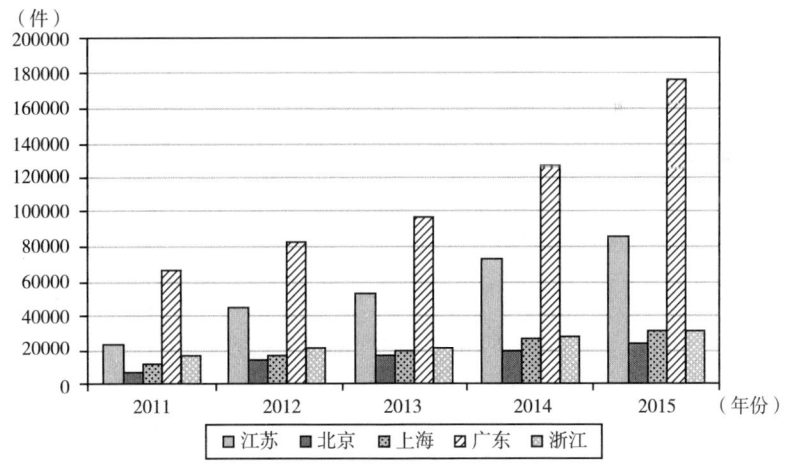

图 5-2　"十二五"期间江苏等 5 省市规上企业有效发明专利数量

从图 5-2 可以看出，广东省代表较高专利质量指标、体现专利技术和市场价值的国内有效发明专利拥有量远远高于其他地区，且年增幅较大，主要原因除了政府积极引导和激励发明创造、财政对专利投入的持续增加外，还有广东聚集了一批如华为、中兴等的战略性新兴产业，而战略性新兴产业的竞争又主要体现在知识产权的竞争。另外，江苏企业有效发明专利数量仅次于广东，2015 年已超过 8 万件，约为浙江的 3 倍。

由江苏 13 市专利授权对比，苏州、无锡、常州的每十万人口专利授权数远高于江苏其他地区，呈现良好的发展态势。徐州、连云港、淮安、盐城、宿迁等苏北城市专利授权数明显落后，且发展后劲不足，江苏各地区差距较大。因此需要江苏进一步规划，加大对各市之间的交流学习，带动苏北地区创新发展，采取更为妥当的激励政策鼓励各地区创新，以此提高江苏整体创新能力。

整体来看，有效专利发明量方面，江苏在全国处于优势地位，仅次于广东。然而，江苏省内，苏州、无锡、常州为专利发明申请的主要力量，省内各地区创新能力差距较大。2015 年苏北地区自主创新综合指数是 2011 年的 1.5 倍，平均水平为 68.9，分别比扬州、南通、常州、无锡、苏州和南京低 7.6、8.9、12.4、16.3、20.5 和 26.0。在创新投入、每十万人口专利授权数等主要指标上明显落后。需要在维持省内强市的创新水平的基础上，进一步加强苏北地区研发创新能力，江苏才能够实现更加强劲的发展。

（2）人才。

创新驱动实际上是人才驱动。根据中央关于引进海外高层次人才的工作部署，我国自 2008 年起开始实施"海外高层次人才引进计划"，即"千人计划"。主要围绕国家战略目标，用 5～10 年时间，在国家重点创新项目、重点学科和实验室建设、企业和商业金融机构以及以高新技术产业开发区为主的各类园区等，引进并支持一批能够突破关键技术、发展高新产业、带动新兴学科的战略科学家和领军人才回国创新创业。截至 2015 年年 12 月，国家"千人计划"创业人才共引进 12 批、811 名人才。截至 2015 年年底，江苏省共引进"千人计划"创业人才 245 名，位居全国第一，占全国总数的 30%，其中千人创业人才主要集中在苏南地区，特别是苏州集聚了 118 名。江苏省是全国引才工作最为突出的一个省份，也是全国引才工程最多的省份，同时江苏引进的高端领军人才非常有效地推动了江苏经济的转型和升级。在江苏省"双创"引才计划的带动下，全省出现了竞相引才的生动局面：无锡"530 计划"、苏州"姑苏人才计划"、常州"千名海外人才集聚工程"这些引才计划聚焦的重点，都是领军人才尤其是创新创业团队。

高校在学科和人才汇聚方面具有天然的优势，主要承担基础研究，但我国高校研发活动的实际定位偏离了自身的优势目标，绝大部分经费流向应用研究和试验发展研究领域，导致基础研究实际主体缺位。2015 年我国高校基础研究经费投入 236.4 亿元，占高校研究经费的 35.3%，这一数值与发达国家高校研究经费的 50% 以上用于基础研究形成了鲜明的对比，而高校基础研究经费支出比例低下，会难以实现基础研究与教育的有机结合。2011~2015年江苏、北京、上海、浙江基础研究经费占总研究经费的比重呈现上升趋势，且2015年浙江、北京该比重达到50%以上，广东该比重有所下降，但维持在40%以上。"十三五"将是我国创新型国家建设的攻坚阶段，加快转变经济发展方式，最根本的是要依靠科技的力量，最关键的是要大幅提高自主创新能力，必须更加重视基础研究的源头创新作用。

(3) 中介平台。

中介机构是自主创新系统中联系供求双方的纽带，在技术与人才流动、服务咨询、中介交流、科研成果转化等方面起着承上启下的作用。

技术市场在科技成果转化过程中始终发挥着重要的渠道作用，为优化生产要素配置、提升科技创新、促成产业结构调整提供了可靠保障。2015年，全国技术市场交易额达到9835.79亿元，比2014年增加了14.7%，已连续十余年保持稳定增长态势。

江苏省技术交易不断繁荣发展，2011~2015年间保持年均两位数增长速度。2015年成交金额572.91亿元，位居全国第四，与上海和广东的差距不断缩小，成交额远高于浙江等省份，并呈现以下三个特点：一是技术转移转化步伐加快，全省技术转让合同居技术开发、技术转让、技术咨询、技术服务四类技术合同首位；二是新兴产业领域技术交易活跃，交易主要集中在电子信息技术、先进制造、生物医药、新能源、新材料等战略性新兴产业领域；三是苏南国家自主创新示范区技术交易频繁。

知识产权服务机构数量增长快速，且主要集聚在东部发达地区。知识产权服务业是创新发展的重要支柱，它是伴随着当代高新技术产业的发展而出现的新兴产业，在推进知识产权的整体发展中起到了关键性作用。发展知识产权服务业，有利于提升自主创新的效能与水平，有利于提高经济发展的质量和效益，有利于形成结构优化、附加值高、吸纳就业能力强的现代产业体系。截至2014年年底，我国从事知识产权服务的机构数量达3.25万家，当年新注册的服务机构数目超过6000多家，增幅达到23%。

全国知识产权服务机构排名前五位的地区为广东、上海、北京、江苏、浙江，分别为6467家（19.9%）、4257家（13.1%）、4160家（12.8%）、2795家（8.6%）、2275家（7.0%），合计占比61.4%。知识产权服务业的主要集中地区较前几年没有变化，广东、上海、江苏所占比例略微上升，而北京、浙江所占比例略有下降。可以看出江苏省知识产权服务业发展与广东、北京、上海差距较大，因此应积极推动知识产权服务业发展，培育产业发展新优势，强化知识产权服务对科技进步和经济发展的促进作用。

（4）政府。

按照国际惯例，财政科技投入占GDP比重不到1%的国家，是缺乏创新能力的国家；1%～2%，是有所作为的；大于2%，其创新能力可能会比较强。2011～2015年，我国财政科技投入绝对量逐年增加，但占GDP比重仍未达到1%的水平，证明目前我国的状况是属于缺乏科技创新能力的。各地财政科技支出规模在逐年提高，北京、上海科技支出占公共财政政的比重相对较高，波动加大，且2015年均出现了较大幅度的下降；江苏、浙江该数值比较接近，且维持在3.5%～4.1%；广东省在2015年的科技投入远远超过了其余4省（市），其占公共财政政的比重也超过上海，达到4.44%，可见广东省政府对于科技创新的重视程度有所提高。

在政府对科研方面的资金投入方面，南京市科技财政支出比重最为突出，无锡、常州、苏州等市的科技财政支出显著高于江苏其他各市，而泰州、淮安、镇江等地区比重最低。一定程度上，该图体现了江苏各地对科技的重视程度，同时也反映了各地的科技发展水平，地区之间政府科技财政拨款比重差距较大（见图5-3）。

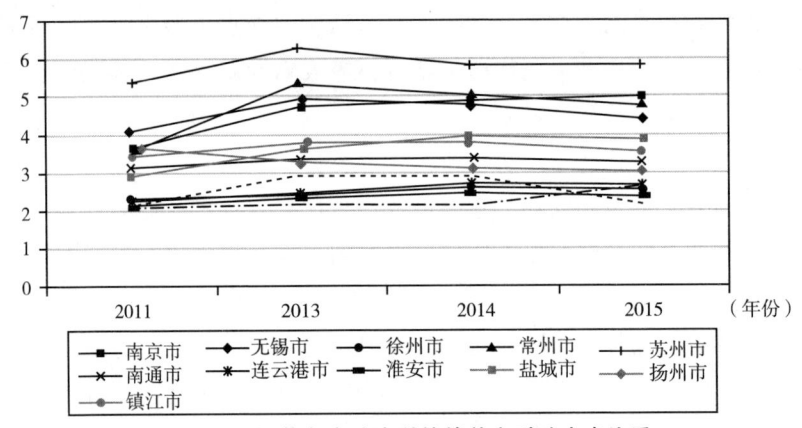

图5-3 江苏各市政府科技拨款占财政支出比重

5.5.1.2 江苏创新场的结构、功能

从江苏与全国其他强省（市）对比来看，各区域创新要素形成区域特色，但均未形成完整的创新场。江苏引进"千人计划"创业人才数量最多，在引进创新人才的过程中，提供了人才创新发展的空间；广东企业有效发明专利拥有

量最多,企业创新主体地位稳固,企业创新活力充分迸发;北京政府创业投资占比最高,技术市场最为活跃,国家工程研究中心等科技资源汇聚在北京,政府引领创新要素在北京聚集;上海城市人口密度最大,形成创新需求市场,促进创新要素的流动。除此之外,在江苏等5省(市)的创新发展过程中,还存在着一些共性的问题,如新产品销售率低、科技成果转化率低、高校基础研究经费支出比例偏低等。各省(市)应继续强化自身优势,补足创新要素短板,形成区域全要素的创新力场。

从江苏13市内部区域对比来看,苏州、无锡、常州、南京等城市的科研人员数量、专利授权量方面遥遥领先,与此同时,这些地区的财政支持力度比其他城市大,体现出强劲的科技创新能力。而宿迁、淮安、盐城、泰州等城市与江苏优势地区差距较大,呈现出界限清晰的南北差距。总体来讲,苏南地区的政策完备性大于苏北地区,苏南地区基本每年都有新的政策出台,延续性较强,而苏北地区只以省一级政策为模板出台了相应的政策,政策不够延续。相比较而言,苏州、无锡的创新人才政策的完备性、系统性大于苏南其他地区,尤其是在针对园区的政策上,高新区、工业园区也出台了园区内的创新创业人才政策,而省内其他地市在针对创新创业载体的人才政策上有所欠缺。苏南、苏中、苏北差异具体表现为:

苏南地区以南京、苏州、无锡、常州、镇江为代表的5个城市在江苏省是经济发展最快的城市。相比较苏中和苏北地区,苏南地区的政策制定响应速度较快,政策体系较为完备,对高层次人才作了严格的界定,引进的条件更加明确和细化,不仅市一级层面制定了相应的政策,各个区都根据自己的发展态势和特点,在全区的主导产业上联合人事局及高校出台人才引进政策的具体条款,针对性更强。苏南地区善于利用高等学校的科研资源力量,更有利于产学研一体化建设;同时,苏南地区善于利用工业园区、高新技术开发区、科教城、大学科技园等作为创新创业载体,为人才引进创造良好的外部环境。注重对高端服务业领军人才、科教领军人才、海外领军人才的引进和培养,注重创新团队的建设,在制定人才优惠政策中更加注重提升公共服务水平,考虑得更加全面和细致。

苏中地区政策条件较为宽松,对创业人才的扶持力度大于创新人才,能够紧密结合城市发展的特点,突出技能型人才和工业人才的发展。针对由市外和国外引进市区的中型以上优势工业企业的关键人才进行资金补助,并且出台了人才引进专项资金的管理办法,从资金使用、管理、考核与评价、监督与检查方面完善了人才引进专项资金管理办法，用于人才引进的支出更加严谨。

苏北地区在人才引进条件方面的政策多于人才扶持方面的政策，在人才扶持的力度上较苏南地区有一定的差距。由于苏北地区经济发展相对落后，因此坚持招商引资和招才引智相结合，发挥企业引才主体作用的同时拓宽引才渠道，将引进人才的任务强制化，注重加强部门之间的沟通协调，通过建立表彰和批评机制推进人才引进工作的力度。

5.5.2 存在问题

虽然江苏各市创新场构建取得了一定的发展成果，但仍存在一些问题，同时也反映了江苏整体的创新发展过程中存在的不足。江苏各市之间创新能力存在较大差距，并且与先进省市相比，江苏的创新投入、创新能力、创新效率和创新体系建设仍存在不足，特别是科技与经济相互脱节的现象依然存在，科技投入产出不够匹配、科技创新体制机制不够适应、激励创新的社会环境和文化氛围不够浓厚以及国际化合作的深入程度不够等，具体表现如下：

（1）科研成果转化能力、科技产出效率低。我国高校科技成果每年通过鉴定的就达万多项，不少项目具有很好的推广价值和产业化前景，为科技成果转化为现实生产力提供了丰富的资源，显示着我国的科技潜力和实力。但目前科技成果转化率仅有10%左右，有些高校连1%都不到，大量具有产业化前景的科技成果被束之高阁，呈现出"成果多、转化少、推广难"的局面，与西方发达国家科技成果转化率相比，还相差甚远。其次，就是成果转化率低。江苏科研力量强，但创新成果转化不尽如人意。同深圳、上海、北京等先进城市相比，江苏在科技创新方面还存在着不小的差距。目前，江苏的研发投入特别是企业研发投入相对不足，资本市场不够活跃，尤其是高新技术企业数量不多、规模不大。而江苏实体经济总量大、比重高，这是优势。最紧迫的任务是，如何通过科技创新，加快产业转型升级步伐，提升产业竞争力和产品附加值。

（2）科研机制体制降低创新功效。科研人员流动不畅、科研经费管理制度不具体、企业与科研院所对科研活动评价的导向不一致、创新型思维培养不足在很大程度上制约了江苏的创新发展。科研机构仍然以承担课题、论文发表、专著出版、成果获奖、政府奖励排名高低等作为评价指标，并与科研人员的年度考核津贴收入挂钩，而对科技成果转化数量及产业化后取得的经济社会效益，并没有给予足够的关注。目前，对科研成果价值的评价主要集中在成果的学术水平上,而缺乏产业视角的评价和市场检验。

(3)金融对创新的支持力度不足。2014年,江苏规模以上企业R&D经费内部支出中政府资金为24.33亿元,较上年增长1.1%,低于当年企业R&D经费内部支出增速近10个百分点。2014年,政府资金增长额对研发经费增长的贡献率为1.7%,较上年下降了0.1个百分点。在要素市场发展较为健全的江苏,政府补贴对企业创新绩效的提升具有较强的促进作用。颠覆性创新、原创性创新、基础理论性创新的难度大、失败率高,如果政府资金落实不到位,科研机构与企业研发投入的动力就会下降,进而影响江苏整体创新能力的提升。科研投入须进一步加强。

(4)政策制度对创新保护力度弱。法律法规对创新的保护不足,影响了创新主体的积极性。目前的法律法规仍以规范科技创新活动过程中各个创新主体的创新行为为主,市场在资源配置中的决定性作用尚未充分体现。在科技立法过程中,许多与科技创新活动密切相关的内容缺乏基本的法律制度作保障,政府部门主要依靠文件、规定、办法、规章、实施细则等,对科技创新活动实施管理,使科技创新易受行政管理的影响,企业作为创新主体的积极性和主动性很难被激发。

(5)国际合作创新学习机制不够完善。学习机制作为国际合作创新的有效组成部分,在开放型经济下,企业除了自身投入R&D致力于创新的发展以外,还需要汲取国际上的高端技术和知识,通过消化吸收转化为企业自身的国际竞争力。企业自主创新能力不足的原因一方面来自基础研究能力不足,应用研究占比较低;另一方面则源自企业自身的消化吸收能力,即学习机制尚不完善,使在国际合作创新停留在较低层次,无法在高精尖技术领域进行广泛合作,即使合作,其吸收能力也会制约我国企业从国际合作创新中所获得的效用。国际合作创新更加注重知识以及资源的互补性,而中国企业受到传统行为以及固有创新模式的影响,对国外先进的技术过度依赖,只注重技术的引进,缺乏对技术进一步的消化吸收能力,即使国际合作创新中存在技术溢出也难以转化为企业的自主创新能力,所以加强学习机制的完善符合我国国际合作创新的长远利益。

(6)省内部分地区创新意识欠缺。尤其是苏北地区,创新的市场推动力不足,据统计有七成规模以上企业无研发活动,创新意识有待提高。2014年,全省没有开展R&D活动的企业有34558家,占全部规模以上企业的70.9%;全省建有研发机构的17788家规模以上工业企业中,有3638家当年没有研发经费支出。内资企业中没有开展 R&D 活动的占 72.0%，大部分企业仍以生产加工型活动为主，对开展自主创新活动、实现技术储备的危机感不强，创新意识有待提高。

总体创新能力没有充分释放为经济价值。《中国区域创新能力评价报告 2015》显示：江苏的区域创新能力已连续七年居全国首位，在企业创新、创新环境两方面位居全国第一，在知识创造、知识获取、创新绩效等方面位居全国第二。江苏的"发明专利申请受理数""规模以上工业企业国内技术成交额""外商投资企业年底注册资金中外资部分"等 8 项企业创新指标和包括"国家创新基金获得资金"在内的 5 项创新环境指标位居全国第一，但江苏的经济增长与人民生活水平、质量等指标并未居于全国首位，这也反映了江苏创新总体创新能力没有充分得到释放。

可见，创新场的结构、功能问题突出，系统中不论是政策制度这种环境层面的创新氛围营造，还是金融机构、中介机构等中间层面的支持力度，都存在创新协同不调的问题。

5.5.3 江苏各市创新绩效评价

5.5.3.1 研究方法与指标体系构建

采用 DEA 分析法，即数据包络分析，它是一种评价具有相同类型的多种投入多种产出的决策单元之间相对有效性的方法。自 1978 年 DEA 模型建立以来，很快对该方法加以推广和应用，并且广泛应用于区域创新效率的评价。区域创新是一个复杂的综合过程，建立评价指标体系是创新绩效评价的基础。科学的评价体系可以具体地、量化地对创新绩效进行分析，避免考察中出现的片面性。城市创新绩效评价体系的构建，需要揭示创新活动与产出的内在联系以根据结果对创新投入进行调整。构建的江苏省各市创新绩效评价指标体系如表 5 - 1 所示。

表 5 - 1　　　　　　　　　创新绩效评价指标体系

一级	二级	三级
创新投入	人力投入	R&D 人员占从业人员比重 X1（%）
	财力投入	政府科技拨款占财政支出比重 X2（%）
创新产出	专利产出	每十万人口专利授权数 Y1（件/十万人）
	产值产出	高新技术产业产值 Y2（亿元）

（1）创新系统效率评价的投入指标。人力资源是区域创新系统中的关键因素，在区域创新系统的发展中起着举足轻重的作用，甚至可以说，区域创新系统促进经济增长的效果在很大程度上依赖于所投入的创新人力资源的数量与质量。为此选取R&D研发人员占从业人员比重作为人力投入指标，它反映了区域创新系统人力资源的投入强度。而资金是区域创新系统投入的另一个关键因素，选取政府科技拨款占财政支出比重作为财力投入指标。

（2）创新系统效率评价的产出指标。区域创新系统可以带来区域的经济及社会效益，在此选取区域创新系统的产出指标有：每十万人口专利授权数与高新技术产业产值。其中专利产出体现区域创新系统对自主知识产权科技成果的拥有程度，高新技术产业产值反映区域创新系统产出的经济效益。

5.5.3.2 实证分析

在区域创新效率评价指标体系的基础上，收集、整理并获取了2013~2015年江苏省13个城市地区的创新投入产出数据，对此进行创新效率评价。运用DEAP2.1软件，将各市三年创新投入与产出的数据代入C2R模型中，得到各市创新绩效评价结果（见表5-2~表5-4）。

表5-2　　　　　　　　2013年江苏各市创新绩效评价

城市	综合效率	纯技术效率	规模效率	规模收益
南京市	0.533	0.883	0.603	递增
无锡市	1.000	1.000	1.000	不变
徐州市	0.708	0.971	0.729	递增
常州市	0.593	0.814	0.729	递增
苏州市	1.000	1.000	1.000	不变
南通市	0.743	0.918	0.810	递增
连云港市	0.330	0.914	0.361	递增
淮安市	0.331	0.982	0.337	递增
盐城市	0.238	0.673	0.354	递增
扬州市	0.630	1.000	0.630	递增
镇江市	0.666	0.886	0.752	递增
泰州市	0.705	1.000	0.705	递增
宿迁市	0.253	0.904	0.279	递增

表 5-3　　　　　　　　2014 年江苏各市创新绩效评价

城市	综合效率	纯技术效率	规模效率	规模收益
南京市	0.611	0.924	0.661	递增
无锡市	0.905	0.910	0.994	递减
徐州市	0.653	0.883	0.739	递增
常州市	0.791	0.853	0.928	递增
苏州市	1.000	1.000	1.000	不变
南通市	0.687	0.877	0.783	递增
连云港市	0.518	0.866	0.598	递增
淮安市	0.536	0.979	0.548	递增
盐城市	0.222	0.730	0.304	递增
扬州市	0.862	1.000	0.862	递增
镇江市	1.000	1.000	1.000	不变
泰州市	1.000	1.000	1.000	不变
宿迁市	0.298	1.000	0.298	递增

表 5-4　　　　　　　　2015 年江苏各市创新绩效评价

城市	综合效率	纯技术效率	规模效率	规模收益
南京市	0.649	1.000	0.649	递增
无锡市	1.000	1.000	1.000	不变
徐州市	0.731	1.000	0.731	递增
常州市	0.852	0.893	0.954	递增
苏州市	1.000	1.000	1.000	不变
南通市	0.979	0.999	0.980	递增
连云港市	0.395	0.900	0.439	递增
淮安市	0.647	1.000	0.647	递增
盐城市	0.272	0.769	0.353	递增
扬州市	0.872	0.997	0.875	递增
镇江市	1.000	1.000	1.000	不变
泰州市	0.965	1.000	0.965	递增
宿迁市	0.394	1.000	0.394	递增

(1) 综合效率分析。

综合技术效率是对决策单元的资源配置能力、资源使用效率等多方面能力的综合衡量与评价，它是绩效评价中最重要的考核方向。

2013年，全省创新综合效率均值为0.594，创新水平偏低。而无锡、苏州这两大苏南城市创新效率值为1，达到DEA有效。盐城、宿迁、连云港和淮安综合效率值排名靠后，且均为苏北地区城市。在投入与产出方面，很多城市表现出产出不足的情况，问题突出的城市有宿迁、盐城、淮安、连云港等苏北城市，且产出不足主要表现为高新技术产业产值，表明苏北城市的规模与产出、投入不相匹配，需要进一步加大规模。

2014年，全省创新综合效率均值为0.69，较2013年有显著提升。创新综合效率最高的城市效率值为1，这些达到DEA有效的城市分别为苏州、镇江和泰州，除苏州外，其余两个城市创新绩效分别提高了0.34与0.3。综合效率值最低的仍是盐城和宿迁，其中盐城创新综合效率比2013年还有所下降。在投入与产出方面，问题表现突出的为连云港、淮安、盐城等苏北三市，投入冗余分别为8.93、1.23、20.3，与此同时还存在突出的产出冗余，这表明这些城市存在比较严重的结构与规模问题，解释了创新综合效率处于全省较低水平的原因。

2015年，全省创新综合效率均值为0.75，整体创新效率上升到较高水平。苏州、镇江、无锡达到DEA有效，同时这些城市投入要素均无冗余，也在一定程度上反映投入与产出的高水平效率。而综合效率值最低的是苏北三市，其中盐城与连云港的投入均存在冗余量分别为18.18、7.18，需要对投入进行调整。除此之外，常州、扬州同样存在投入冗余，分别为7.74、18.18，且投入冗余均主要表现在研发人员比重这一指标上，在相同产出的情况下，投入越少越好，也从侧面反映了目前城市创新发展过程中人才合理分配的重要性，存在冗余进一步指出了目前部分城市存在的科研人员配置问题。

整体来看，江苏各市创新效率存在明显的区域差距，2013～2015年，苏南地区创新综合效率均值分别为0.76、0.86、0.9，苏北地区创新综合效率均值则分别为0.37、0.44、0.49，意味着南京、无锡、苏州、常州、镇江等苏南五市远高于连云港、淮安、盐城、宿迁等苏北城市，区域差距显著。而苏中地区创新综合效率均值为0.68、0.85、0.93，整体介于苏南与苏北之间，并与苏南地区差距逐渐缩小。同时，江苏各地区创新效率呈现逐年上升的趋势，苏南、苏中增幅高于苏北增幅。

此外，在投入与产出冗余方面，苏北地区在高新技术产业产值这一指标上，存在明显的产出不足问题，而部分苏南与苏中的城市，也同样会存在研发人员比重投入冗余问题，这些现象均在一定程度上表明，江苏很多城市的规模与结构需要进一步调整，有较大的上升发展空间。

(2) 纯技术效率分析。

纯技术效率是衡量在假设规模报酬不变的条件下，被评价的决策单元与生产前沿面之间的距离，反映江苏各市与标杆城市之间的差距，在一定程度上映射出各市的投入产出结构是否符合区域创新发展的总体要求。如果纯技术效率值为1，则表示创新投入产出的结构合理。

2013年，无锡、苏州、扬州、泰州纯技术效率值均为1，均集中在苏南与苏中地区，这些城市处于生产前沿面上，并且实现了资源的优化配置，投入产出结构合理。而纯技术效率最低的为盐城，且与其他城市差距较大，反映了盐城存在着突出的结构问题，在投入与产出的分配上，需要深入分析，依据实际发展情况及时地做出结构上的调整。

2014年，镇江纯技术效率较上年提高了0.12，同苏州、泰州、扬州一样，纯技术效率值均为1，处于生产前沿面上且实现了资源的优化配置。值得注意的是，宿迁纯技术效率达到1，但是规模效率小于1，此时样本单元本身的技术效率而言没有投入需要减少、没有产出需要增加，说明宿迁的投入产出结构得到了优化。而盐城仍为纯技术效率最低的城市，但是比上年提升了0.06，结构问题得到了一定的改善。

2015年，江苏有8所城市的纯技术效率值达到1，达标数量首超半数。这些城市分别为南京、无锡、苏州、镇江、泰州、徐州、宿迁、淮安，其中苏北城市同样有3所，取得了重大突破，实现了资源的优化配置，说明了苏北地区在积极调整投入产出结构，得到了优化。纯技术效率最低的为盐城，增幅仍为0.06，结构问题朝着改善的方向努力。

整体来看，江苏各市在投入产出的结构调整上，近三年各市均取得了一定的进步。苏北地区城市结构优化程度最为显著，然而，盐城的结构问题需要依据实际情况，未来需要深入做出调整。

(3) 规模效率分析。

规模效率衡量的是规模报酬不变的生产前沿面与规模报酬可变的生产前沿面之间的距离，为企业规模因素影响的生产效率，反映实际规模与最优生产规模的差距，可以据此判断江苏各地区投入产出规模进行调整是否达到DEA

有效。

2013年，无锡、苏州两所苏南城市规模效率为1，达到DEA有效。南通、镇江、徐州、常州规模效率较高，规模效率较低的城市为宿迁、盐城、淮安、连云港，均为苏北城市。江苏整体规模效率差距较大，苏南优于苏北，这在一定程度上解释了苏北地区创新综合效率偏低的原因。

2014年，苏州、镇江、泰州规模效率为1，其区域创新规模达到最优。无锡、常州、扬州规模效率较为突出，较低的城市为宿迁、盐城。较2013年相比，各市整体规模效率有了卓越的提升，但是个别苏北城市仍然处于低水平的规模效率。

2015年，苏州、镇江、无锡规模效率为1，南通、常州、泰州规模效率较为突出，较低的城市仍为宿迁、盐城。在与2014年相比的情况下，各市的规模效率均显著提升，但是差距也进一步拉大，但是劣势地位的宿迁、盐城仍然处于低水平的规模效率。

整体来看，苏州为江苏创新投入与创新产出规模最大的城市，且发展最为稳定。每年规模效率达到最优的均为苏南、苏中地区的城市，而苏北城市中除徐州以外，其余诸如连云港、淮安、盐城及宿迁等苏北四市规模效率极低，与苏南地区差距较大。这也是苏北地区创新综合效率低，且创新水平落后于苏南与苏中的直观原因，创新投入规模达不到苏南城市的水准，创新产出规模必然也远小于苏南城市，因而整体的创新综合效率始终偏低。

(4) 规模收益分析。

2013年，规模收益不变的城市为苏州、无锡，即这两所城市达到规模有效，处于最佳规模收益点；2014年，规模收益不变的城市为苏州、镇江、泰州，达到规模有效，处于最佳规模收益点；2015年，规模收益不变的城市为苏州、镇江，即这两所城市达到规模有效，处于最佳规模收益点，其余城市均处于规模收益递增状态。可以看出，苏州是创新规模收益最佳的城市，整体发展状况最好。达到最佳规模收益点的城市也均为苏南与苏中强市，也反映了苏北地区城市创新发展的不足以及江苏省内的区域差距。

(5) 综合分析。

江苏创新综合效率逐年提高，苏南部分强市达到DEA有效，且创新综合效率处于较高水平。并且，苏南、苏中、苏北呈现明显的地区差距，综合效率呈现阶梯排序。在江苏各城市中，苏州、无锡、镇江创新效率处于前列，宿迁则一直处于较低水平，也进一步表明了江苏的地区差距特征。

在投入与产出冗余方面，苏北地区城市在高新技术产业产值这一指标上，产出不足问题突出，而部分苏南与苏中的城市，也同样会存在研发人员比重投入冗余问题，这些现象均表明，江苏很多城市的创新结构与规模需要进一步调整，有较大的上升发展空间。苏北地区需要调整投入产出规模，加强与前沿面上的城市创新经验的深入交流；苏南地区则需要依据实际发展状况做出调整，不仅追求发展数量，更要注重发展质量，提高整体的创新效率。

综合效率可以分解为纯技术效率和规模效率两部分，分别反映结构和规模两方面的效率情况，创新综合效率为纯技术效率与规模效率的乘积。在反映投入产出结构的创新纯技术效率方面，除盐城外，江苏各市的创新投入产出结构均较为合理。苏北地区连续三年的创新综合效率表现为无效，归因于规模效率处于无效状态，因为这些地区的纯技术效率是 DEA 有效的。也就是说，在技术一定的条件下，投入产出结构是比较合理的，只是苏北地区的投入产出规模不够合理。这就需要江苏加快扩大苏北地区的创新投入与产出规模的进程，依据苏北各市的实际情况，循序渐进地发展，在缩小与江苏前沿面城市之间差距的同时，江苏整体的创新效率也会得到更大的提升。

5.5.4 江苏创新场的路径构建

（1）优化政府公共服务。

不断加强服务型政府建设，围绕尊重企业的主体地位，突出企业在创新发展中的重要性，简政放权、简化行政审批流程、提高公共服务质量效率等，为国内外创新科技成果转化、高端科技创新人才集聚提供优质公共服务。自觉地推进政府转型，加快建立公共服务型政府。当今世界的竞争，不仅仅是经济的竞争，而且是政府效能的竞争、政府管理水平的竞争。建立现代化的政府体系，与建立现代化的市场体系、企业体系同样重要。因此，为了实现可持续的创新发展，要求政府在全球化经济这一新的历史条件下，必须适时实现角色的转型，由发展型政府转变为公共服务型政府。

（2）增强国际创新交流。

围绕江苏产业布局，打造具有激发自主研发潜能、吸引和集聚国内外高端创新要素的创新平台载体，实现江苏从创新资源被整合者到创新资源整合者的角色转变和质的飞跃。通过打造创新平台，可以为创新提供全流程、可分段、定制化的一揽子解决方案，让创新的成本更低、效率更高、成功的希望更大。创新平台是科技基础设施建设的重要内容，具有技术转移、技术研发、资源共享、孵化企业等功能，是培育高科技企业、发展高新技术产业的载体，是区域创新体系的重要支撑，更是科技进步、社会发展、经济增长的助推器。进一步加大对科技创新平台的建设力度，建立相应的扶持机制；优化创新平台布局，加快完善公共研发平台、企业创新平台、公共服务平台为重点的科技平台布局，大力提升公共研发和公共服务能力；通过拓展平台服务功能，提高科技资源利用效率，增强企业的自主创新能力。

（3）营造良好创新环境。

强化政策引领，加大政府的引导作用，明确发展方向，通过深化改革，集中出台和切实落地鼓励企业投资创业、人才干事创业的政策举措，为创新发展提供良好的政策环境。没有好的政策，就形成不了对人才和要素的吸引力，"聚力创新"就是一句空话。目前，关于创新政策有以下几点基本共识：第一，创新政策是科技进步与经济发展相互协调的产物；第二，创新政策应以技术创新活动作为政策对象；第三，创新政策是一个政策体系，涉及科技、教育、经济、贸易、金融等诸多的政策领域；第四，创新政策是一个"整合"的概念，即各种相关政策的有机结合与相互协调。由此可见，创新政策是国家或地区为推进科学技术创新活动采取的一系列公共政策的总和，其中技术创新政策是创新政策的核心。

（4）强化知识产权保护。

建立健全科技成果转化和高端人才集聚的法治保障，不断加强法治政府建设，特别是加大公民合法产权的依法保护和知识产权依法保护力度。其中，知识产权为各技术创新主体进行合作提供了平台和保障。这不仅表现在创新主体间合作开发新技术上，而且还表现在委托开发新技术及与技术开发相联系的各种市场化实现上。如在创新主体间合作开发新技术及或合作进行市场化中，合作各方可以采取成立合资企业或技术入股等方式建立合作开发新技术的共同主体，依靠知识产权法律对专利、商标、版权、技术秘密等知识产品在合作企业的股份比例及收益取得上进行明确的界定和合理的分配，这种稳定的合法结构为合作创新提供了法律保障。

综上所述，通过优化政府公共服务、增强国际交流、营造良好创新环境、强化知识产权保护，在整个创新场构建的过程中，遵循生命周期发展规律，结合江苏实际发展情况,通过打造平台增强国际创新交流与人才引进。除此之外,江苏需要加强苏南、苏中与苏北地区的交流,以发达区域带动欠发达区域,缩小省内发展差距,积极促使省内创新发展平衡,在更深的层面上推动江苏创新场的构建,使其富有国际竞争力。

第6章

城市创新场与平台企业群聚

6.1 引言

产业群聚从20世纪80年代开始研究至今，其概念及应用相当丰富，如特区、群聚、聚集等，虽然就定义上各自隐含着空间、企业、行为上的差异，但大多包含类似现象：描述一群企业在特定的地区邻近聚集的现象，并且彼此之间有某些特殊的关系，共同带来经营上的优势，也同时促进了该地区的发展。当企业聚集在一处时，由邻近优势，享有知识学习机会，并身处同地区网络的制度环境，能够灵活地相互合作与竞争，带来学习机会，形成外部经济效益（Scott, 1988; Sabel, 1989; Amin & Thrift, 1995）。全球常讨论的案例，如加州硅谷地区、北卡三角园区、北京中关村等科技产业聚落（Saxenian, 1996; Link & Scott, 2003; Tan, 2006）。这些聚落虽然发展背景各有差异，但区域内企业多半是同类型的产业，如信息、生物科技等企业，企业与高校、科研机构在此相互合作，形成上下游供应网络，周边出现财务、法律等专业服务支持体系，共创区域的繁荣（Feldman, 2007; Audretsch, Falck et al., 2012）。为了带动区域经济发展，许多发展中国家，纷纷投入政策、资源，企图复制硅谷等发展经验。有的国家或地区，由于与全球市场、技术来源保持充分的合作与连结，或是由国家角色的充分介入，也获得较好的推动成果（Saxenian, 2007; Chen, 2009）。

然而，因为空间差异所形成的群聚效应也跟着不同。以不同城市为例，多元化、异质化的环境，跨领域互动的空间形态，极易创造出适合创业的环境与氛围，带来知识外溢（Autant-Bernard, 2001; Audretsch & Feldman, 2004;

Glaeser，2012），形成倡导的外部经济（Jacobs，1970）。城市由于产业多样、人口多元、人际交流充满偶然性，常带来非预期性的学习机会，能够迸发出与现有产业不同的创新构想（Jacobs，1970；Florida，2005）。城市形态的空间形式，相较于传统特定的特定、单一形态的产业园区空间，反而能提供企业突破现有发展路径、寻求异质化创新的环境。

除了空间差异之外，技术革新也一直被认为是促进经济发展的重要驱动力量（Romer，1986；Nelson & Winter，2009）。自20世纪80年代之后，大型企业面临生产"瓶颈"，福特主义规模量产的模式转向，信息科技的兴起，一方面，将低知识性的工作分散至海外量产来减轻成本压力，同时也寻找新的市场，缓解生产过剩的问题，发展出模块化、例行化、外包化的海外分工趋势（Dicken，2007）。另一方面，为了掌握市场，促使研发、营销活动在城市集中，形成知识与创意经济的兴起，吸引了更多人才的聚集（Glaeser，1999；Florida，2005）。对于强调知识创新的产业，特别在创新地理学的理论概念中，创新往往更为着重隐性知识的沟通与交流，空间邻近性特别利于隐性知识的传递，这也让城市的聚集经济（Polanyi，1966）更为方便。

城市逐步完备的信息基础设施，也帮助企业内部形成完善的信息系统，能够更快地接触到消费者（Graham，1998；Graham，2001；Malecki & Moriset，2007），如高度整合的ERP，能够让企业快速了解市场的反应，敏捷地反映回馈到生产，进行相关的资源分配与调整。结果，信息科技不仅压缩了生产资源分配的空间距离（Dicken，2003；Castells，2011；Dicken，2013），也同时缩短了生产者与消费者的距离。所以信息技术的革新，不仅强化城市本身吸引研发、创新、营销活动的聚集之外，随之创造出来的市场需求，反过来促使企业或政府提供更好的信息网络服务，或是作为智慧城市的政策基础，形成正向报酬循环，最终，城市成为数字经济发展过程中最重要的空间。

即便企业不断优化自身的效率与技术能力，以及获得更完善的信息建设环境，可以发现，以往产业群聚理论关注生产制造发展论述上，但却完全未能解释企业在生产上的根本难题：市场终极期待的产品是什么？以及我们究竟该生产什么？（Hanan & Karp，1989）。企业必须不断尝试、研发、制造新产品、新服务，以期待获得市场青睐，并克服外来竞争。只是，竞争带来重复投资浪费以及潜藏的泡沫危机，使产业极易陷入经济周期循环与演替过程。然而，在20世纪90年代中期逐渐成熟的互联网，却打开了一条新的发展思路。某些新创企业发现可以不再费力追求生产创新的产品，免去庞大生产投入的诸多风险，而是通过追求快速地将产品信息传递到消费者手上。由于庞大的信息量，放在网站上如同平台般展示，通过上架手续费、第三方广告等方式来获利，这样的模式又称为平台经济（Choudary, Van Alstyne et al., 2016; Kenney & Zysman, 2016）。

由于互联网的信息传播模式不断革新，自问世以来，信息生产与汇集的模式不断演化：从单向走向双向；从一对多走向点对点；从定点走向行动（Karagiannis, Broido et al., 2004; Freedman, 2012; Page, Molina et al., 2013），这些平台企业，无论何时何地都能充分地，甚至海量地在虚空间展示信息，服务供应者与消费者。关键是不论信息传播上的技术变化，这些新兴的企业不再关注如何生产、制造、研发所谓的实体产品，而是专注于研发信息服务平台，提供信息给消费者，并与消费者互动取得信任，获得购买机会。这些企业也可以摆脱生产过程中各种不确定性的变量，将责任风险分散化到外部的生产者，甚至消费者身上（Feeney, 2015; Hamari, Sjöklint et al., 2015; Rauch & Schleicher, 2015）。

20世纪90年代中期以后，企业平台改写了市场版图。从早期家喻户晓的Yahoo!、Microsoft、Apple的兴衰，到2000年以后崛起的Google、Facebook、Twitter、Amazon等网络企业；以及2010年开始崭露头角的Uber、Lyft、Airbnb、Dropbox等企业，它们颠覆破坏了传统市场，开创出全新的产业规则与模式（Drago, Mellia et al., 2012; Zervas, Proserpio et al., 2013; Rempel, 2014），均不约而同向平台化的路径迈进。这类由在互联网上进行信息汇聚、平台展示的经营方式，不仅规避了生产者的投资风险，还因为最接近消费市场，往往取代了传统渠道。也造就业绩快速成长，吸引资金涌入，使这些新创企业普遍受到大众的关注，不论是他们的区位行为、产品发表、营运绩效，或是各种投资意向动静，也让世人更加注目他们的各种动向（Kaplan, 2014）。

6.2

崛起的城市新创现象

近年来，硅谷地区的新创企业（startups），特别是高科技或软件产业，在创业区位的选择上，开始出现从硅谷转向到附近的旧金山的倾向（Florida, 2014; Stehlin, 2016）。虽然该处邻近硅谷地区不远，仅70~90公里车程距离，但空间形态上差异却有极大不同。旧金山乃是高人口密度的城市地区，硅谷地区则是偏向相对较为松散的硅谷城郊形态。数据显示，虽然旧金山的相关经济产出整体仍落后于硅谷地区的总和，但在新创企业获得投资的比重上，却明显超越了硅谷。若观察新创企业，创业投资可以视作重要指标之一。毕竟，当投资者愿意花大笔资金在风险极高的新创企业上，表示预期看好与获利可能。以经济学人在 2015 年发布的 1995～2015 年湾区高市值企业分布（Economist, 2015），早期（1995～2004 年），硅谷的高估值新创企业多半位居于 San Jose、Pala Alto，北到 Redwood 一带。然而从 2004 年开始，旧金山市区陆续出现高估值的企业，如 Sales Force、Dobly 等，而到了 2010～2012 年，更进一步聚集更多影响全球的企业，如 Twitter、Square、Airbnb、Uber、Jawbone、Yelp、Dropbox、Deem、Splunk 与 Zynga（Economist 2015）。

Florida（2014）以城市转向来描述这个现象，引用 Katz 和 Bradley（2013）"城市的环境，拥有良好的基础建设、餐饮休闲，与交流聚会环境，舒适的城市生活，利于吸引年轻人的聚集"。以创投成交量与成交次数来论证这样的趋势，以电话区码或是湾区（Bay Area）各城镇的邮政编码等参数进行区分，研究中发现旧金山的新创企业被大量投资的趋势。根据硅谷 Joint Venture Silicon Valley（2016）研究报告，近年旧金山的企业被投资比例大幅上升。2015 年，在旧金山的新创企业被投资交易量（133.4 亿美金）更首度超越了硅谷（111.3 亿美元）（Hancock, 2016）。新商业模式，特别是强调平台化经营的企业，成为创投业界追捧的独角兽（指估值超过 10 亿美元的高价值企业），如 Airbnb、Uber、Lyft 等企业，均获得创投注资（见表 6-1）。更进一步，研究发现近年软件、平台等相关产业，显著地成为投资新宠（Kenney & Zysman, 2016），反而是硅谷的半导体产业，投资比重逐年减少（Hancock, 2016）。此种区域投资活动彼消此长的现象，也让人感到疑问，是因为新创企业聚集所导致的结果？还是因为这些在城市中的新创企业，特别是平台型的新创企业恰巧特别受到投资者的青睐？聚集现象背后的成因机制是什么？

表 6-1　　　　　　　2015 年 15 大创业投资交易案与金额

名次	企业	产业	产品或服务类型	金额（百万美元）	地区
1	Airbnb	软件	在线住宿租赁平台	1500	San Francisco
2	Uber	软件	移动租车服务平台	1000	San Francisco
3	Social Finance	软件	金融服务平台	1000	San Francisco
4	Lyft	软件	移动租车服务平台	530	San Francisco

续表

名次	企业	产业	产品或服务类型	金额（百万美元）	地区
5	Zenefits	软件	中小企业软件服务	500	San Francisco
6	Palantir	软件	大数据服务	450	Palo Alto
7	Palantir	软件	大数据服务	429.8	Palo Alto
8	Pinterest	软件	在线杂志平台	367.1	San Francisco
9	GitHub	软件	软件开发者平台	251	San Francisco
10	Denali Therapeutics	生技	神经退化治疗生技开发	217	San Francisco
11	Social Finance	软件	金融服务平台	213	San Francisco
12	Pinterest	软件	在线杂志平台	186	San Francisco
13	Slack Technologies	软件	企业沟通软件平台	160	San Francisco
14	Medallia	软件	网络软件客户关系管理	150	Palo Alto
15	Auris Surgical Robotics	生技	医疗手术机器与材料	149.5	Mountain View

资料来源：2016 Silicon Valley Index（Hancock 2016）。

(1) 地租成本效应：2007年经济风暴。

20世纪80~90年代，硅谷逐步成为全球科技产业的主导区域，诸多全球知名的企业在此先后诞生，吸引了全美甚至全球各地的新创企业蜂拥而来，形成了非常活跃的产业生态体系（Kenney & Von Burg, 2000; Lee, 2000）。然而，从2006年起，旧金山湾区一带，包含旧金山市与硅谷地区，根据前述数据显示，新创企业对区位选择的偏好发生了变化。自从2000年科技泡沫化以来，湾区的新创企业在缓步成长到2007年金融风暴前为最高点，特别是在旧金山市区，每年新创公司的成长率有攀升趋势，甚至在2007年起，便开始超越了硅谷地区并领先至2012年。当湾区的所有产业消长的情况也都随着经济震荡变化的情况下，2006~2007年湾区一带的主流产业：信息产业则出现更明显的变化，以2005年为界，旧金山市的信息产业的新创成长率，开始缓步超越硅谷地区。甚至即便受到金融风暴的影响，2008~2010年，成长出现了滑坡，但也在2011年起回归成长轨道。整体而言，虽然硅谷的新创企业仍旧占多数,但近年来,相较硅谷新创成长速度,旧金山成长明显领先(Dineen,2013;Belotserkovsky,2016)。

另外,数据显示,旧金山市区的金融房地产业的新创成长率,自从2007年起一直低迷,直到2011年才逐渐止血回升,反观同地区的信息产业却呈现逆势增长。自2007年金融风暴以来,旧金山市区的金融机构大量倒闭,身陷风暴而被称为失火产业(FIRE)的金融、投资与房地产产业(Belotserkovsky,2016)。这些企业结束营业,释出了许多办公空间,压低了地方的商办租金水平,相对于硅谷核心地段昂贵的租金,金融风暴之后,旧金山短期间涌出的商办空缺,较低租金且大量释出的商办空间,造就了当时新创企业进驻的契机。

(2)城市邻近性优势:投资交易过程的情报需求。

长久以来,湾区聚集了全美众多的投资人。因此,许多新创企业来到湾区,主要目的之一,就在于寻求可能的投资合作伙伴。而对于新创企业而言,除了自身积蓄、家庭亲友、银行融资的渠道之外,在硅谷最重要的募资渠道,便是寻求向创投或是天使投资者进行募资。如在斯坦福大学周边的知名的Sand Hill Road便聚集众多创投机构。甚至,业界也流传所谓"1小时规则"(Griffith,Yam et al.,2007;Wray,2012)。新创业者必须在邻近即可到达区域,倘若太远,对于时间有限的投资者来说,等候过久将会大幅降低投资兴趣。

从空间理论上来看,在创业募资磋商实务过程中,城市的邻近性发挥了效果,也可以理解为何旧金山的投资受到更多关注。毕竟,传统创业的募资其实相当复杂,投资方与被投资方之间往往具有严重分歧的信息不对称。若从创业实务看,在创业投资的过程中,从初创的种子轮、A-E轮(Series A、B、C、D、E、E+)不等。最后一轮投资者若要获利了结,多半通过IPO或是并购作为资金出场的手段。经过每轮不断迭加、换手操作,也由于投入的资金并非小数目,沟通互动的投资评估过程质量就显得非常重要,加上信息的交换也涉及诸多技术、市场、法律、财务等复杂的信息,以及创新产品或服务的销售情况,往往难以完全透明。

因此,为了克服信息的不对称,投资双方必须频繁地当面沟通,有助于双方信息交流,并培养信任(Storper & Venables,2004)。虽然,乍看之下,投资者虽然握有资金投入的主导权,但只要一旦承诺注资,在硅谷文化中,创投对于创办人的资金的安排与流向往往不会过度干涉。所以当任何一笔资金投入前,投资经理人如何妥善做到尽职调查就显得非常重要。在这份调查中,投资者必须从各种面向了解这家企业是否值得投资,包含从社会趋势、产业前景、财务状况、成长潜力、营运模式、团队能力、技术优势、产业或市场等消息，由城市空间的邻近性优势，克服各种隐性知识沟通传递上的困难，所以投资方必须不断当面与创办者沟通，或是探听身旁的同事、友人，帮助投资者获取更多的地方情报和小道消息，确认经营者是否拥有值得信任的声誉或口碑（Aula & Heinonen，2015）。

事实上，许多新创企业往往在最早期，受限于市场前景不明，产品或服务可能仅止于某些创意概念，或是仅有尚未具体成形的产品原型时，企业必须持续不断地烧钱投入研发。所以在到达损益两平之前，这段时间的现金流曲线往往呈现一个低谷，也被称为死亡之谷（the valley of death），意指众多新创企业往往在此时阵亡倒闭的残酷事实。为了巩固资金来源，被投资方（也就是创办人）必须不断说服投资者，其拥有稳健的计划、商业模式与获利可能性等优势。企业家在高风险的初创期，也得与投资者保持良好的合作关系（Hudson & Khazragui，2013）。相对地，投资经理人或个人天使，经常通过多次下注，期待某次押对宝以取得高倍报酬，来弥补对过去押错的损失。所以邻近性除有助关系的维持之外，也自然成为双方降低风险的有效策略。

（3）创造暂时的邻近性优势：加速孵化机构。

不过，为了找寻潜力投资目标，弥补投资过程中的严重信息不对称的落差，投资者也能够主动创造出邻近性优势。2005 年出现了新形态的投资模式，加速器即是一例，进一步改变了硅谷地区的投资生态。创办于 2005 年，Y-Combinator（简称 YC）开创了先河。与传统孵化器采取长期提供空间租赁、辅导顾问等资源截然不同，YC 通过每半年举办一次的征选，招募挑选来自全球各地新创企业，并给予通过遴选的新创企业，平均 3%~5% 的优秀团队入选，并依照企业创办人数多少给予 1.1 万~3 万美元不等的金额，对等换得大约 7% 股权比例，并要求企业在短期三个月密集参与辅导训练。如同加速器的含义，帮助新创团队快速成长，达成双方共同拟订的营运目标，如开发出产品原型、网站流量、订单收益，或洽谈特定合作等。最后，若新创团队能在结训达成目标，便有机会取得下一阶段的被投资机会（Geron，2012；Stross，2012；Hallen，2014）。此加速器的投资模式，其优点是创投法人可以由新创企业亟须资金特性，采取选秀方式，募集大量厂商参加，低成本地挑选有潜力的新创企业，能够比投资同业享有早期优势，过滤不适合的新创团队或企业，增加投资报酬率。此外，通过竞赛遴选的模式，投资者能够累积情报优势及投资履历，利于往后吸引更多新创企业，正向累积投资报酬率。YC 自创办以来，由于其先后成功投资 Dropbox、Airbnb 等企业，带来良好口碑声誉，每年吸引数千件新创业者投件申请。所以对于创业者而言，这种如同短期训练营模式，大幅改变了新创企业在过去必须设法前往硅谷长期蹲点的状况，他们可以通过参加短暂却密集的营队活动，与不同专家顾问合作建立关系。创办人 Paul Graham 强调：迁居有利方便集中心思研发产品（Stross，2012）。

近年来，这些机构着眼于近年新创企业朝向旧金山地区聚集的趋势，创业孵化加速机构也先后陆续于旧金山设立据点（Florida，2016），以期就近与新创业者互动沟通，创业家不再需要远道往返硅谷，也再次强化了旧金山市区的新创聚集现象。

（4）外包制度与共同工作空间。

对于创业者而言，资金只是作为维持事业发展的燃料，但相应的企业经营基础，却主要受益于数字经济兴起，时兴的云端服务大受欢迎，诸多高效低廉的在线服务与外包资源，包装成各种软件包或是在线应用程序随手即可下载。也就是说，经营企业不再需要大量聘用员工、耗费大量预算来执行各项企业内营运管理的工作，如能够快速找到随租即用的商务中心或共同工作空间。电子邮件、官网、数据仓储、服务器的需求，则可以从众多的云端资源进行申请。甚至于产品物流、配送仓储、远距客服等服务，均能通过信息、网络、行动应用软件等渠道取得外包解决。

就商办空间而言，2005 年兴起共同工作空间的新创空间服务，也利于新创企业在旧金山的发展。共同工作一字，最早来自作家 Brian DeKoven 的"平等的共同工作"，后来逐渐衍化为在同一个空间共同工作，同时又能由各种会面促进彼此合作。关键的是，数字化的随身电脑、手机等配备，也造就了这个风潮的崛起（Gandini，2015）。全球第 1 家共同工作空间就是在 2006 年由 Brad Nuberg 在旧金山所成立的 Hat Factory。在它成立之前，1995 年时旧金山也开始出现类似的空间租赁机构（Foertsch & Cagnol，2013）。

对于新创企业来说，当大部分的行政、总务工作得以外包，仅剩下核心研发与营销能力，必须面对面沟通这类牵涉复杂信息交换的互动，在当前远距通讯的效果仍旧不如面对面所带来的情感与信任的效果之际。新创企业仍必须通过同一地点、同一时间进行与内外部客户进行沟通，所以不论是投资、法律、营销、研发活动等，城市都比城郊地区来得便利。这也使得数字经济时代以来，新创企业能够以相对较低的成本聚集在城市。加上自 2010 年以来商办空间抢手，租金大涨，超过金融风暴前的高点。新创企业若想要在寸土寸金的市中心立足往往花费不菲，更不论是在旧金山房地产业界所谓的 Class A 区域更是困难。因此，那些位居市中心的共同工作空间，低租金能够满足那些初到旧金山却尚未获利的新创团队在黄金地段的商办需求。旧金山市区的共同工作空间业者家数，自 2010 年有 23 家，到了 2016 年成长至 52 家，平均翻倍成长（PBworks，2016）。这些空间经营者，往往也会利用通过本身的会员制度与社群经营，逐步建立服务口碑，即便并非扮演投资者，也能间接帮助优秀的新创业者成功，这都能进一步吸引更多创业家前来进驻。

（5）网络社群交流与知识外溢。

从这些服务提供商来看，由于旧金山密集的人口优势，选择在城市中心设立据点，是务实合理的决定。不论是交通、饮食、会面的需求，位于城市能够帮助这些服务机构尽可能触及更多创业家或是自由工作者，增加了客源。同时，因为共同工作空间内聚集各种的专业人士，创造出偶然、多元的交流机会，也能够促进新创企业在构思产品、服务过程中，各种创意的激荡，以及来自潜在消费者与客户的意见回馈。因此，这样的空间环境，对于囊中羞涩却又急需获得市场情报与产品反馈的新创企业而言，是再适合不过的工作环境。

对于这些提供创业者会面、交流、共同工作环境的服务业者而言，若要降低在市区租赁空间的开销，其收益来源除了基本的会员、租金费用之外，也必须不断地拓展其他潜在收入来源，如在周间或是周末办理交流活动（Cockayne，2016）。活动的主题，不乏诸如募资、创作工作、座谈交流等，活动流程也形成了模式惯例，甚至形成知名品牌。而活动带来的人潮，也能累积社群经营的影响力。再者，湾区文化通常在周末并不从事和工作有关的活动，所以许多活动多半在平日晚上。在这样的限制下，城市提供了多种交通运输方式，甚至只要步行几个街区即可抵达的邻近性，这都更有利活动主办单位在周遭附近找到足够多的同行或社群，持续经营创业场域和社群。相较而言，需要舟车劳顿往返的硅谷地区，自然就不是新创企业的优先选择。

而若从创业者的心理需求来看，由于企业家开办事业多半属于青年时期，其工作价值观也与以往习惯于大企业规矩的工作模式有不同的价值观（Tolbize，2008）。这些人通常随身带着笔记本电脑，便能够开始发展自身的事业，创业者的身份也成为一种科技时尚的心理认同。数字经济所需要的大量信息交换与互动需求，城市则能满足兼具隐私疏离的宁静空间，却又能便利快速与人们接触互动，取得地方情报、学习分享、享受在人群中工作的团体归属感。在经济上，实惠低廉的商办空间服务，则充分填补了企业家在资金不足情况下的各种关于空间、技术、信息、人脉、沟通等需求。因此，这样空间服务业态，也成为支持旧金山创新场，与新创企业、投资者共生互利发展重要伙伴。

6.3 城市创新场与平台企业的空间聚集的动态过程

旧金山城市的新创企业，特别是那些受到资金追捧所带动的独角兽企业，形成一股特殊的平台企业的群聚现象（Economist，2015），这些平台企业的聚集模式，反而是导致以市场为竞争导向，形成彼此竞争、模仿、并购激烈的平台企业集聚。因此，与马歇尔式，或是加州学派、意大利学派所指称的产业群聚定义中，指的是大企业与中小企业共同形成的长期依存的生态体系，共享外部经济效益，或是形成区域内非贸易合作网络的关系形态有其本质上的差异。平台企业在聚集的过程中，在微观的企业层次上，因为技术、市场的高度相似性，呈现出激烈竞争、互斥的模式，并通过强力的并购、投资，来作为竞争与防守的手段。但在中观的产业层次上，这些厂商却形成非默契式的共同合作模式，彼此追逐开发新市场，同时又共享新市场。

（1）微观角度：企业聚集的动态过程学习与竞争。

旧金山新创企业聚集的案例，本质上是以个体竞争为主，彼此缺乏横向的合作或是产销供应体系的生态，而是每个平台自行建立出统合的经营体系，由信息技术打造的平台交流服务，唯一彼此依赖的是属于公共财政的城市信息基础。同时因为彼此激烈竞争学习下形成共同的产业制度，包含环境制度、市场趋势、平台合作模式等模式。从资源的成本观点出发，新创企业选择落脚城市的首先目的，是获取交通便利、信息网络，以及利于投资活动、会面、低成本的交流的场所空间等外部经济与知识外溢的优势之外，城市聚集了购买力充足的消费者，以及平台模式所需要的产品或服务生产者提供充沛产品、服务、知识在平台上展示，受惠于虚空间的长尾效应（Anderson，2007），满足城市形色各异的利基市场，其区别化也利于各种新创企业的生存。

在当前诸多支持企业的外包服务、环境制度逐步成熟的情况下，各种免费的软件包或数据库应用都能轻易下载，创业的难度大幅减轻，许多创办人仅需要具备软件编写能力、架构拥有现金流服务的平台，即可打造能够创造获利的机器。为了避免其他竞争者或是模仿者也会在新创企业取得成功之后，快速复制相似的经营模式。因此，平台经营业者在初期取得的流量的优势就显得相当重要，如采取免费、第三方补贴等策略吸引大量消费者采用，以抢先取得市场的主导垄断力量。面对随之而来的竞争，企业为了加强相互探知彼此动态，也进一步加速这些平台企业在城市群聚的形成。所以企业彼此的关系，形成了既要能够亦步亦趋的模仿学习，同时，又必须持续差异化，研发崭新的服务的矛盾现象。

这些平台企业，不像从前的传统企业，依赖资本、土地、设备形成的进入障碍所形成的企业优势，反而是基于不断迭加服务或是快速改变经营，形成快速变化的创业模式（Ries, 2011; Blank, 2013）。既要维持现有市场模式，也必须不断改写既有服务内容，以克服来自后进者的挑战。对此，平台企业除了必须不断扩大平台上信息流量的优势之外，如何取得新的技术，进而开发出新需求、新市场，以形成正向递增回馈的效应，也是影响能否存续的关键。此外，除了学习、强化研发之外。为了构筑资源、技术、流量占有率的进入障碍，市场的领先者往往也直接针对湾区众多的新创企业进行挑选并购或投资入股，也是规避内部研发风险的绝佳选择。可以见到，诸多硅谷的企业也都持续不断地并购新创企业，或是成立企业形态的创投基金，不仅吸纳最新的技术与人才，以及新创企业可能掌握的社群流量，更能够提前消灭未来可能的敌人，竞合之间，设法将新创企业纳入己方阵营，也避免落入竞争对手的麾下。

在这样的情况下，自从数字经济崛起以来，架构于信息基础设施以上的经济范式开始与传统不同，相对地，传统线性流程的生产供销价值链，效率开始显得低落（Dubberly, 2014; Choudary, 2016），平台业者逐渐扮演了控制生产、销售、供销的主导性力量。然而，对于平台经营者而言，当彼此技术相近、平台打造的基础相近时，在服务内容近乎雷同的情况下，长期优胜劣汰，市场只会留下极少数赢家。因此，如何取得一开始的流量优势，就成为企业存亡的关键。而城市的环境，正好能够带给这些平台充沛的消费者（市场），更能够供给更多不同的商品（产品），也利于新创企业也能够在城市享受相对低廉高效的营销优势，打造能够带来获利的平台服务。

（2）中观角度：持续演化的制度环境积累。

除了前述城市外在环境形成的良好条件，这些新创企业本身许多经营主轴围绕在平台化的服务上，也是造成向城市靠拢的主因。技术世代快速革新，信息流动模式从过去单向走向双向，甚至多点传播的网络模式。加上自3G技术问世后，智能手机使行动运算能力大幅提升，能够传输更快、更多的各种多媒体的图片影音等信息；搭载 GPS 全球定位系统的手机，帮助人们采取更多 P2P 的沟通方式，应运而生形成适地化服务。同时，网上支付系统自 2000 年后逐渐成熟，付款模式以及信用保护机制的启动，也吸引更多人放心在网络上进行消费（Nalebuff & Brandenburger, 1997; Gates & Hemingway, 2000; Johansson, 2006）。

在前述产业环境与制度逐渐完备的过程中，产业的发展模式制度也逐渐成形。新形态的平台企业，摆脱传统企业的经济生产模式，不再需要耗费大量人力、物力与资金来建构的研发、生产、配销、服务的产销供应链。取而代之的是，以外包化、模块化为导向的平台服务模式，通过消平时间与空间限制的信息技术能力，大量媒体异地、异时的需求将供应双方媒体在平台之上，无须耗费投入在生产制造研发的固定成本，转而从媒介服务过程中，获取上架手续费用，也能同步向第三方收取的广告费用，作为商业营利模式。甚至进一步，将长期累积的数据成捆打包进行数据挖掘，形成时兴所谓的大数据分析服务，由更精准的算法分析提供给自身或是外部生产者更精准的营销机会。

此种商业模式，到了 2007 年前后更进一步出现了变化，能够参与上架的不再只是那些市场上常见的商品，而是城市里居民拥有的任何物质，或是无形的时间等各种能够被包装起来交易的对象，如手工具（例如电钻）分享平台（闲置物品）、个人闲置房间的租赁平台（闲置空间）、自由司机的接案平台（个人闲置的时间和闲置车辆），或是家居打扫接案平台（个人空闲时间）。在早期网络黑客文化盛行的分享行为，在高效率的技术基础以及科技社群的支持与包装下，共享文化被包装成能够促进创造经济、分享彼此资源的可持续模式，称为共享经济，广泛受到硅谷的欢迎。而软件公司一旦取得充足资金，更能够配置更充足带宽网络、服务器运算、存储单元等，大幅强化了平台的效能与沟通质量，在如今成熟的网络支付下，成为当前热门却也充满争议的商业模式（Slee, 2015）。

以 Airbnb 或 Uber 席卷全球的软件服务为例，在企业初创过程中，刚开始仅仅是所谓的应用软件所打造的平台，将闲置资源上架的供给者，与有兴趣购买的需求者进行交流。在这样的情形下，口碑一旦建立，也将能吸引更多消费者，形成正向双边的网络效应（Choudary, 2016），持续扩大获利。相较于城郊地区的硅谷地区而言，选择在旧金山创业的动机是再合理不过的。而最重要的是，当城市的消费者逐渐适应采用这些新创平台的崭新服务时，对于后进的新创业者而言,对于这些受过训练的消费者,当他们的生活已经再也离不开这些产品或服务时,市场消费习惯成形,城市成为这些平台新创企业能快速发展的最佳环境。

平台新创企业所形成的群聚不论在动态行为以及产业组织互动的制度化过程中,受到技术、空间的影响,及其在商业模式的建构过程上,与过去理论有所不同,因而也连带产生不同的影响。将过去产业群聚相关理论演化过程,参考 Rocha(2004)的分析框架,及相关学者在这方面的论述(Marshall, 1920; Jacobs, 1970; Piore & Sabel, 1984; Aldrich & Zimmer, 1986; Bramanti & Senn, 1991; Porter, 1998; Feldman, 2000; Malecki & Gorman, 2001; Lundvall, 2010),与城市平台企业的群聚特性进行对照比较,如表6-2所示。

表6-2 产业群聚现象的理论解释与变迁

群聚类型	产业区	新产业区、产业群聚	学习型区域	城市的平台企业
年代	1890~1920年	1970~2000年	1980~2000年	2000年至今
技术世代	量产制造福特主义式的	迈向后福特主义少量多样通讯技术问世	Web1.0 到 2.0 全球互联网萌芽	Web2.0 和 3.0GPS, Mobile Application LBS、P2P
空间形态	地方产业区	地方工业区、产业园区	产业园区、创新区域、城区	城区
相关理论	马歇尔学派、地方化经济(外部经济)	意大利学派(社会根植)、第三意大利(弹性专业化)、加州学派(交易成本)、波特群聚(竞争观)	创新环境(知识外溢学习)、区域创新系统(系统观点)、社会网络理论(社会资本)、创新地理(制度与文化)	城市化经济(多样性)、数字经济(技术观点)
预设市场	单一市场	拓展市场	区别市场	开创全新市场
生产关系	内部垂直化生产	垂直分离化地方协同网络、实时生产	带动区域专业、知识外溢创造学习累积效果	平台主导外包网络追逐市场垄断地位

续表

群聚类型	产业区	新产业区、产业群聚	学习型区域	城市的平台企业
外部性效益	专业技能、专业劳动力及知识外溢	经济成长、创造就业	创新氛围、知识外溢	创造共享市场需求带动网络效应
企业观点	管制者、规范者	政策支持者	协同合作者	阻碍创新者
风险应对态度	承担风险自身负有生产压力	降低风险地方网络支持合作	降低风险产官学研协同支持	规避风险外部化至供需双方或社会

资料来源：参照 Rocha（2004）整理。

6.4 平台企业的城市模式与理论反思

6.4.1 产业平台

平台一词最早出现于20世纪初，当时亨利·福特用它描述组成汽车的各个子系统，不过此时平台仅是作为一个工程概念。到了20世纪70年代，日本开始在其半导体产业中实施超大型集成电路项目（VLSI），这是创新平台思维在政策层面的早期尝试之一。此后，不仅美国、欧盟等主要发达经济体政府在积极运用创新平台的思想构建国内产业创新体系，许多在产业中居于主导地位的企业如Intel、微软等也都基于这一思想，尝试引领本产业的技术进步，并取得了成功。然而一直到20世纪末，创新平台的概念才正式出现，时至今日仍未就其概念形成一致共识。

美国竞争力委员会在1998年首次提出了创新平台这一概念，其提交的一份题为《走向全球：美国创新形势》的研究报告认为，创新平台包括创新所需的基础设施及在创新过程中必不可少的其他要素，具体涵盖了创新所必需的人才及前沿研究成果，有利于促进创新理念向创造财富的产品和服务转化的法规、会计和资本条件，有利于创新者收回其投资成本的市场准入水平和知识产权保护体系。继美国竞争力委员会提出的概念后，国内外学者在研究中又对创新平台提出多种不同的定义。一种观点认为，产业创新平台应当从区域创新政策的视角来认识。这种观点认为，可将创新平台理解为产业内相关商业潜在行动者进行活动的平台，这些商业潜在行动者主要包括产业内的企业、行业中心、技术中心、研发中心及与之相关的教育组织等。这一观点还强调，创新平台应当以产业为基础，支撑产业创新发展为目标（Harmaakowi & Kaarina，2002）。许多国内学者也沿着这一思路对产业创新平台的内涵进行了解读，认为创新平台是指某一特定区域内的知识、技术、信息、人才、政策、物质性的公共设施与公共组织及其相互联系等一系列共享要素的集合，是一个有利于在该区域产业内形成原创性理念、推动研究开发、促进科技成果转化、方便创新信息收集化及创新技术交流和扩散的共享平台。创新平台是区域创新体系的重要组成部分，是产业集群内科技创新活动的重要基础设施和保障条件，也是提升产业集群、提高产业技术创新能力的重要支撑。

Cusumano 和 Gawer（2002）认为平台是生态系统的中心，由许多企业制造的互补性产品和服务组成，且平台网络效应越强，平台与互补者之关系越紧密。Abbott（2008）则基于英国商业、企业和管理改革部给出的概念，提出了政府在产业创新平台中的作用，认为要将创新平台整合创新资源和促进合作创新的这种机制落实到政府层面，就是要求政府采用新的方式促使一系列技术实现有效整合。Gawer（2009）认为平台的发展为演进的过程，从内部平台到供应链平台，再发展为产业平台，表 6-3 呈现出平台类型与比较，其中供应链平台和产业平台主要的差别在于产业平台企业既不需要互相由买卖去发展互补性产品或服务，也不需要由交换所有权进行互补性产品或服务发展。此外，产业平台拥有者目标是通过外部企业而不必然是由供应链中企业以发展创新能力。因此，借着互补者资源和能力，有利于产业平台直接或间接的网络效应，为平台或成员创造价值来增加创新的程度（Gawer，2009）。

表 6-3　　　　　　　　　　　　平台类型与比较

平台形态	内部平台	供应链平台	产业平台
形成背景	企业内部	供应链进行	产业生态系统
参与者数目	一家企业	供应链中的企业	许多企业不需要彼此进行购买或销售产品、服务，但彼此的产品、服务功能必须是技术系统的一部分

续表

平台形态	内部平台	供应链平台	产业平台
平台目标	为了增加企业的生产效率 为了以较少成本产生多样性 为了达成大量客制化 为了增加设计新产品的弹性	为了增加供应链的生产效率 为了以较少成本产生多样性 为了达成大量客制化 为了增加设计新产品的弹性	平台拥有者：从外部、互补的创新增加和获得价值 互补者：从既有的平台基础，以及直接和间接的网络效应影响的互补性创新而获得利益
设计原则	模块元素的重复使用 系统结构的稳定性	模块元素的重复使用 系统结构的稳定性	互补者能够进入平台，产生创新
主要问题	企业如何使低成本与多样化产生一致性	如何在供应链中使低成本与多样化产生一致性	平台的拥有者如何刺激有用的互补性创新？ 如何激励以创造平台设计的互补性创新？

6.4.2 产业平台的运作机制

（1）平台企业模式。

平台企业通过各种补贴、免费诱因追求网络化效应，当流量形成主导优势，终将把市场推向赢者通吃的垄断市场形态。很明显地，提供类似服务的后进者将因无法承受领导者的竞争压力退出市场，或是必须让出股权被收购在领导者麾下。因此，产业生态的组成，终将走向仅存极少数的垄断平台企业，依赖众多通过利基市场区别的新创平台企业，以及周边众多赖以为生的生产供应方。从Google、Apple、Facebook或是Uber、Airbnb，其通过平台吸纳供需两端的商业模式，席卷相同市场的传统业者，都可以见到类似的发展模式。因此，在这样的发展模式推进下，当前城市的产业生态将走向持续不断出现的微型新创平台，以及单独少数垄断的平台巨头的结构形态。当新创平台企业成长到一定规模，具有一定威胁程度时，平台巨头便出手进行防守型并购，即便该企业并购目的并非为了发展创新，而是杜绝竞争。所以在硅谷或湾区，近年投资新创企业不再仅仅是创投大户，而是来自于众多的平台厂商，通过孵化加速器或企业投资机构进行投资占股、并购，将流量、品牌、口碑纳为己用，毕竟平台间的收购，往往重点在于看中对方的平台流量，以及庞大的会员人口，以带动规模化发展。

（2）产业群聚理论中的新创企业角色。

在传统产业群聚理论中，强调外部经济的重要性。但是，当群聚理论的应用朝向强调合作、互动的学习型区域、创新氛围，或是采取将系统观点所形成的区域创新系统理论时，其实，经常忽略了企业家或是新创企业其中扮演的作用（Cooke，2001；Carayannis & Campbell，2009；Lundvall，2010；Florida，2013）。这些理论在一定程度上牺牲了各成员的特色，同时也会使得较具规模、具备当前影响力的行动者被凸显出来。反过来说，对于那些相对资源较少、影响力微小的初创、新创企业而言，理论的解释自然容易受到忽视。针对新创企业特质，能够采取资源观点（资金、技术、人才等）、制度观点（如地方制度影响及变化）（Scott，1988；North，1990；Glaeser，2007）、关系观点（如人际网络、社会资本建构）（Burt，2000；Anderson & Jack，2002；Ding & Abetti，2003）或是地方尺度（家庭、邻里、教育等）（Audretsch，2005；Feldman，2007；Nanda & Sørensen，2010；Cresswell，2013）等不同视角，较能够充分捕捉到这些新创企业的行为，以及背后所聚集的目的。硅谷虽然持续拥有优势，然而却无法企及城市基础设施的密度所形成的市场优势，也由于旧金山人口持续不断集中与强化，信息交换优势形塑了适于投资者、创业者情报交换效率，形成了重要场域。过去的观点是，尽管群聚内部所形成的压力，特别是地租，造就较为新创企业可能无法落脚在核心地区。不过，随着旧金山地区诸多适合创业家的群聚制度形成，特别是诸多资源共享的行为，转变成可运作的商业模式，如共享办公室、低廉的云端信息管理与仓储系统或弹性外包制度等，都成为核心地区紧紧抓住这些新创业者持续聚集的重要原因。进一步假设，随着成员规模扩大，受到员工居住成本、办公空间、平台服务运筹成本攀升情况下，当新创企业成长到成为中大型企业时，朝向核心区以外空间扩张，应是合理的决策，此时的中大型企业所需的不再是初创期的外部经济优势，而是回归自己经营优势的建构。

（3）是城市修补？还是风险外部化？

平台企业与所处的城市环境，也形成一种特殊的关系，即本身受惠于信息网络技术的革新，将平台作为一种经营模式，带来巨大的利润之外，城市密集人口所带来各种公共空间问题，城市所显现的价值，不再仅止于消费市场、信息情报、人际网络而已，对于这些眼光独到的企业家而言，拥挤带来各种负面外部性如交通堵塞、房价高涨、环境污染等问题，都在引进平台的经营模式过程中，成为重要的创业机会，意谓着庞大供给与消费市场潜力。平台的模式，开始转化为解决修补城市空间的一种重要手段，如 Uber、Lyft（汽车共享）、

Airbnb（闲置住房分享）、Wework（共同工作空间）（Geron，2013；Orsi，2013；Green，2014；McArthur，2014）等案例，能够通过如资源流通、信息共享、协力创作的方式，来克服城市或是地方政府迟迟无法妥善解决的问题，称其为平台式城市修补技术。

当这些企业通过平台化模式，将城市的问题捆绑包装成产品，放上网络进行销售，商业化过程、交易成本所带来的风险，往往导致大众权益或是公共价值受损。这些交易风险主要由政府来担任守护，规范双方执行契约。如今的平台企业，其发展模式的本质，却完全颠覆了此论点。规模快速成长的新创业者，特别是对于这些新崛起的垄断巨头而言，一方面，挟着庞大资金与人力资源，通过庞杂的法律规范条款将风险转嫁给生产者以及消费者，任何产品与服务的不良后果，绝大部分由消费者与生产者承担，或是通过免费、第三方补贴进行卸责。另一方面，这些平台巨头（如阿里巴巴等）则是大幅依赖于该城市地区的基础建设，如光纤网络、道路交通、金融建设等服务，进一步尝试合纵联盟，寻租游说，促使政府顺应修改法规以开放更大市场空间。可见，当公共与私人的资源（如信息网络建设、房产）成就了这些平台企业，创造了巨大财富之余，也逐渐改变了城市生活的发展。在此出现的矛盾是，在虚空间中，强调分散化的信息网络，则是带来高度集中化的平台，其结果是，网络平台技术发展所强调的开放、公开、自由的运作模式，最终却带来的是商业巨头对信息的垄断，进而影响塑造了实环境，导致城市空间日益商业化，公共性持续受到侵蚀或退缩。

特别当科技产业所形成的巨大利益团体压力之下，政府如何调和利益相关者的法规冲突，也将是这些平台企业持续受到争议的主因。因为，大型平台企业因为规避风险带来的外部性损害，并不仅仅限于个别消费者，都将可能造成集体大众权益的受损，甚至随着平台商业模式渗透到各行各业时，如科技、金融、百货、人力等产业平台，可能造成更多责任规避、风险延迟，甚至掩盖问题的系统性风险。因此，一旦成功，能从市场获得较多利润（Mitra，2013）。当平台自外于交易过程带来的风险，并由市场的主导力量取得庞大的议价能力时，或是由创新之名直接或间接排挤社会弱势。政府宜积极通过不同程度的手段提前应对，如不论是对弱势企业补贴，或是针对平台巨头业者使用公共网络的资源流量进行课税、建立公共性的风险支付平台等，以及随着这些平台巨头掌握大众信息的情况下，能更进一步通过法律手段进行监管、开放，或是适度分割企业规模，方为维持产业生态长久之道。对于私有部门而言，新兴知识社群平台活动的崛起，促成更多新创企业转型成为公共平台模式，由更透明、开放的手段，吸引使用者聚集，并彼此形成共识，具有能力的主事者进行平台的整合与维运，形成一种共同参股、合作社式的协力关系。并且通过开放数据的模式，强化平台的公共性，也能增进平台的服务能力，培养使用者的参与及信任感。

6.5 常州市石墨烯产业集聚的实证分析

6.5.1 石墨烯产业链发展状况

作为当前发展迅速的新材料之一，石墨烯集多种优异性能于一体，已被世界各国列为高技术发展的战略制高点。随着19世纪冶金、电力等产业的发展，19世纪40~70年代，英国和法国开发了以焦炭为骨料加黏结剂成形，经炭化制造电极、电刷的技术，奠定了碳素产业的基础。目前，我国在国家层面开始关注到石墨烯应用已从最初的概念化转变为产业化，并加大对石墨烯产业的政策支持。2015年11月30日，工信部、发改委和科技部等三部委联合发布《关于加快石墨烯产业创新发展的若干意见》，以终端产品需求为牵引，采取"一条龙"模式构建完善产业链，围绕产业链配制创新链、集聚创新要素，强化上下游协同创新，加快培育和壮大石墨烯产业。

正在制定中的中华人民共和国国家标准《石墨烯材料的术语、定义及代号》建议石墨烯（graphene）定义：由一个碳原子与周围三个近邻碳原子结合形成蜂窝状结构的碳原子单层。石墨烯的微观碳原子结构稳定，原子面出现扭曲变形以应对外部机械力，具备良好的承受外力作用。产业链是我国学者提出来的一个概念，尽管产生于20世纪80年代我国学者对农业产业化问题的研究，后来学者们将其拓展到工业、服务等领域。石墨烯产业链是产业分工关系的客观表达，以下两个方面值得重视：一是碳材料产业链的分工程度。如果从微观层面看，分工受到诸多因素的影响，产业链的分工程度在产业链系统内是动态变化的。二是碳材料产业链上某个环节的技术、设计方法、生产组织方式、市场规模等因素的变化，均会促进整个产业链的结构发生变化。

石墨烯产业链构成：上游主要为生产石墨烯所用的各种原料，如石墨、烃类物质等；中游主要为各类石墨烯产品，包括石墨烯薄膜、石墨烯粉体以及石墨烯浆料等；下游应用部分也已形成，依据目前石墨烯发展态势，石墨烯下游产业链将涵盖众多行业，主要包括半导体、柔性电子、传感器、能量存储与转换、复合材料、生物医药以及环保等。我国石墨烯研究和产业化进程整体接近国外先进水平，部分领域处于领先水平并掌握自主知识产权。（1）石墨烯粉体制备和应用研究水平与国外不相上下；（2）石墨烯薄膜量产线已建立，并积极开发触摸屏领域的应用，但在技术水平上，与三星等国外企业仍有差距；（3）在半导体领域的应用研究基本处于初级阶段，与国外差距巨大。我国石墨烯企业主要分布在江苏、浙江宁波、山东青岛、重庆、广东深圳等地，石墨烯薄膜和粉体制备初步实现量产，石墨烯基触摸屏、动力电池导电添加剂、防腐涂料、加热等领域的产品开始进入市场。同时，国内中国宝安、方大炭素、力合股份、中泰化学、华丽家族、烯碳新材、中超电缆等一批上市公司，以及赛富基金、经纬中国、悦达投资等一批风投机构积极投资布局石墨烯研发中试和产业化项目，推动石墨烯产业发展进程。

6.5.2　常州石墨烯产业基础和发展现状

近年来，常州石墨烯产业发展迅速，在技术研发、企业集聚、产业化等方面取得一定成效。

（1）产业载体优势明显。

以江南石墨烯产业研究院为平台，建成了集研发、创业孵化、企业培育、技术服务、投融资等于一体的石墨烯产业培育体系。目前，已建有12个重点实验室、1个外籍院士工作站、1个测试中心，打造了13支核心研发团队，引进石墨烯及碳材料相关企业21家。研究院实行"技术研发＋创业孵化＋技术公共服务＋投融资"的运营模式，未来期望建成"研究院＋孵化区＋加速区＋产业区"的形态。

成立了江苏省石墨烯产业技术创新战略联盟，推进产业联动发展。其旨在集成江苏石墨烯研发机构、高等院校、石墨烯产业链相关企业的产学研合作资源，加强江苏石墨烯产业技术创新，提升江苏石墨烯产业的发展能力。

（2）初步形成了石墨烯产业集群。

常州市石墨烯企业数量在全国遥遥领先，特别是石墨烯原材料制备公司数量几乎占到全国总数的一半；石墨烯原材料制备企业代表——第六元素、二维碳素先后登陆新三板；集聚了石墨烯领域的人才团队24个，特别是从欧美引进了彭鹏、瞿研、暴宁钟、董国材等多名具有国际一流水平的石墨烯领军人才。已经初步形成了完整的石墨烯上下游产业链,其中有碳维等生产装备制造企业,第六、二维等原材料制备企业,乾元、烯旺、碳索等石墨烯下游应用企业,烯碳、众创等一批石墨烯科技服务企业,形成了较好的产业协同效应;特别是机械剥离法、CVD法、氧化还原法三种常用制备方法齐全,西太湖被业界公认为全国石墨烯原材料制备高地。

积极建设中的石墨烯科技产业园,依托江南石墨烯研究院,已建成14000平方米的集科研(含百级净化、千级净化、万级净化区域)、办公为一体的综合性石墨烯研发基地。园区石墨烯应用产品多样、成果丰富,申请各项专利已突破500件,其中二维碳素用于智能电子终端的触控屏、发热膜已经产业化,全球首款应用石墨烯应变原理的3D触控解决方案正式发布;第六元素的重防腐涂料已通过工信部产品鉴定,正在逐步批量供货;烯旺科技全球首款石墨烯智能发热服发布,创下京东2015年穿戴设备众筹纪录,发热画等产品正在进行认证;中超石墨烯的高压电缆用石墨烯屏蔽料生产线已经投产;碳星科技石墨烯口罩生产线已完成;富烯科技智能电子产品石墨烯散热膜已产业化;乾元碳素石墨烯光伏支架首条生产线已试运行;碳宇纳米全球首款石墨烯蛋白质分离试剂和基因转染试剂小批量稳定供货。此外,石墨烯抗冲击涂料,输变电设备、LED的石墨烯散热涂层,石墨烯锂电池正负极材料,石墨烯高性能电刷和受电弓滑板等产品正在研发中。

目前,常州市石墨烯领域相关单位的石墨烯专利申请总量达180件,其中发明专利108件,占比60%,已授权专利103件。现已成功转化形成高性能人工石墨膜、石墨烯电容式触摸屏、高比表面积石墨烯、石墨烯电缆、石墨烯涂料等7项石墨烯产品。由科技部批准的常州国家石墨烯新材料高新技术产业化基地正式落户,西太湖系全国首家,也是目前唯一一家;江南石墨烯研究院是全国钢标准化技术委员会炭素材料分技术委员会薄层石墨材料工作组承担单位(秘书组)、科技部科技服务业行业试点单位、江苏省先进碳材料研发及孵化平台、江苏省石墨烯产业知识产权联盟秘书处单位、江苏省石墨烯产业技术创新战略联盟秘书处单位,入选江苏省产业技术研究院石墨烯材料研究所。

(3)加大政策扶持力度。

常州市、常州武进区和西太湖科技产业园都十分重视石墨烯等先进碳材料产业的发展,市委、市政府把碳材料产业作为重点支持的十大产业链之一;武进区把先进碳材料作为武进科技创新的头号工程,在2014年5月13日专门出台《加快先进碳材料产业发展的若干政策》。《武进区支持先进碳材料产业集聚和发展的若干意见》对于石墨烯等先进碳材料企业在技术研发、平台建设、人才引进、会议活动、标准制定、应用示范、宣传推广、融资担保等各方面都提供了最大的支持（见表6-4）。

表6-4　　　　常州石墨烯产业SWOT分析及战略选择

外部环境（O.T.） 战略选择 内部因素（S.W.）	机会（O） 1. 各国高度关注石墨烯产业发展。 2. 国家大力发展战略性新兴产业，要求形成石墨烯产业链	挑战（T） 1. 世界经济发展面临诸多不确定性因素，与石墨烯相关的技术属于高技术、高风险行业。 2. 跨国公司对石墨烯产业相关技术、设备的封锁和垄断。 3. 不同地区对石墨烯产业的重视带来大型项目、科研院所引进的难度增加
优势（S） 1. 常州市具有优良的石墨烯产业基础和投资环境。平台基础好，有全国最大的专业性石墨烯科技产业园。 2. 已有的先进技术如石墨散热膜产品、手机用电容式石墨烯触摸屏产品等实现了规模生产。 3. 常州市在装备制造、电子器件、高分子材料、光伏等领域为石墨烯产业发展提供巨大的下游应用市场空间	优势机会策略（S.O.） 1. 依托常州现有产业基础，启动石墨烯发展示范工程。 2. 启动石墨烯重大项目、龙头牵引型企业的带动效应，集成研发、制造、推销一体化的产业链。 3. 建设军民结合为特色的石墨烯产业示范项目，带动提升石墨烯产业军民融合水平	优势威胁策略（S.T.） 1. 发挥石墨烯战略联盟资源充足，技术全面的优点，攻关突破石墨烯产业一些关键技术。 2. 突出石墨烯产业优势技术，制定科学合理的产业定位与发展布局
劣势（W） 1. 常州市石墨烯一流团队缺乏，科教资源薄弱，技术人才储备弱。 2. 外部竞争大（目前全国从事石墨烯的企业200家，形成产销的仅50家，有一定规模的企业10家）；与国际交流合作不多（尖端技术在美国）。 3. 石墨烯的下游应用领域不够宽	劣势机会策略（O.W.） 1. 在其他行业或领域进行探索、切入、渗透，把握机会。 2. 完善公共技术与交流服务平台。 3. 搭建投融资平台，与石墨烯产业发展关键环节给予资金支持	劣势威胁策略（W.T.） 1. 发挥自身优势，形成石墨烯产业关键技术优势。 2. 产品投入多元化，增加自身全方位竞争力。 3. 引进关键技术人才，稳固升级现有技术

6.5.3 常州石墨烯产业平台发展分析

2011年,常州市委市政府通过成立江南石墨烯研究院这一石墨烯领域的集科技创新和产业培育功能于一体的平台,并同期启动常州市石墨烯科技产业园建设,使常州在石墨烯产业的竞争中赢得发展先机,为常州的转型升级增强源动力。以江南石墨烯产业研究院为平台,建成了集研发、创业孵化、企业培育、技术服务、投融资等于一体的石墨烯产业培育体系。目前,已建有12个重点实验室,1个测试中心,打造了15支核心研发团队,实行"技术研发+创业孵化+技术公共服务+投融资"的运营模式(见图6-1)。

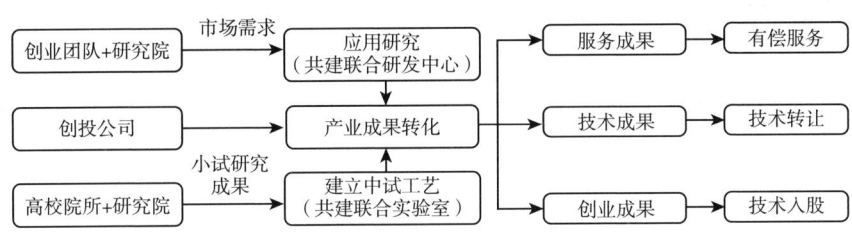

图6-1 江南石墨烯产业研究院运营模式

目前,研究院的创新资源包括:现有员工88人,先后从国内外引进了15个团队,特别是从欧美引进了彭鹏、瞿研、暴宁钟、董国材、刘遵峰等多名石墨烯领域的具有国际一流水平的领军人才;已建成14000平方米的综合性研发基地(含百级、千级、万级净化),另有20000平方米的新增研发和办公场地刚刚建成;围绕石墨烯薄膜制备、粉体制备、生物试剂、装备、复合材料、储能材料等领域,建有12个专业实验室和1个分析测试中心,购置了场发射扫描电镜、扫描隧道显微镜、原子力显微镜、拉曼光谱仪、激光热导仪、元素分析仪等仪器设备160多台套,原值2000多万元,是江苏省大仪网一站式公共服务平台;2015年,提供检测服务1万多批次,并呈逐年大幅增长。经过四年多的发展,研究院成立至今,累计争取省级以上经费近3000万元,申请专利44项。形成石墨烯透明导电薄膜、石墨烯功能涂层、石墨烯散热膜、石墨烯电热膜、石墨烯吸附材料等10多项成果,孵化培育企业18家。累计发表论文超过10篇,其中,刘遵峰博士在Science发表1篇(国内第二通讯单位)。

常州市装备制造、新能源、新材料、电子信息、生物技术及医药等五大主导产业迅猛发展,已经成为推动全市工业经济发展的重要引擎。常州市积极推进"三车四新三智能"十大产业链建设,即轨道交通、汽车及零部件、农机和工程机械、太阳能光伏、碳材料、新医药、新光源、通用航空、智能电网、智能数控和机器人等产业链,加快战略性新兴产业发展。同时,常州市还是"国家火炬计划新材料产业基地""国家级新型涂料特色产业基地"和"江苏省特种新材料高新技术产业基地",在涂料、反光材料、高端装备、光伏太阳能等众多工业领域处于中国市场乃至世界市场的领先地位,为石墨烯下游应用开拓奠定了良好的发展基础。

常州石墨烯产业的发展具有巨大的发展和上升空间,而发展石墨烯产业要以市场为导向、政府为推动力,全面促进产学研结合,推进常州石墨烯产业化进程。成立混合所有制股份有限公司(江南石墨烯科技产业发展公司)作为常州石墨烯产业发展主体,成为政府引导下集创新型企业、科研院校、投融资机构为一体的合作平台。在江南石墨烯科技产业发展公司的框架下,开展项目招商评审、园区规划、市场拓展和信息化服务系统的例行工作;并引进创业投资管理公司等相关投资公司用于支持石墨烯研究院的科技创新与成果转化,培育孵化学科型公司,同时也积极吸引社会上众多金融服务机构,按市场化的运作方式吸收社会资金,构建促进技术成长和创业的风险资金平台,促进创新技术成果向市场化商品的转化,并根据引进项目孵化企业。同时,依靠孵化出的平台公司的股权反馈、科技项目管理费等实现运行自供给循环,构建完善的科技运行金融体系。打造集研发创新、创业孵化、产业培育于一体,展示交易、科技中介、科技金融等综合配套服务于一域的科技产业综合体,促进常州石墨烯产业化水平的提高,同时也服务于常州地方经济的发展与建设(见图6-2)。

按照"夯实、做优"的发展思路,以江南石墨烯科技产业发展股份有限公司为运营主体,以江南石墨烯研究院为创新支撑开展平台建设服务。同时进一步优化完善江南石墨烯研究院和常州石墨烯科技产业园管理服务流程,积极构建"创业苗圃—孵化器—加速器—产业园"创新载体体系,为创业企业提供从种子到大树的发展空间,促进产业链上下游企业的资源共享和优势互补,完善多方协作、互利共赢的融合发展模式。另外,围绕石墨烯产业创新创业链条,健全产业专业服务平台和公共服务平台。发挥政府的资源统筹能力和服务功能,为产业园企业和科研机构提供基础性服务,包括知识产权服务平台、人才服务平台、品牌建设与推广平台等;发挥科研机构和大企业的平台功能,搭建公共技术平台;完善应用推广示范平台、长三角区域协同发展、国际交流合作平台等。

第6章　城市创新场与平台企业群聚

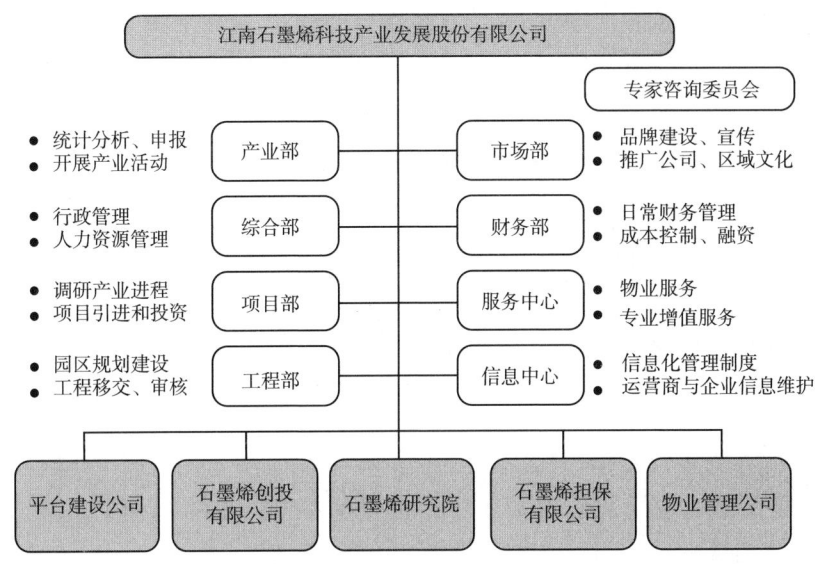

图6-2　江南石墨烯科技产业发展股份有限公司组织架构示意图

(1) 建设石墨烯原创技术平台。

完善石墨烯研究院现有的12个重点实验室，并支持常州二维碳素等骨干企业联合中海油涂料研究院、北化工常州材料研究院等石墨烯下游产业领域相关单位加快共性实验室建设，推进共性技术研发；吸引中科院、清华大学、航天科工集团等科研单位在常州设立石墨烯技术研发平台，共同对产业发展公司的创新资源提供支撑。在政府的引导下重点推进石墨烯新材料分析测试中心的建设，开展面向石墨烯及相关领域的分析测试服务，完善公共检验检测服务平台、知识产权与运营平台、人才服务平台、标准服务平台。同时，加快公共信息网络平台建设，开展专利导航石墨烯产业发展路线探索，提供专利查询、文献下载、会议会务服务、产学研合作等全方位的服务。适时提升江南石墨烯研究院平台层次，积极申报国家工程技术研究中心。

以产业发展公司为核心，以促进企业的创新需求与科研院所的供给对接为出发点，完善产学研合作。积极面向行业企业、学术科研机构展开产学研需求和供给调研，明确对接方向。一年一次或者一年多次，组织产学研合作对接大会，积极开展有特色的项目招商工作，促进特色科研成果的转化，建设石墨烯相关重点产业的示范性项目。同时，重点针对三类创新创业人才及团队开展招引工作：一是产业组织者，吸引、联合石墨烯领域产业组织者对常州市创业人才、企业进行引导和扶持；二是从事产业技术研发、前沿研究，拥有国际先进水平发展专利或自主知识产权成果,具备突破重大技术、学术问题的创新能力或成果转化能力的创新团队;三是带技术、带项目、带资金,有望突破核心技术、引领产业发展,产生显著经济和社会效益的创业团队。通过全球化招商引智,高端链接全球资源,进一步放大常州石墨烯产业发展的技术领先优势(见图6-3)。

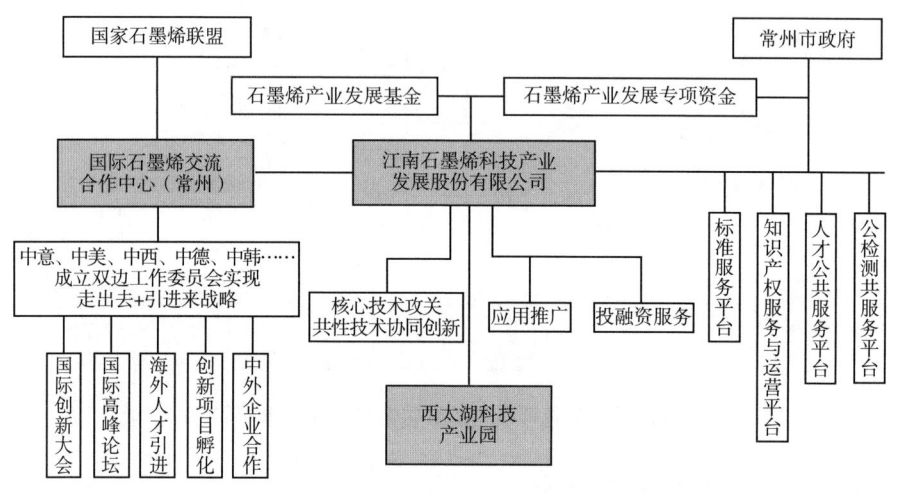

图6-3 常州西太湖石墨烯产业发展组织架构

(2) 建设石墨烯国际交流合作平台。

围绕石墨烯及其下游应用产业领域进行国际技术引进、消化、创新并实现原创技术产业化转移与创新企业孵化,追踪石墨烯领域的科技成果转移转化动态,为国际先进技术落地转化创造条件,实现企业需求与国际技术供给对接,建立适合常州市石墨烯产业发展的国际交流与合作中心。

中心将与美国、以色列、意大利、德国、西班牙、韩国等海外科研机构与企业,建立组建双边合作委员会,通过"走出去+引进来"的战略思想聚集创新资源。通过引进项目,开展有针对性的投融资服务以及技术转让、代理、咨询和相关商业服务;积极鼓励中外企业进行技术创新、股权并购等合作,为项目及企业孵化提供更多资源配置;通过优惠人才政策吸收海外高端人才,积极引进并大力支持外籍院士工作站、诺贝尔奖得主工作站等创新平台建设;开展双边论坛、高峰会议、创新大会和大赛等,提升国际声誉,树立国际石墨烯创新标杆地位,吸引更多国际人才团队和项目入驻,推动常州乃至全国石墨烯产业化建设(见图6-4)。

(3) 完善科技服务平台。

依托中国石墨烯产业技术创新战略联盟已有的技术交易平台和常州石墨烯

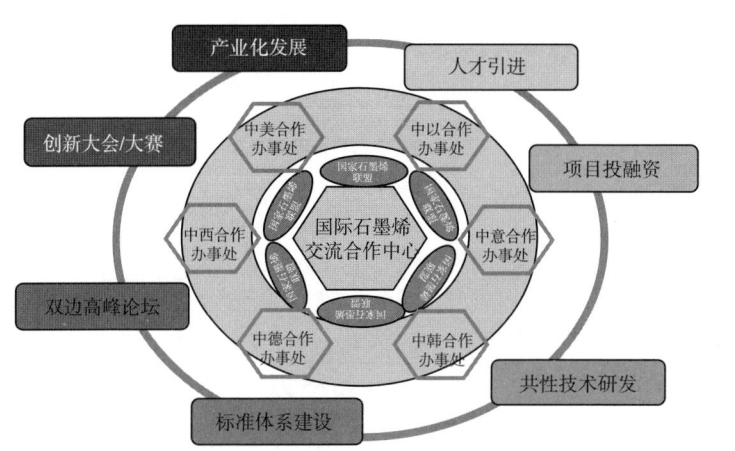

图 6-4 国际石墨烯交流与合作中心架构

科技产业园区内丰富的项目资源,打造全方位的石墨烯技术成果转化平台:首先,可以对长三角地区高校、科研院所以及江南石墨烯研究院的研发成果进行推广,通过专家的筛选、评估,选择具有市场前景的项目,邀请具有投资能力的企业合作,做好项目对接,促成企业对项目进行股权投资,推动技术创新平台的高科技成果通过江南石墨烯研究院向园区内高新企业转移。其次,每年由中国石墨烯产业技术创新战略联盟专家咨询委员会联合江南石墨烯研究院根据常州市石墨烯产业发展及技术需求,对国家"863"石墨烯科技成果进行梳理及筛选,形成常州市石墨烯产业发展重点转化成果目录及建议,再根据建议积极组织项目对接,促成项目落户。最后,通过定期对入驻常州西太湖科技产业园区的企业进行技术需求调查,让研究机构的研究方向与市场需求有机结合,促使科技成果尽早转化为生产力(见图 6-5)。

(4)打造石墨烯产业创业支撑平台。

依托常州西太湖科技产业园与国家石墨烯联盟的合作,打造以江南石墨烯研究院为核心的石墨烯产业创业支撑平台,打造国家级石墨烯企业孵化器,强化孵化器招商、孵化、早期投资功能,为石墨烯科技企业创新孵化提供支持。建设信息服务中心,实现技术创新与应用创新的信息共享和投融资服务的完善。

(5)打造石墨烯应用示范及展示平台。

依托于江南石墨烯研究院,将科研成果向应用成果转化,积极开展应用推广,努力打造西太湖科技产业园区内多领域石墨烯新材料的应用示范平台,推进传统制造业技术创新升级,展示前沿技术、科研成果、标准专利、核心产

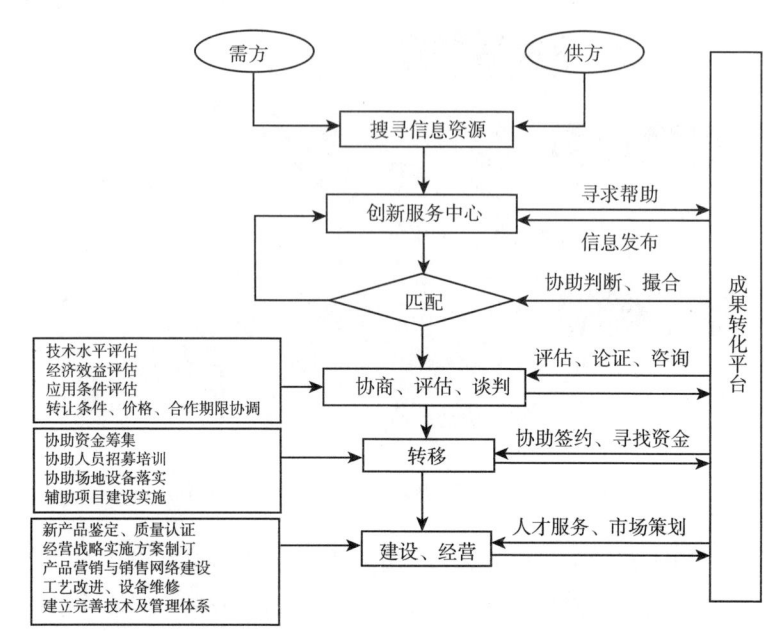

图 6-5 石墨烯科技成果转化服务流程

品、应用示范等内容，为公众、企业、机构、政府等全面系统地展示石墨烯技术和产品，宣传西太湖科技产业园石墨烯产业发展成就，推介区域内石墨烯企业和成果，促成技术交易，吸引更多创新型企业加入园区，推动石墨烯产业万众创新创业。在新能源、复合材料、电子信息材料等若干领域率先打造应用示范平台，促进科技成果真正向商品市场迈进。并将产业化成果以生活展览馆的形式面向大众，建设相应的应用示范展示平台，提升人们对石墨烯终端应用产品的认知和认同。

(6) 共同促进长三角区域协同发展平台。

依托长三角发展的区位优势，建设"长三角石墨烯产业发展走廊"，各司其职，实现石墨烯技术、业态、商业模式协同发展的局面。

常州主攻产业化建设，打造项目投融资、企业孵化平台，建设国际交流合作中心。常州利用其原材料生产制备以及终端产品应用研究的资源优势，开展以下工作：①依托江南石墨烯研究院开展研发、公共检测平台建设；②推进石墨烯粉体、薄膜原材料生产企业制备技术创新，并开展应用技术研究；③推动项目投融资建设、企业孵化，技术成果转化，推动石墨烯产业化。

上海作为科技创新中心和人才高地，将对石墨烯共性技术的基础研究，终端应用的开发探索以及石墨烯技术交易平台的建设起到支撑作用。上海具有如上海交通大学、复旦大学、同济大学以及中科院硅酸盐研究所、微系统所等科研院校，对于石墨烯制备方法以及应用技术研究都能起到良好的推动作用，通过区域合作，以科研成果项目的方式引进入园，通过与西太湖产业园区内企业技术对接，进行成果转化，促进石墨烯终端产品实现市场化。并且依托上海的区位优势以及完善的信息交流平台，以需求端为着眼点，开展石墨烯技术交易，打破技术"孤岛"现象，实现共同发展。

上海利用其创新资源优势开展以下工作：①依托上海高校、科研院所的基础研究和人才优势，开展石墨烯粉体、薄膜制备技术的创新；②推动石墨烯与下游终端应用领域的对接，开展应用端的中试；③完善公共检测检验以及标准化体系建设等。

宁波作为科技创新中心，中国科学院宁波材料技术与工程研究所作为研究石墨烯的主要场所，拥有多名石墨烯和锂离子电池方面的专家，也将对石墨烯共性技术的基础研究、终端应用的开发探索以及石墨烯技术交易平台的建设起到支撑作用。宁波2014年发布的《宁波市石墨烯技术创新与产业中长期发展规划（2014~2023年）》，目标是在10年内将石墨烯产业打造成为具有千亿级产值规模的宁波优势与特色产业。

宁波利用其创新资源优势开展以下工作：①依托中科院等科研院所的基础研究和人才优势，开展石墨烯锂离子电池方面的创新研究；②推动石墨烯与下游终端应用领域的对接，开展应用端的中试；③推进石墨烯在锂离子电池领域生产企业制备技术创新，并开展应用技术研究。

浙江长兴县工业基础雄厚，其中，新型电池、现代纺织、特色机电三大产业规模以上工业产值占比达到73.9%，在电池领域有超威、天能两大龙头企业，在纺织领域，拥有织造、染整一条龙生产线，在建材领域，有国内最大的旗滨玻璃生产线。长兴利用其原有产业优势开展以下工作：①推进石墨烯在锂离子电池领域生产企业制备技术创新，并开展应用技术研究；②推进石墨烯在纺织领域生产企业制备技术创新，并开展应用技术研究。

无锡拥有2015年第一批国家火炬特色产业基地——国家火炬无锡惠山石墨烯新材料特色产业基地，当地发展石墨烯构架为"一区二中心"。"一区"即"无锡石墨烯产业发展示范区"；"二中心"分别为"无锡石墨烯技术及应用研发中心"和"江苏省石墨烯质量监督检验中心"。示范区已形成三大应用领域：石墨烯超级电容器研发应用领域、石墨烯导电薄膜领域、石墨烯导热发热材料应用领域。无锡利用其产业集聚及示范区优势开展以下工作：①依托目前与研发团队的合作，继续开展研发工作；②推动石墨烯三大示范区领域与下游终端应用领域的对接，开展应用端的中试；③推动三大领域项目投融资建设、企业孵化、技术成果转化，推动石墨烯产业化。

(7) 构建石墨烯产业创新场。

着力构建基于国家新材料发展战略、市场化运作思维、各参与主体协同推进的产业链生态圈，在促进产业链完善的同时，针对产业链各重要环节紧缺资源要素，加强政府、高校、研发机构、材料制备企业、应用企业、风创投公司、中介服务机构等相关主体间的沟通协调，促进产业链条和产业园区向着一个比较良性的循环方向发展，从而提升园区产业集聚能力。

常州石墨烯产业创新生态系统的发展包括协同管理、协同开发、协同营销。第一，协同管理。从2015年开始进行协同管理，重点在于强化所有成员企业实时化并持续发展。各企业开始互相观摩，每一次的学习活动成果和实际改善绩效都是作为持续成为创新生态系统企业的考验，确保成员在协同合作过程中持续努力、寻求进步。第二，协同开发。在协同研发的运作部分，各自带领创新生态系统的企业进行共同研发项目。协同开发进行的是鼓励各企业主动参与并节省项目开发的时间。第三，协同营销。从2015年开始进行协同营销，从制造生产端延伸至顾客端，建立全球销售通路等策略，进行紧密且高效率的供应服务体系运作。每年在常州召开的石墨烯会展、论坛都展现创新生态系统的形象品牌，代表的是一种协同合作的精神，目的为提升国内外形象；而国际企业陆续加入创新生态系统，同时提升了创新生态系统成员的国际形象。

第7章

区域创新场与创新型省份建设

7.1 创新型省份的概念与内涵

2005年10月,中共十六届五中全会上首次提出建设创新型国家的设想到明确建设创新型国家的战略目标,经过了三个阶段:一是酝酿。21世纪之初,在《国家中长期科学和技术发展规划纲要(2006~2020年)》的编制过程中,有专家提出借鉴国外"创新型国家"的说法,将其作为我国未来科技创新的主要抓手。十六届五中全会,提出了建设创新型国家的战略思想,虽然没有直接提"创新型国家"这个词,但已经包含"创新型国家"概念的主要内容和基本特征。二是确立。2006年1月,党中央、国务院召开第四届全国科学技术大会,部署实施《国家中长期科学和技术发展规划纲要(2006~2020年)》,作出提高自主创新能力、建设创新型国家的重大战略决策,提出到2020年进入创新型国家行列,为全面建设小康社会提供强有力的支撑。三是发展。2012年7月,在全国科技创新大会上,胡锦涛同志再次强调建设创新型国家的战略目标,提出到2020年,要基本建成适应社会主义市场经济体制、符合科技发展规律的中国特色国家创新体系,科技支撑引领经济社会发展能力大幅提升,进入创新型国家行列。

建设创新型国家是党中央、国务院审时度势、面向世界、把握未来的战略决策,是立足国情世情和发展阶段提出的重大命题。关于什么是创新型国家,如何评价创新型国家建设进程,国内专家提出了多种观点:成思危认为,创新型国家是以创新为主要发展动力的国家,衡量一个国家是否属于创新型国家,要看创新在国家的发展中是否起到主导作用;方新认为,创新型国家实质上是指发展道路与发展模式,是指发展方式的转变,创新型国家主要是靠自主创新来推动发展,即以创新作为发展的动力和途径;穆荣平认为,创新型国家是创新成为国家发展的主要驱动力,具有创新体系健全、创新能力强、创新效率高、创新效益好、创新环境好等特征。

创新型省份是创新型国家建设的重要组成部分,创新型省份建设既要体现国家战略意图、战略目标,又要根据自身的资源禀赋、地区特点,来选择创新型省份建设路径。目前,国内对创新型省份的概念研究较少,尚无统一的定义。综合国内外相关研究,创新型省份至少应具备四个基本特征:一是创新投入高,研发投入占GDP的比例在2.5%以上;二是科技贡献大,科技进步对经济的贡献率在60%以上;三是自主创新能力强,高新技术企业多,重要技术和产业领域形成明显国际竞争优势;四是创新产出多,拥有的发明专利数量居全国前列。结合创新型国家相关概念,创新型省份可以概括为,把科技创新作为地区发展战略的核心,具备较完善的区域创新体系,具有较强的自主创新能力,科技创新成为经济社会发展的主要驱动力,并在若干领域形成强大国际竞争优势的省份。

2006年,党中央、国务院作出建设创新型国家的重大决策后,许多省区市纷纷召开地方科技创新大会,浙江、广东、山东、北京、上海等省市相继提出了建设创新型省份或创新型城市的目标,对创新型省区市的内涵和建设内容进行了描述,做出了具体部署,提出了相应的建设时间表。浙江到2015年基本建成创新型省份,2020年基本建成科技强省。广东到2015年率先建成创新型省份。山东到2020年建成创新型省份,目标为自主创新能力显著增强,科技促进经济社会发展的能力显著增强,科技综合竞争力显著增强,提前进入创新型省份行列。北京到2010年初步建成创新型城市,到2020年,创新体系更加完善,自主创新能力显著增强,成为推动创新型国家建设的重要力量,进入世界创新型城市的先进行列。上海提出立足"四个中心"和上海现代化国际大都市建设实践,探索走中国特色、上海特点的自主创新道路,打造创新型城市。

7.2
创新型省份评价指标体系构建

7.2.1 国际创新能力指标体系研究

7.2.1.1 国际主流创新能力指标体系

目前,国际上有很多测度国家和地区的创新能力的评价指标体系,具有代表性的是瑞士洛桑国际管理发展学院（IMD）的世界竞争力报告（WCI）、世界经济论坛（WEF）的全球竞争力报告（GCI）、OECD的科学技术和工业记分牌（STI）以及欧盟的创新记分牌（EIS）、麻省创新型经济指数。

（1）世界竞争力报告（WCI）。

洛桑国际管理学院（IMD）自1989年开始每年发布《世界竞争力年度报告》。该学院认为，竞争力指的是各经济体对其资源和优势进行整体管理从而不断改善其人民生活和生存状况的能力，因此竞争力排名不但要考虑经济增长或经济表现，还要考虑环境、人民生活质量、技术、知识等各种"软因素"（见表7-1）。

表7-1　　　　　　　　世界竞争力报告指标体系

经济表现	国内经济	国际贸易	国际投资	就业	物价
政府效能	公共财政	财政政策	体制结构	企业法规	社会结构
企业效率	生产率	劳动力市场	金融	管理绩效	价值观
基础设施	基本基础设施	技术基础设施	科学基础设施	健康与环境	教育

（2）全球竞争力指数（GCI）。

世界经济论坛（WEF）从2004年开始发布全球竞争力指数，试图通过这一指数反映国家竞争力的宏观与微观基础及其静态与动态结果，全面反映一个经济体当前的竞争力水平和潜在的经济增长能力（见表7-2和表7-3）。

表7-2　　　　　　　　全球竞争力指标体系

第一类	基本要素 Basic requirements	
	支柱1	制度 Institutions
	支柱2	基础设施 Infrastructure
	支柱3	宏观经济稳定性 Macroeconomic stability
	支柱4	卫生和基础教育 Health and primary education
第二类	效率增强因素 Efficiency enhancers	
	支柱5	高等教育与培训 Higher education and training
	支柱6	商品市场效率 Goods market efficiency
	支柱7	劳动力市场效率 Labor market efficiency
	支柱8	金融市场成熟度 Financial market sophistication

续表

第二类	效率增强因素 Efficiency enhancers
	支柱9 技术准备度 Technological readiness
	支柱10 市场规模 Market size
第三类	创新与成熟度因素 Innovation and sophistication factors
	支柱11 商业成熟度 Business sophistication
	支柱12 创新 Innovation

表7-3 不同发展阶段的要素权重

权重	基本要素	效率增强因素	创新与成熟度因素
要素驱动阶段	60	35	5
效率驱动阶段	40	50	10
创新驱动阶段	20	50	30

(3) 创新联盟记分牌（IUS）。

2011年2月2日，欧盟委员会公布了创新联盟记分牌（Innovation Union Scoreboard，IUS），之后每年都会更新指标体系。该指标源于欧盟依照里斯本战略（Lisbon Strategy）所发展出的综合性创新评价指标体系——欧洲创新记分牌（European Innovation Scoreboard，EIS），用以衡量及比较欧洲各国的创新表现，并且更加强调中小企业的创新（见表7-4）。

表7-4 创新联盟记分牌

		数据来源
动力		
	人力资源	
1.1.1	25~34岁人口中，应届博士毕业生（第三级教育第二阶段）比例（‰）	Eurostat
1.1.2	30~34岁人口中，完成高等教育的比例（%）	Eurostat
1.1.3	20~24岁人口中，完成高中以上（含高中）教育的比例（%）	Eurostat
	研究体系的开发性、优越性和吸引力	
1.2.1	每百万人口中国际合作发表科学论文	Science Metrix/Eurostat

续表

		数据来源
1.2.2	全球被引前10%的科学论文占本国科学论文比例	Science Metrix（Scopus）
1.2.3	所有攻读博士学位学生中非欧盟学生的比例	Eurostat
	资助和支持	
1.3.1	公共研发支出占GDP比例（%）	Eurostat
1.3.2	风险投资占GDP比例（%）	Eurostat
	公司活力	
	公司投资	
2.1.1	商业研发支出占GDP比重（%）	Eurostat
2.1.2	非研发性创新支出占营业额比重（%）	Eurostat（CIS）
	联系和企业家精神	
2.2.1	开展内部创新的中小企业比例（%）	Eurostat（CIS）
2.2.2	参与合作创新的中小企业比例（%）	Eurostat（CIS）
2.2.3	每百万人口公私合作发表论文	CWTS/ Eurostat
	知识产权	
2.3.1	每10亿GDP创造PCT专利申请数	OECD/ Eurostat
2.3.2	每10亿GDP在社会变化方面的PCT专利申请数（与环境相关的技术、健康）	OECD/ Eurostat
2.3.3	每10亿GDP欧盟商标数量	OHIM/ Eurostat
2.3.4	每10亿GDP欧盟设计数量	OHIM/ Eurostat
	产出	
	创新者	
3.1.1	在产品或流程方面创新的中小企业比例（%）	Eurostat（CIS）
3.1.2	在市场或组织方面创新的中小企业比例（%）	Eurostat（CIS）
3.1.3	快速成长型企业创新部门的从业人员数	Eurostot/Eurostat
	经济效应	
3.2.1	知识密集型制造业和服务业从业人员比例（%）	Eurostat
3.2.2	中高技术产品出口对贸易平衡做出的贡献	UN
3.2.3	知识密集型服务出口在总服务出口的比例（%）	Eurostat
3.2.4	市场新产品以及企业创新产品销售额占营业额的比重（%）	Eurostat（CIS）

(4) 麻省创新型经济指数。

美国的马萨诸塞州（简称麻省）创新型经济指数，是根据麻省的具体情况编制的。通过进行连续10多年的评价，并与其他先进地区进行比较，提出有针对性的政策建议（见表7-5）。

表7-5 麻省创新型经济指标体系

经济影响指标	产业集群的就业和工资、上市公司的销售额、职业与工资中等家庭的收入、制造业出口
创新过程指标	新建公司和企业孵化器的数量、首次公开发行（IPOs）和并购（M&As）的企业数、拥有进入科技快速发展的500家企业和发展迅速的500家公司的数量、小企业创新研究奖励、受限制的医疗器械和生物技术药品的批准、上市公司的R&D支出、技术许可和版税
创新潜力指标	投资资本、联邦学术和健康的R&D支出、已选定大学专业的高中毕业生的比率和高中辍学率、公立中等和高等教育的支出和业绩、教育程度及工程学位授予程度、人口增长率和迁徙、单亲家庭的中位价格、住房拥有率，以及住房建筑开工

7.2.1.2 国际创新能力指标体系比较分析

各机构在指标体系构建上存在较大差异，但也存在一些共同点，下面对各指标体系进行简要对比分析，如表7-6所示。

表7-6 国际创新评价指标体系的比较分析

测评体系	指标涉及范围	强调主体
世界竞争力报告（WCI）	经济绩效、政府效率、企业效率、基础设施	创新管理和创新经济绩效
全球竞争力报告（GCI）	创新公共政策、创新集群的环境、公司创新取向、科学与工程师的数量、专利授权数、高等教育入学率	创新集群环境和创新精神
科学技术和工业记分牌（STI）	企业、政府研发支出、科技人力资源、专利、信息通信技术、知识流量、知识效应等方面	强调创新投入、产出和创新基础设施（强调信息通信技术）、创新效应（知识效应）
创新联盟记分牌（IUS）	公共和私人部门的研发支出、教育水平、国际专利申请	更加强调中小企业的创新
麻省创新型经济指数	成果、经济活力、创意生成、企业家精神、商业创新、人力资源、科技资源、投入资源	创新过程（研究、技术研发和企业研发的内在转化关系）

通过对国际主流的创新评价指标体系的梳理，得出了以下结论：（1）在国外创新能力指标体系中，经济指标占据重要比重，如《世界竞争力报告》中的经济绩效指标、《麻省创新型经济指数》中的经济活力指标、《科学技术和工业记分牌》和《创新记分牌》中强调创新投入和产出。（2）在国外创新能力指标体系中，对知识创新以及专利非常重视，如《全球竞争力报告》中涉及的重要指标分别是科学与工程师的数量、专利授权数、高等教育入学率，《科学技术和工业记分牌》强调了知识流量和知识效应等指标，《创新记分牌》中则强调了知识创造 & 创新，《麻省创新型经济指数》更加看重创新的过程，如研究、技术研发和企业研发的内在转化关系。（3）在国外创新能力指标体系中，更加突出人力资源的重要性，如《全球竞争力报告》中涉及的指标有科学与工程师的数量、高等教育入学率，《科学技术和工业记分牌》中的科技人力资源，《创新联盟记分牌》中的人员教育水平，以及《麻省创新型经济指数》中的人力资源都表明，人力资源已经成为各国非常看重的重要指标。（4）在国外创新能力指标体系中，政府对创新的干预也占有重要地位，如《世界竞争力报告》中政府的效率、《全球竞争力报告》中政府的创新公共政策、《科学技术和工业记分牌》中政府的研发支出等。（5）在国外创新能力指标体系中，企业创新的主体性日益凸显，如《创新联盟记分牌》注重中小企业创新，而《麻省创新型经济指数》则更加强调企业家精神，直接将拥有进入科技快速发展的500家企业和发展迅速的500家公司的数量作为重要指标。（6）在国外创新能力指标体系中，涉及创新的金融指标占据了一席之地。《全球竞争力报告》直接将金融市场成熟度列为重要的二级指标，《创新联盟记分牌》更是将风险投资占GDP比例作为度量企业创新行为的重要指标。

7.2.2 我国创新能力指标体系研究

（1）中国区域创新能力评价指标体系。

1999年，中国科技发展战略研究小组开始发表《中国区域创新能力报告》，该报告为我国各省区市衡量自身创新能力提供了平台，评价指标体系主要包括知识创造、知识流动、企业技术创新能力、技术创新环境和技术创新的经济绩效5大方面（见表7-7）。

表 7-7　　中国区域创新能力评价指标体系

知识创造	研究开发投入
	专利
	科研论文
知识获取	科技合作
	技术转移
	外资企业投资
企业技术创新能力	企业研发投入
	设计能力
	制造和生产能力
	新产品销售收入
技术创新环境与管理	创新基础设施
	市场环境
	劳动者素质
	金融环境
	创业水平
创新的经济效益	宏观经济
	产业结构
	产业国际竞争力
	就业
	可持续发展与环保

（2）创新型国家评价指标体系。

科技部计划司在编制创新型国家评价指标体系时，将指标体系结构框架定为二级层次结构，由 4 个一级指标和 20 个二级指标组成，每个一级指标对应 5 个二级指标。为了突出创新所带来的竞争能力并兼顾大国小国的平衡，综合反映一个国家的创新能力优势。采用的 20 个基本指标中，总量指标有 4 个，相对指标有 16 个（见表 7-8）。

表 7-8 创新型国家评价指标体系

创新资源	R&D 经费占 GDP 的比例
	每万人口中 R&D 人员数量
	高等教育毛入学率
	企业研发经费占 R&D 经费总额的比例
	R&D 经费总额
知识创造	学术部门每百万研发经费的科学论文引证数（SCI）
	每万 R&D 人员的科技论文总数（三系统）
	每万企业研究人员拥有三方（美国、欧洲、日本）专利申请数
	每百万 GDP 发明专利申请数
	发明专利授权数
知识应用	ICT 费用占 GDP 的比例
	每万人互联网用户数
	高技术产业增加值占 GDP 的比重
	知识服务业增加值占 GDP 的比重
	高技术产业增加值
创新产出	综合技术自主率
	总体生产率水平（人均 GDP）
	高技术产品出口占工业制成品出口的比重
	单位能源消耗的 GDP 产出
	高技术产品出口额

总体看来，国外的指标测度大多使用均量指标，兼顾总量指标，但是成长性指标利用不足，同时过度地重视创新资源或创新环境，也导致指标内部的结构失衡。国内指标体系相对注重硬性指标，注重相对量指标。

7.2.3 江苏创新型省份建设指标体系

从 2007 年开始，江苏每年编制创新型省份建设年度报告，该报告建立了科技投入、创新环境、知识产出、创新能力、创新绩效 5 大类 25 个指标的创新型省份指标体系（见表 7-9）。

表7-9　　　　江苏省创新型省份建设年度报告指标体系

一级指标	二级指标	三级指标
科技投入	资金投入	R&D经费占GDP的比例（%）
		企业研发经费占R&D经费总额的比重（%）
		创业投资规模占GDP比例（%）
创新环境	教育环境	教育经费占GDP的比例（%）
		高等教育毛入学率（%）
		高等学校数（所）
	信息环境	互联网用户占比（%）
		百户家庭电脑拥有量（台）
		人均计费邮电业务总量（元）
	政策环境	高新技术企业税收减免额（亿元）
知识产出	知识产出	每亿元GDP专利授权数（件）
		每亿元GDP发明专利申请数（件）
创新能力	劳动者素质	每万人口中R&D人员数量（人）
		万名从业人员中科学家和工程师数（人）
		企业R&D人员比重（%）
	创新载体与平台	省级以上高新区数（家）
		国家级高新特色产业基地数（家）
		国家级大学科技园数（家）
		国家级重大研发机构数（家）
		高技术研究重点实验室数（家）
创新绩效	结构优化	高新技术产业产值占工业总产值的比重（%）
		高新技术产品出口占出口的比重（%）
		万元GDP能耗（吨标准煤/万元）
	显性能力	科技进步贡献率（%）
		对外技术依存度（%）

7.2.4 创新型省份监测与评价指标体系构建

7.2.4.1 指标体系构建思路

一是明确发展目标。服从我国建设创新型国家的总体目标,从量化的角度来描绘创新型省份。在指标选取上同时还要考虑各地创新型省份建设所提出的重点指标。

二是明确衡量标准。创新型省份和创新型国家一样,它的衡量标准是指各指标应该达到的临界值。本书以人均GDP处于世界21至45位的中等发达国家和地区为主要参照系,以其当时主要发展指标的平均水平作为2020年创新型省份应达到的临界值。

三是明确监测方法。采取综合指数法对创新型省份建设进程进行监测和评价,综合指数计算方法可通过以下方法实现:将各大类指标下各监测指标的标准化值与相应的权数相乘,然后加总得到各大类指标的综合值,反映各大类的达标状况;将各大类指标综合值与其相应的权数相乘,然后加总,得到创新型省份进程的综合度量指数。

7.2.4.2 指标体系构建原则

如何判定特定省份创新型省份建设的进程,需要建立一套基于技术创新理论、区域创新系统理论和国家竞争力理论,符合时代需要的创新能力指标体系。根据国内外相关指标体系构建的实践经验,应体现以下原则:①适应性原则。指标的选择应该能充分展示区域优势和相对劣势,从而达到巩固优势,挖掘潜力的目的;②数据易获取原则。应充分考虑到选取数据的可获得性,从而发挥与标杆地区的易比较性;③简洁性原则。应充分选取富有代表性的指标,最大限度地降低指标间的关联度。

7.2.4.3 创新型省份监测与评价指标体系

(1) 指标体系框架。

根据上述指标体系的研究,结合国际主流的创新指标的分类方式,本书确立了创新型省份评价指标体系框架,一级指标划分为4大方面,包括创新资源、企业创新、创新产出和创新环境,每个一级指标下包含4个二级指标,形成4个一级指标和16个二级指标构成的创新型省份监测与评价指标体系(见

表7-10）。

表7-10　　　　　创新型省份监测指标体系

一级指标	二级指标
创新资源	R&D经费支出与GDP比值（%）
	每万名劳动力中研发人员数（人/万人）
	人均GDP（万元/人）
	每千人国际互联网上网户数（户/千人）
企业创新	大中型工业企业建有研发机构比例（%）
	大中型工业企业R&D经费支出占主营业务收入比重（%）
	大中型工业企业新产品产值占工业产值比重（%）
	高新技术企业数占规上工业比重（%）
创新产出	万人发明专利拥有量（件/万人）
	科技进步贡献率（%）
	高新技术产业产值占规上工业产值比重（%）
	单位GDP能耗（吨标准煤/万元）
创新创业环境	财政科技经费增长幅度（%）
	财政教育经费支出占GDP比重（%）
	风险投资管理资金总额与GDP比值（%）
	科技税收减免额与企业研发投入比值（%）

（2）指标说明。

①R&D经费投入占GDP比例。

R&D经费支出占GDP的比重是指用于研究与试验发展（R&D）活动的经费占地区生产总值（GDP）的比重。研究与试验发展（R&D）活动指在科学技术领域，为增加知识总量以及运用这些知识去创造新的应用而进行的系统的创造性的活动，包括基础研究、应用研究、试验发展三类活动。R&D活动是创新活动中最为核心的组成部分，R&D经费是重要的创新资源。

②每万名劳动力中研发人员数。

每万劳动力中研发人员数，指每万劳动力中从事科学研究与试验发展人员全时当量数。该指标反映人才资源发展水平，实施创新驱动战略，核心是创新，根本靠人才，一支结构合理、规模宏大的人才队伍是提升创新水平的重要创新资源。

③人均 GDP。

人均国内生产总值即人均 GDP，常作为发展经济学中衡量经济发展状况的指标，是重要的宏观经济指标之一，它是人们了解和把握一个国家或地区的宏观经济运行状况的有效工具。将一个国家核算期内（通常是一年）实现的国内生产总值与这个国家的常住人口（或户籍人口）相比进行计算，得到人均国内生产总值。该指标是衡量各国人民生活水平的一个标准，反映创新活动得以开展的重要物质基础状况。

④每千人国际互联网上用户数。

即按人口平均的互联网上网人数，是反映一个国家或地区信息化建设情况的重要指标。在当代，以信息技术推广应用为重要特征的信息化建设，既是科技创新成果应用的体现，又是创新活动得以开展的必要条件。

⑤大中型工业企业建有研发机构比例。

企业是技术创新的主体，企业研发机构是其创新活动的主要载体。大中型工业企业建有研发机构的比例可以反映一个地区企业群体的创新活跃程度。

⑥大中型工业企业 R&D 经费支出占主营业务收入比重。

企业研究与发展（R&D）经费支出占主营业务收入比重是衡量企业创新能力和创新投入水平的重要指标。该指标是评价企业整体创新水平的常用指标。

⑦大中型工业企业新产品产值占工业产值比重。

新产品销售产值占工业产值比重可以反映工业企业采用新技术原理、新设计构思研制、生产的全新产品，或在结构、材质、工艺等某一方面比原有产品有明显改进，从而显著提高了产品性能或扩大了使用功能的产品对工业产值的影响作用。该指标是衡量企业创新产出的重要指标之一。

⑧高新技术企业数占规上工业企业比重。

在我国，高新技术企业一般是指在国家颁布的《国家重点支持的高新技术领域》范围内，持续进行研究开发与技术成果转化，形成企业核心自主知识产权，并以此为基础开展经营活动的居民企业，是知识密集、技术密集的经济实体。高新技术企业是根据专门的行政规章加以认定和管理。高新技术企业数占规上工业企业比重是反映高新技术产业发展水平和工业企业整体创新水平的指标。

⑨万人发明专利拥有量。

专利的数量是反映一国或地区创新产出水平的重要指标，发明专利的数量又是其中极为重要的指标。测度发明专利水平的指标可分为万人发明专利授权数和万人发明专利拥有量。前者反映的是一定时期（通常为一年）发明专利产出水平；后者反映的是在某一时点上发明专利的存量水平。

⑩科技进步贡献率。

科技进步贡献率指广义技术进步对经济增长的贡献份额，即扣除了资本和劳动之外的其他因素对经济增长的贡献。这些因素不仅包括科学知识、技术发展或工艺改进，还包括劳动者素质提高和管理创新等。该指标是衡量科技竞争实力和科技成果转化为现实生产力的综合性指标，反映了科技支撑经济社会发展的整体效益。

⑪高新技术产业产值占规上工业产值比重。

创新活动必然导致产业结构的优化。高新技术产业产值占规上工业产值比重就是反映产业结构优化程度的指标之一。高新技术产业与国家的高技术产业统计口径并不一致，是我国部分省区市根据产业发展特征，在国家高技术产业统计目录基础上将区域内发展态势较好的新材料、新能源、新装备等引领未来产业发展趋势的新技术产业和新兴产业纳入统计范围，形成各省区市高新技术产业统计。

⑫单位GDP能耗。

提高能源效率必须依靠创新，同时也反映了创新的方向和效果。目前大部分指标评价体系所采用的相对应指标是综合能耗产出率，与单位GDP能耗内涵相同，在计算方法上只是分子分母对调，是倒数的关系。

⑬财政科技经费增长幅度。

即政府科技投入增利率，是反映政府创新投入力度的重要指标。保持较高的财政科技经费增长幅度，是贯穿《科技法》关于政府科技投入增长高于经常性财政收入增长的必然要求，同时对激发全社会创新活力、优化创新环境具有极大的导向作用。

⑭财政教育经费支出占GDP比重。

中国财政性教育经费又称公共教育经费，包括国家财政预算内教育经费，各级政府用于教育的税、费，企业办学经费，校办产业、勤工俭学和社会服务收入用于教育的经费。国家财政性教育经费是一国教育发展的重要保证，公共教育投入规模与速度可以反映国家对教育的重视程度。

⑮风险投资管理资金总额与GDP比值。

风险投资是创新的催化剂，是新兴高新技术产业发生发展的助力器。当代科技发展表明，发达的风险投资体系对一个国家或地区科技创新能力提高以及科技成果转化有着积极的推动作用。风险投资管理资金总额与 GDP 比值可以反映风险投资对创新的支持力度。

⑯科技税收减免额与企业研发投入比值。

科技税收减免是国家为鼓励企业科技创新以法定的优惠政策,包括两项:一项是高新技术企业减免所得税:企业经认定为高新技术企业,可以减为按 15% 的税率征收企业所得税;另一项是技术开发费加计扣除,即企业为开发新技术、新产品、新工艺发生的研究开发费用,未形成无形资产计入当期损益的,在按照规定据实扣除的基础上,按照研究开发费用的 50% 加计扣除;形成无形资产的,按照无形资产成本的 150% 摊销。

7.3 创新型省份进程监测与评价研究

7.3.1 创新型省份监测与评价步骤

(1) 指标标准值设定。

基于上述创新型省份监测与评价指标体系,结合江苏创新型省份建设目标等相关数据,设定指标体系中指标标准值,并通过实际数据进行实证研究。

①R&D 经费支出与 GDP 比值。

该指标是国际上通用的反映科技财力投入强度指标,并且是反映科技经济协调发展,衡量经济增长质量和发展方式的重要指标。发达国家 R&D 投入强度一般都超过 2.5%,全国科技进步统计监测标准、创新型国家进程监测标准值设定为 2.5%,本书也将这一指标的评价标准值确定为 2.5%。

②每万名劳动力中研发人员数。

江苏基本实现现代化指标体系中将此指标的 2020 年目标值设定为 100 人年/万人,综合国家创新指数、全国科技进步统计监测、创新型国家进程监测等所采用的相关指标标准,并参考发达国家的情况,本书确定该指标标准值为 80 人年/万人。

③人均 GDP。

国家创新指数、全国科技进步统计监测、中国区域创新能力报告、创新型国家进程监测等采用了相关指标,其中全国科技进步监测是以生产总值与就业人员相比另赋名为劳动生产率，标准值设定为 8 万元（人民币）/人。参考世界银行的相关研究报告，以及韩国在步入创新驱动阶段时的人均 GDP，本书确定该指标评价标准值为 8.5 万元（人民币）。

④每千人国际互联网上用户数。

江苏基本实现现代化指标体系确定该指标目标值为 1000 户/千人，参照其他相关指标体系，评价标准值确定为 700 户/千人。

⑤大中型工业企业建有研发机构比例。

中国区域创新能力报告、国家创新调查制度系列报告之中国区域创新监测数据 2013 年等将该指标纳入指标体系，结合中国国情和江苏省情，确定评价标准为 70%。

⑥大中型工业企业 R&D 经费支出占主营业务收入比重。

发达国家企业 R&D 经费支出占主营业务收入比重一般在 2.5%~4%，有些企业也高达 10% 以上。考虑我国的现状，本书确定该指标评价标准值为 2.5%。

⑦大中型工业企业新产品产值占工业产值比重。

全国科技进步监测、国家创新调查制度之区域创新能力监测指标体系等采用了相关指标，但因统计口径的不同，是以新产品销售收入占主营业务收入比重来衡量新产品的产出贡献。经综合研判，确定评价标准为 20%。

⑧高新技术企业数占规上工业企业比重。

参照中国区域创新能力报告、国家创新调查制度之区域创新能力监测指标体系等，结合江苏的发展情况，确定评价标准为 15%。

⑨万人发明专利拥有量。

我国 2013 年出台的《深入实施国家知识产权战略行动计划（2014~2020 年）》要求"万人发明专利拥有量"从 2013 年的 4 件提高到 2020 年的 14 件，基本达到发达国家的水平。本书确定评价标准为 14 件/万人。

⑩科技进步贡献率。

《国家中长期科学技术发展规划纲要（2006~2020 年）》提出到 2020 年建成创新型国家，其中科技进步贡献率达到 60% 以上。本书确定评价标准为 60%。

⑪高新技术产业产值占规上工业产值比重。

江苏基本实现现代化指标体系确定该指标 2020 年目标值为 45% 以上，参照全国科技进步监测、2013 年中国创新城市评价报告等用以测评的相关指标，确定评价标准为 35%。

⑫单位 GDP 能耗。

考察发达国家普遍达到 6 美元/千克标准煤的能耗水平，换算为人民币计价的单位 GDP 能耗约为 0.24。全国科技进步监测等评价体系也都采用这一标准。本书确定评价标准为 0.24 吨标准煤/万元。

⑬财政科技经费增长幅度。

中国区域创新能力报告采用了该指标，通过考察历年数据，结合国情省情，确定评价标准为 40%。

⑭财政教育经费支出占 GDP 比重。

国家财政性教育经费支出占国内生产总值 4% 的指标是世界衡量教育水平的基础线。《中国教育改革和发展纲要》提出，国家财政性教育经费支出占 GDP 比例要达到 4%。但由于我国 GDP 增长迅速、财政收入占 GDP 较低等多种原因，这一目标直到 2012 年才首次达到。结合国情省情，确定评价标准为 4%。

⑮风险投资管理资金总额与 GDP 比值。

参照欧盟创新联盟记分牌（IUS）、美国科学与工程指标等，经相关测算，确定评价标准为 2.5%。

⑯科技税收减免额与企业研发投入比值。

参照国家创新调查制度之区域创新能力监测指标体系，结合江苏省情，确定评价标准为 15%。

创新型省份监测与评价指标体系如表 7-11 所示。

表 7-11　　　　　　创新型省份监测与评价指标体系

一级指标	二级指标	标准
创新资源	R&D 经费支出与 GDP 比值（%）	2.5
	每万名劳动力中研发人员数（人/万人）	80
	人均 GDP（万元/人）	8.5
	每千人国际互联网上网户数（户/千人）	700
企业创新	大中型工业企业建有研发机构比例（%）	70
	大中型工业企业 R&D 经费支出占主营业务收入比重（%）	2.5
	大中型工业企业新产品产值占工业产值比重（%）	20
	高新技术企业数占规上工业比重（%）	15

续表

一级指标	二级指标	标准
创新产出	万人发明专利拥有量（件/万人）	14
	科技进步贡献率（%）	60
	高新技术产业产值占规上工业产值比重（%）	35
	单位 GDP 能耗（吨标准煤/万元）	0.24
创新环境	财政科技经费增长幅度（%）	40
	财政教育经费支出占 GDP 比重（%）	4
	风险投资管理资金总额与 GDP 比值（%）	2.5
	科技税收减免额与企业研发投入比值（%）	15

（2）评价方法。

创新型省份监测和评价具体采用综合评价方法。综合评价方法是统计学应用中常用的一类研究方法，特别是对于复杂现实问题的系统把握，对于涉及经济、社会多领域发展问题的阐释具有较强的实用性和科学性，综合评价方法在一定程度上能够消解统计数据存在的质量问题。基于创新型省份监测和评价指标体系，应用综合评价方法对二级指标加以无量纲化处理得出评价值，经过合成后计算出相应的4个一级指标评价值（一级指数），再将这4个一级指数合成为总指数。各级评价值指数的计算方法如下：

①将各二级指数指标除以相应的评价标准，得到二级指标评价值指数，计算公式为：

$$z_{ij} = \frac{y_{ij}}{y_{\cdot j}} \times 100\% \qquad (7-1)$$

其中，y_{ij} 指代第 i 个一级指标下的第 j 个二级指标，$y_{\cdot j}$ 指代相对应第 j 个二级指标的标准值，z_{ij} 的最大上限值为 100。

②一级指标评价值指数由二级指标评价值指数加权综合而成，即：

$$z_{i\cdot} = \sum_{i=1}^{n_i} w_{ij} z_{ij} \qquad (7-2)$$

其中，w_{ij} 为各二级指标评价值相对应的权数，n_i 指代相对应一级指标下包括的二级指标个数。

③总评价值指数由一级评价值指数加权综合而成，即：

$$z = \sum_{i=1}^{n} w_i z_i \qquad (7-3)$$

其中，w_i 指代各一级指标所对应的权数，n 指代一级指标的个数，本书中，n=4。

（3）数据来源。

所用数据来源于国家统计局及相关部委公开发布的统计年鉴、统计公告，各地统计局公开发布的统计年鉴和统计公告。

7.3.2 江苏创新型省份建设评价

2006年，江苏发布了《关于增强自主创新能力、建设创新型省份的决定》，明确力争经过10年左右的努力，到2015年在全国率先建成创新型省份，使江苏成为创新体系富有特色、创新主体充满活力、创新机制健全高效、创新人才高度聚集、创新文化鲜明活跃、创新环境愈益完善的地区。2006年是江苏建设创新型省份的一个重要时间节点，因此选择2005年、2011年两年的数据来比较与评价创新型省份建设进程。

（1）江苏创新型省份建设进程评价。

经测算，2005年江苏创新型省份进程总指数为46.86，2011年总指数为74.57，年均增长率为6.85%。各级评价指标如表7-12所示。

表7-12　2005年、2011年江苏创新型省份进程各级评价指标比较

指标名称	评价值	
	2005年	2011年
创新资源	37.12	77.11
R&D经费支出与GDP比值	1.48	2.2
每万名劳动力中研发人员数	22.00	70
人均GDP	2.46	6.2
每千人国际互联网上用人数	230	420
企业创新	49.62	73.15
大中型工业企业建有研发机构比例	26.20	66
大中型工业企业R&D经费支出占主营业务收入比重	0.85	1.19
大中型工业企业新产品产值占工业产值比重	14.16	18.3
高新技术企业数占规上工业比重	8.44	8.88
创新产出	43.80	64.79
万人发明专利拥有量	0.58	3.8
科技进步贡献率	45.44	55.2

续表

指标名称	评价值	
	2005 年	2011 年
高新技术产业产值占规上工业产值比重	24.23	35.4
单位 GDP 能耗	0.92	0.6
创新环境	56.90	83.25
财政科技经费增长幅度	33.20	40
财政教育经费支出占 GDP 比重	1.39	2.2
风险投资管理资金总额与 GDP 比值	0.59	1.95
科技税收减免额与企业研发投入比值	12.94	15.85

(2) 各级指标评价。

主要比较创新资源、企业创新、创新产出、创新环境 4 个一级指标和 R&D 经费支出与 GDP 比值等 16 个二级指标。

2011 年江苏创新型省份建设的进展程度相比目标实现，与 2005 年比较有显著提升。其中，创新资源指数为 77.11，企业创新指数为 73.15，创新产出指数为 64.79，创新环境指数为 83.25，而 2005 年这四项指数分别只有 37.12、49.62、43.80、56.90，显示出当年的企业创新、创新产出、创新环境发展进程刚刚过半，而主要由人才和资金投入来反映的创新资源指数不到 50，是当时制约创新水平的短板。对指数的考察可以看出，到 2011 年创新资源建设已迎头赶上，与其他三个方面的创新进展并进，这与人们所熟知的江苏创新型省份建设现状相一致。"十一五"以来，江苏利用经济、社会快速发展的有利形势，持续大力度地加大包括人、财等方面的创新投入，有力推动了全省创新水平不断提升，这从二级指标评价能看出更加具体的变化。具体一级指标的变化参见图 7-1。

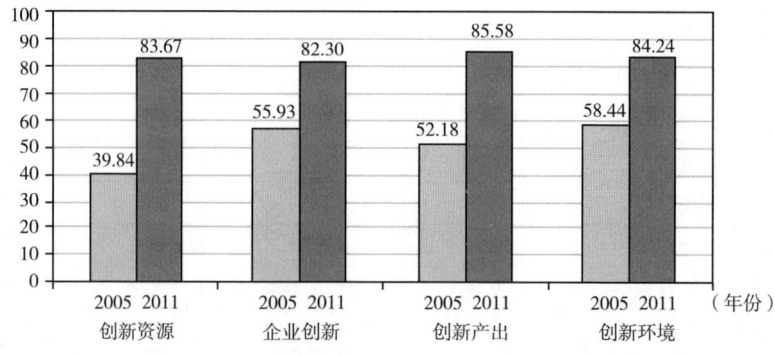

图 7-1 江苏创新型省份进程一级评价指标

①R&D 经费支出与 GDP 比值。

从 R&D 经费支出占 GDP 的比重来看，江苏从 2005 年的 1.48 增加到 2011 年的 2.2，六年期间平均发展速度为 106.83%，平均增长速度为 6.83%，反映创新投入强度持续加大，在全省地区生产总值更快增长的有利条件下，不断夯实了创新资源储备。

②每万名劳动力中研发人员数。

从每万名劳动力中研发人员数看，江苏从 2005 年的 22 人年/万人增长到 2011 年的 70 人年/万人，平均发展速度为 121.28%，平均增长速度为 21.28%，是创新资源下 4 个二级指标中增速最快的一项，反映出江苏"十一五"以来人才引进与培育的卓越成效，江苏已成为汇集省内外创新人才的高地。

③人均 GDP。

从指标变化看，2005 年江苏人均 GDP 为 2.46 万元，2011 年则达到 6.2 万元，六年的发展速度为 252.03%，年平均发展速度为 116.66%，年平均增长速度为 16.66%，2011 年目标实现程度达 72.94%。显现出江苏经济发展的巨大成就。

④每千人国际互联网上用户数。

分析指标变化看出，江苏每千人的互联网上网人数从 2005 年的 230 户增加到 2011 年的 420 户，发展速度为 182.61%，年平均发展速度达 110.56%，目标实现程度由 32.86% 增加到 60%。

⑤大中型工业企业建有研发机构比例。

分析指标变化可以看出，江苏的大中型工业企业建有研发机构比例 2011 年已达 66%，基本实现 70% 的目标值，企业中研发机构的广覆盖有力提升了江苏企业科技创新水平。

⑥大中型工业企业 R&D 经费支出占主营业务收入比重。

该指标值 2005 年为 0.85%，2011 年增长到 1.19%，发展速度为 140%，年均增长速度为 5.77%，距离目标的实现程度达 47.6%。

⑦大中型工业企业新产品产值占工业产值比重。

考察该指标，新产品产值占工业产值比重由 2005 年的 14.6% 增加到 2011 年的 18.3%，发展速度为 129.24%，年平均发展速度达 4.37%，目标实现程度由 70.8% 增加到 91.5%。

⑧高新技术企业数占规上工业企业比重。

分析指标变化可以看出，该指标由 2005 年的 8.44% 增加到 2011 年的

8.88%，目标实现程度2011年达到59.2%。高新技术企业数占比"十一五"以来并没有明显增长，主要是由于规上企业数量也有显著增长，高新技术企业的整体规模实际上是大大增长了。

⑨万人发明专利拥有量。

该指标发展速度非常快，由2005年的0.58件增加到2011年的3.8件，发展速度为655.17%，年平均发展速度达36.79%，目标实现程度由不到10%增长到27.14%。

⑩科技进步贡献率。

分析指标变化可以看出，该指标由2005年的45.44%增加到2011年的55.2%，发展速度为121.48%，年平均发展速度为3.3%，目标实现程度由75.73%增加到92%，基本达标。

⑪高新技术产业产值占规上工业产值比重。

分析指标变化可以看出，该指标由2005年的24.23%增加到2011年的35.4%，发展速度为146.1%，年平均发展速度达6.32%，目标实现程度由69.23%增加到100%，已经达标。

⑫单位GDP能耗。

分析指标变化可以看出，该指标由2005年的0.92减少到2011年的0.6，下降速度为65.22%，年平均降低速度达7.38%，目标实现程度由26.09%增加到40%，是全部二级指标中唯一达标程度没有过半的指标，也显示出节能降耗还将经历一个较长的时期。

⑬财政科技经费增长幅度。

分析指标变化可以看出，该指标由2005年的33.2%增加到2011年的40%，发展速度为120.48%，年平均发展速度达3.15%，目标实现程度由83%增加到100%，已经达标。

⑭财政教育经费支出占GDP比重。

分析指标变化可以看出，该指标由2005年的1.39%增加到2011年的2.2%，发展速度为158.27%，年平均发展速度达7.95%，目标实现程度由34.75%增加到55%，刚刚过半。

⑮风险投资管理资金总额与GDP比值。

分析指标变化可以看出，该指标由2005年的0.59%增加到2011年的1.95%，发展速度为330.51%，年平均发展速度达22.05%，目标实现程度由23.6%增加到78%，是创新环境二级指标中发展最快的指标。

⑯科技税收减免额与企业研发投入比值。

分析指标变化可以看出,该指标由 2005 年 12.94% 的增加到 2011 年的 15.85%,发展速度为 122.49%,年平均发展速度达 2.49%,目标实现程度由 86.27% 增加到 100%,已经达标。

7.3.3 各省区市创新型省区市建设基本状况评价

在上述研究基础上,选取几个重点指标对全国范围各省区市进行监测评价与分析,并选取若干重点省份详细分析。由于无法获取指标体系中较全面的指标数据,对各省区市的研究主要以监测为主,通过重点指标的分析来研究创新型省建设进程,为推进创新型省份、创新型国家建设提供借鉴,也以此为完善监测评价体系。

(1) 评价监测指标的选取。

依据所建立的评价指标体系,对江苏的创新型省份建设进程进行实证研究,绝大部分创新指标数值的显著增加印证了江苏创新实力的突进,与中国区域创新能力报告、全国科技进步统计监测等国家级权威性的研判相对照,其基本结论是相一致,也与人们对江苏创新能力发展的实际感受大致相同,证明指标体系具有科学性。但以江苏实证研究作为出发点延伸至对全国范围的创新型省份研究,进而研判创新型国家进程时,首先绕不开的就是数据的获取,由于统计数据来源的局限,无法面向所有评价对象获取评价指标体系所定义的创新数据。因此,以评价指标体系为框架,在实际操作中无法实现。

为解决现阶段实证研究面临的实际困难,以所有评价对象的数据可获取为基本出发点,我们选取十个创新指标作重点监测,即 R&D 经费支出与 GDP 比值、人均 GDP、万人 R&D 人员数、大中型工业企业 R&D 经费支出占主营业务收入比重、规上工业企业新产品销售收入占主营业务收入比重、万元地区生产总值能耗、万人发明专利拥有量、财政科技支出增长幅度、千人互联网用户数、财政教育经费支出与 GDP 比例,代入 2010~2012 年的统计数据,借用综合评价法进行实证研究,与江苏创新型省份评价实证研究及中国区域创新能力报告、全国科技进步统计监测的有关结果相对照,并验证在数据获取有所限制的情况下,选取这十个创新指标来监测进程的有效性。

(2) 创新型省份建设监测结果。

第一,综合监测指数总体排名。

创新型省份监测指数方面,综合 2010~2012 年三年的监测评价结果,可以看出,创新型省区市建设进程排序入围前六位的省区市保持不变,分别是北京、上海、天津、江苏、广东、浙江,排名也较固定,只有2012年天津的排名提高一名,排在上海之前。从具体指数看,北京、上海、天津之间的差距不大,江苏、广东、浙江三省份间的差距更小,而前三个直辖市与后三个省份间的差距相对略大。

2010年、2011年全国创新进程监测指数分别为41.85%和45.43%,这两年辽宁、山东与上述的第一方阵省区市都高于全国平均创新水平,2012年全国监测指数为47.99%,福建替代辽宁总数仍为8个省区市高于全国平均水平。

总体看来,中西部创新型省份建设水平相对落后,有待进一步提升。贵州、新疆、甘肃、西藏等西部地区创新进展缓慢,其排名长期徘徊在排序表的末端。

将监测结果与已取得公认具有一定权威性的创新评价指数(报告)相比较,如中国区域创新能力报告、全国科技进步统计监测报告等,可以看出,依据所建立的指标体系对全国范围作出的创新监测评价结果总体上与权威结论相一致。以2011年的监测结果为例,全国创新进程入围前十位的为北京、上海、天津、江苏、广东、浙江、山东、辽宁、福建、陕西,与全国科技进步统计监测报告和中国区域创新能力报告的一致程度分别为90%和80%,在具体排名上则存在差别(见图7-2~图7-4)。

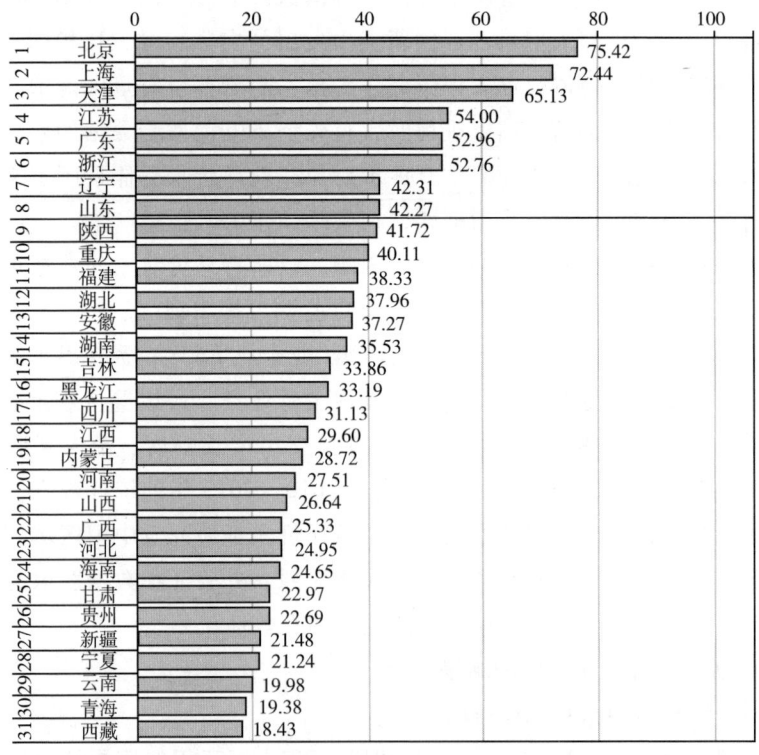

图7-2 2010年各地区创新型省份建设综合监测指数排序

第7章 区域创新场与创新型省份建设

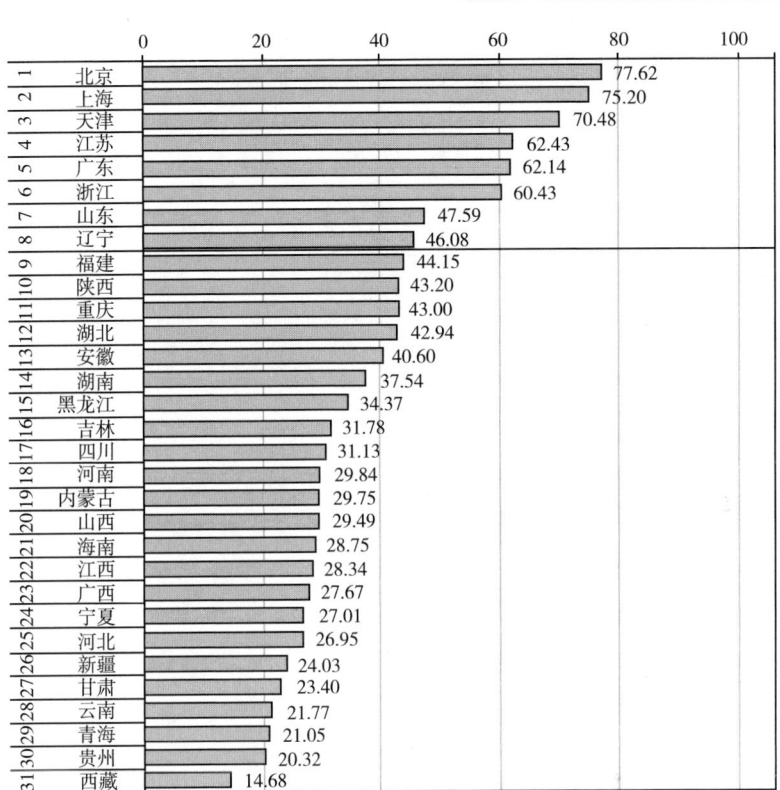

图7-3 2011年各地区创新型省份建设综合监测指数排序

第二，全国省区市基础监测指标测算分析。

①R&D经费支出与GDP比值。

该项指标全国2012年平均水平为1.98%，距标准值2.5%的实现程度为79.2%，R&D经费支出与GDP比值高于全国平均水平的有北京、上海、天津、江苏、广东、浙江、山东、陕西，其中北京、上海、天津指标水平均已超过标准值（见图7-5）。

从R&D投入强度看，为方便分类比较，上述8个省市可划入A1类地区，其余地区以指标达标程度分别划分如下。

B1类地区：未达全国平均水平，但达标程度超过50%，包括湖北、安徽、辽宁、四川、重庆、福建、湖南8个省市。

C1类地区：达标程度高于40%低于50%，包括山西、黑龙江、甘肃、河南4个省。

D1类地区：达标程度高于30%低于40%，含河北、吉林、江西、宁夏、

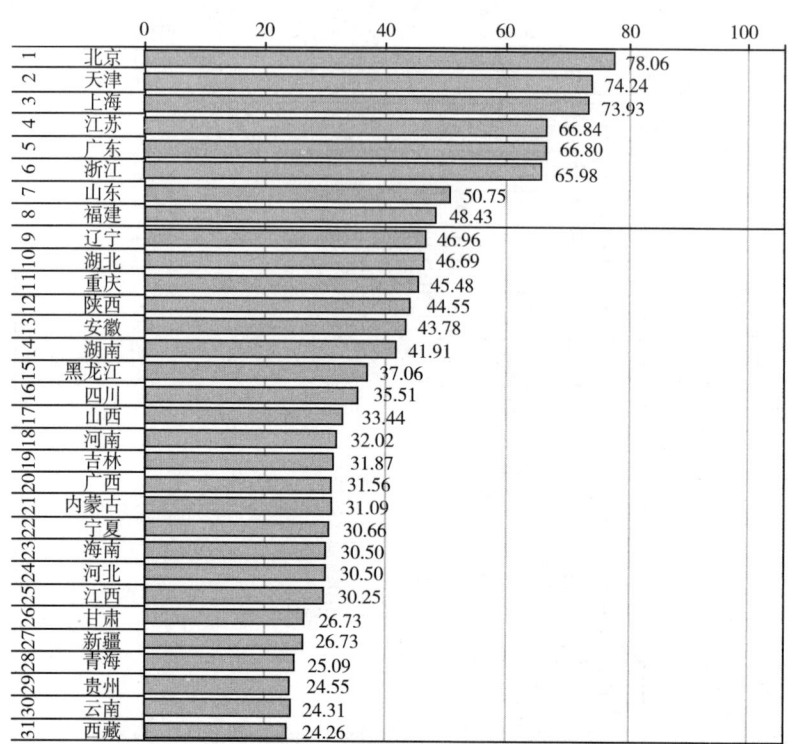

图 7-4 2012年各地区创新型省份建设综合监测指数排序

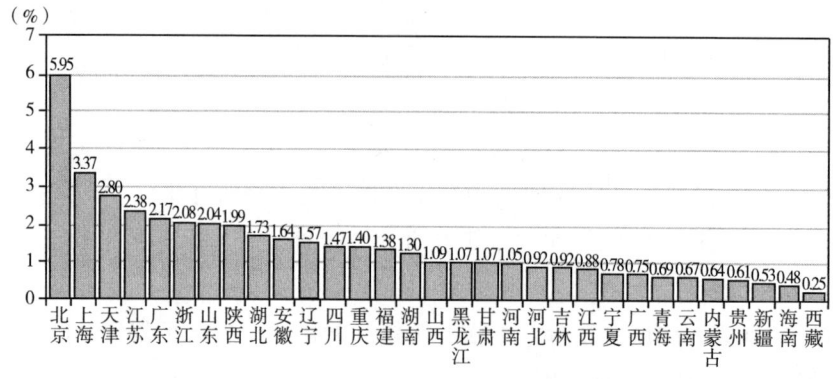

图 7-5 2012年全国各省区市 R&D 经费支出与 GDP 比值

广西5个省区。

E1类地区：达标程度高于20%低于30%，有青海、云南、内蒙古、贵州、新疆5个省区。

F1类地区：达标程度低于20%，只有海南、西藏2个省区。

②万人 R&D 人员数。

因统计数据获取有碍，采用万人 R&D 人员数替代每万劳动力中研发人员数指标，同样是反映创新人力资源发展水平的主要指标。

2012 年，该项指标全国平均水平为 23.98 人/万人，是标准值的 29.97%，北京、上海、天津、浙江、江苏、广东、福建、山东 8 省市超过全国平均水平。近三年排名前 7 位的省区市位次保持不变。

总体看来，万人 R&D 人员数的地区分布呈现较明显的两极分化，排在前 6、7 位的省区市与其余地区差距很大，北京、上海、天津、浙江、江苏、广东达标程度过半，但其余地区则不到 40%，且有过半数地区不足 20%（见图 7-6）。

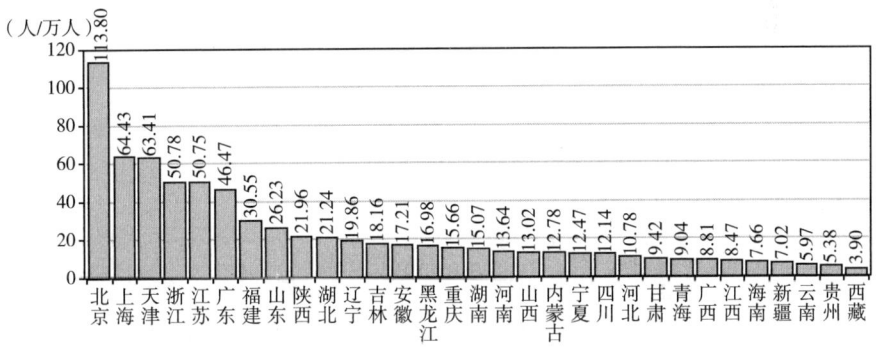

图 7-6 2012 年全国各省区市万人 R&D 人员数

③人均 GDP。

2012 年，全国人均 GDP 为 38420 元/人，以当年美元和人民币汇率计，人均 GDP 超过万美元大关的有天津、北京、上海、江苏、内蒙古、浙江六地。近三年全国人均 GDP 的平均增长速度为 13.18（见图 7-7）。

以全国平均水平和监测标准为分类依据，可将各地区划分为以下五类。

A3 类地区：达标程度过半且高于全国平均水平，包括天津、北京、上海、江苏、内蒙古、浙江、辽宁、广东、福建、山东、吉林、重庆、湖北、陕西等 14 个地区。

B3 类地区：达标程度过半但低于全国平均水平，有河北、宁夏、黑龙江 3 个地区。

C3 类地区：达标程度高于 40% 但低于 50%，包括新疆、山西、湖南、青海、海南、河南、四川、江西、安徽 9 个地区。

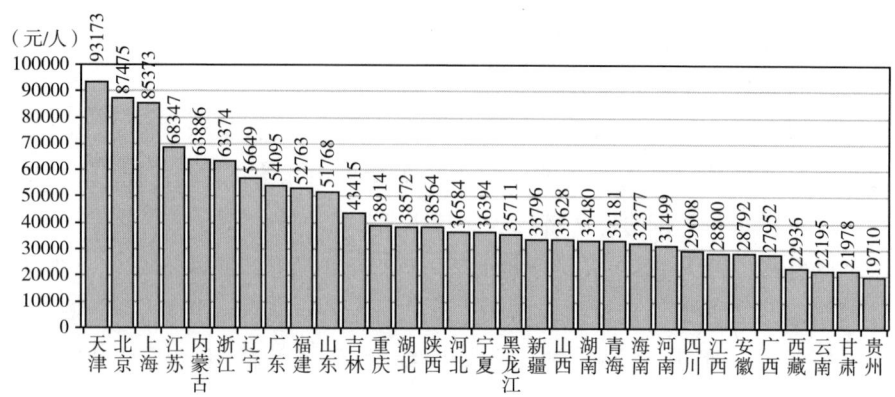

图 7-7　2012 年全国各省区市人均 GDP

D3 类地区：达标程度高于 30% 低于 40%，有广西、西藏、云南、甘肃 4 个地区。

E3 类地区：达标程度低于 30%，只有贵州。

④千人互联网用户数。

2012 年全国每千人中的互联网用户数为 417，近三年的平均增长速度达 10.52%。该指标地区差异相对其他指标较小，达标程度均在 40% 以上。东部发达地区互联网用户比例处于较高位置，但新疆、山西等西部地区发展水平差距并不大，安徽、江西等中部地区该指标排名竟落在末端（见图 7-8）。

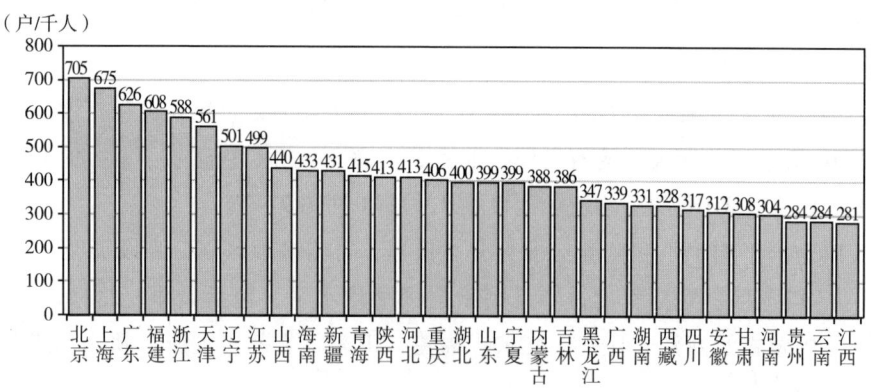

图 7-8　2012 年全国各省区市千人互联网用户数

⑤大中型工业企业 R&D 经费支出占主营业务收入比重。

2012 年，该指标全国平均发展水平为 0.99%，近三年的平均增长率为 4.23%。高于全国平均水平的地区包括广东、湖南、北京、上海、重庆、浙江、山东、天津、湖北、江苏、辽宁、黑龙江、福建等。近两年广东、湖南两省稳居排行榜前两位（见图7-9）。

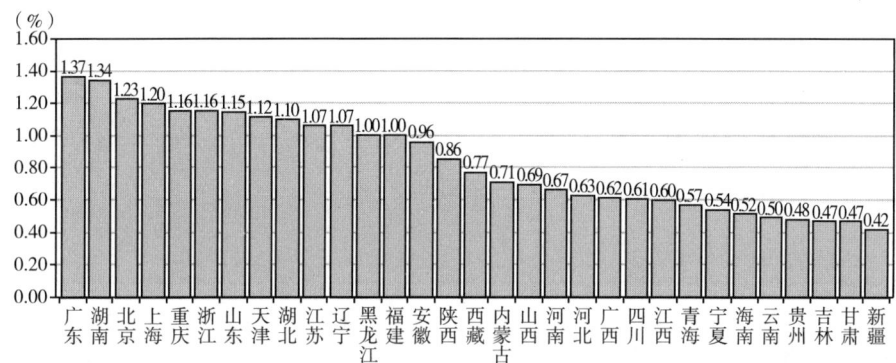

图7-9 2012年全国各省区市大中型工业企业R&D经费支出占主营业务收入比重

⑥规上工业企业新产品销售收入占主营业务收入比重。

根据国家统计制度，从2011年起，纳入规模以上工业统计范围的工业企业起点标准从年主营业务收入500万元提高到2000万元。国家公开发布的统计数据中，2010年空缺，因此测算规上工业企业新产品销售收入占主营业务收入比重时，2010年的规上企业数据是以2009年数据替代，在实际使用时发现有偏差，因而2010年测算结果多作参考用，主要以2011年、2012年两年数据进行评价分析。2012年，该指标全国平均发展水平为11.89%，比上年的11.95%略有降低，距标准实现程度不到30%，总体发展水平偏低。高于全国平均发展水平、排在前列的地区是上海、北京、浙江、重庆、天津、湖南、广东、江苏、安徽等9个省市（见图7-10）。

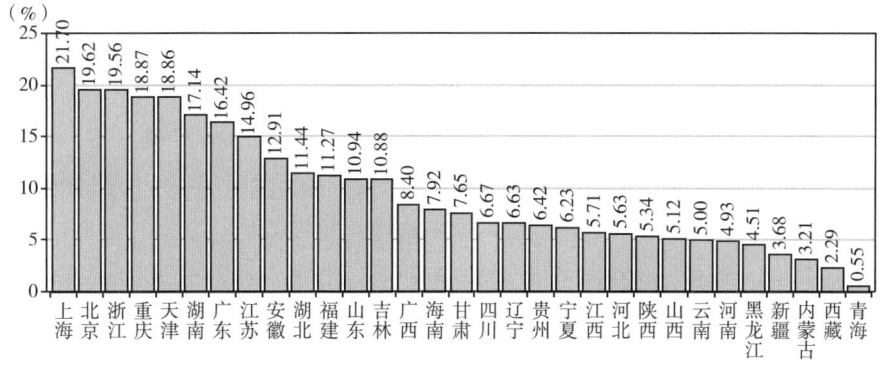

图7-10 2012年全国各省区市规上工业企业新产品销售收入占主营业务收入比重

⑦万元地区生产总值能耗。

该指标是反向指标,即数值越小则发展水平越高。因2012年的分地区万元地区生产总值能耗指标国家没有公布,2012年指标沿用2011年的数据。2011年,全国万元GDP能耗为0.77,目标实现程度为31.17%。该指标水平低于全国平均水平的有北京、广东、浙江、江苏、上海、福建、江西、海南、天津、安徽等10个地区,其中只有北京能源消耗水平的达标程度过半。山西、内蒙古等居于排序表的后列(见图7-11)。

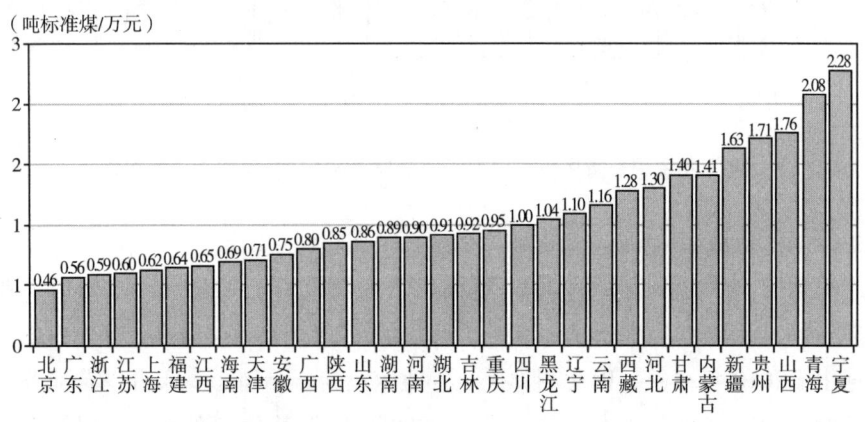

图7-11 2012年全国各省区市万元地区生产总值能耗

⑧万人发明专利拥有量。

从万人发明专利拥有量看,地区分布极为不平衡。2012年全国平均水平为3.53件,北京、上海、天津、广东、浙江、江苏6个省市位于排序表的前六位,且高于全国平均水平。但北京、上海的万人发明专利拥有量分别为35.45件和17.51件,分别是全国平均水平的10倍以上和近5倍,其优势地位极为明显,其余地区的万人发明专利拥有量都不足10件(见图7-12)。

⑨财政科技支出增长幅度。

财政科技支出增长幅度的测算是以测算年份为基准向前回溯三年,得到近三年的平均增长速度(幅度)作为测算年的指标值。如2010年的指标值是以测算2008年、2009年、2010年三年的平均增长速度得出。

2012年,全国财政科技支出增长幅度为17.5%,大部分地区该指标水平高于全国,低于全国平均水平的地区只有甘肃、北京、内蒙古、青海、广东、吉林、上海7个地区。安徽、广西、天津、江苏、宁夏、湖北排在前六位。

近三年来,财政科技支出能保持较稳定的增长并非易事,从国家层面看三

第 7 章 区域创新场与创新型省份建设

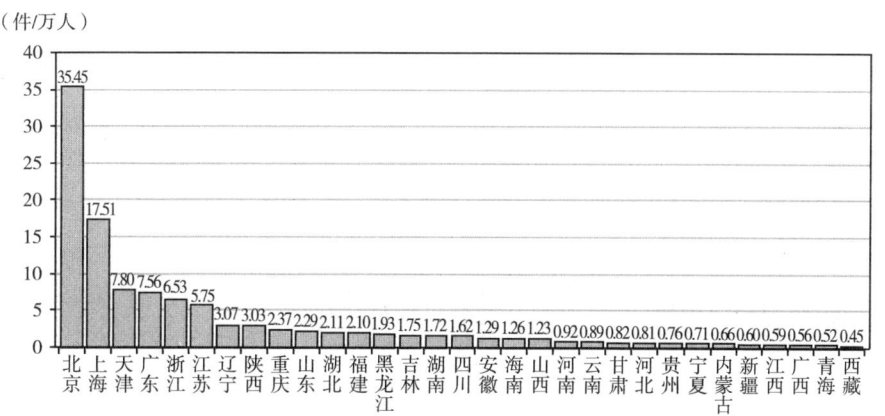

图 7-12 2012 年全国各省区市万人发明专利拥有量

年来时趋势是下降的,引人注意的是安徽,三年来连续保持排行榜第一位置,凸显政府对创新的期待与重视(见图 7-13)。

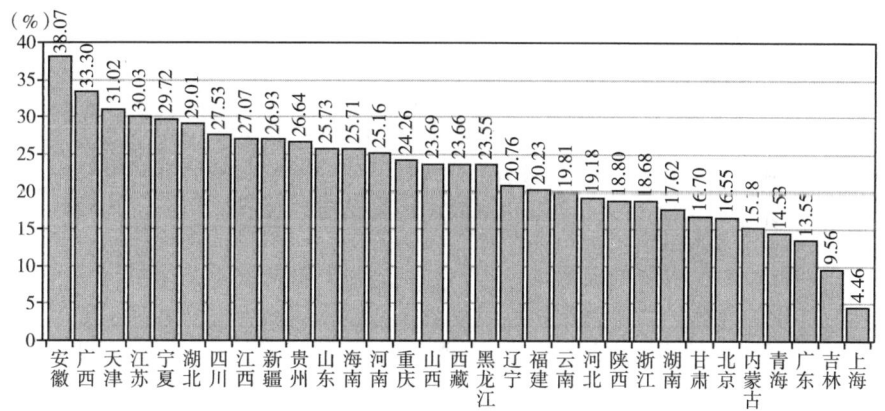

图 7-13 2012 年全国各省区市财政科技支出增长幅度

⑩财政教育经费支出与 GDP 比例。

2012 年,国家财政教育经费支出与 GDP 的比例达到 4.09%,首次超过世界衡量教育水平的基础线。近三年以来,中西部相对落后地区该指标的发展水平明显高于全国平均水平,位于全国前列,以 2012 年为例,排名前列的为西藏、青海、贵州、云南、甘肃、新疆、海南、陕西、江西、山西、宁夏、广西、安徽、四川、重庆等地区,且财政教育经费支出与 GDP 比例均已高于 4%,西藏、青海、贵州连续三年位列前三,既反映中西部地区对教育的重视,也显示出国家对中西部地区的政策扶持(见图 7-14)。

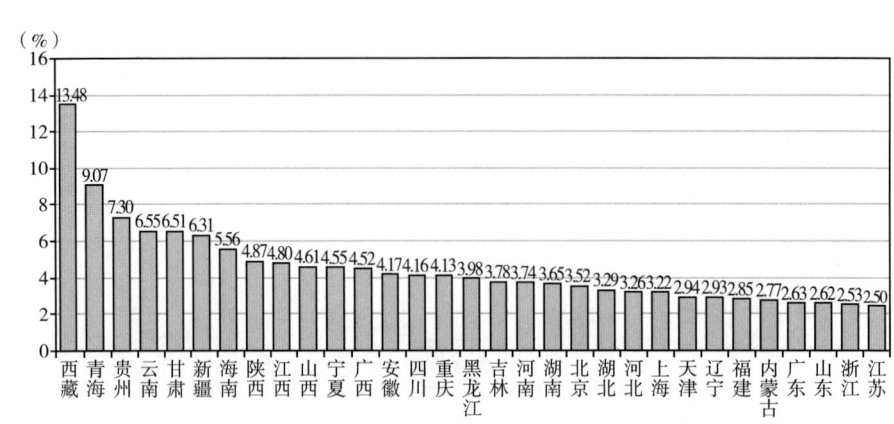

图7-14 2012年全国各省区市财政教育经费支出与GDP比例

7.3.4 全国创新型省份进程评价分析

(1) 创新型国家进展。

①创新型国家进程分析。

以江苏的创新型省份建设达标程度为74.57%来换算,中国创新型国家2011年的达标程度为54.58%,2010年达标程度为50.28%,2012年达标程度为57.65%,近三年年均增长率为7.08%(见表7-13)。

表7-13　　　　　创新型国家进程比较　　　　　单位:%

创新型国家进程	2005年	2010年	2011年	2012年
评价结果1	—	50.28	54.58	57.65
评价结果2	50.3	—	—	—
评价结果3	—	—	—	26.42
评价结果4	—	60.05	60.28	60.30

注:评价结果1为本测算成果;评价结果2为国家统计局"创新型国家进程统计监测研究报告"中结果;评价结果3为中国创新城市评价报告结果;评价结果4为全国科技进步统计监测结果。

②创新驱动的作用分析。

人均GDP最能反映一个国家或地区的经济社会发展综合实力,以人均GDP与创新型省份进程之间的关系在一定程度上能测量创新驱动的作用,以2011年数据为例,比较分析两者的数量关系看出,两者之间的关联度较高,但由于中国地域辽阔且发展严重不均,创新驱动的规律性比较复杂(见图7-15)。从全国创新驱动作用看,在相同人均GDP水平下,全国的创新进程水平最高,甚至高于或接近人均GDP处于更高数量级的省份(如山东、福建),显示出从全国范围来说,创新驱动作用较强。国家创新指数报告等对中国创新驱动的判断是,"中国创新能力超越处于同一经济发展水平的国家",这可用来相互佐证。

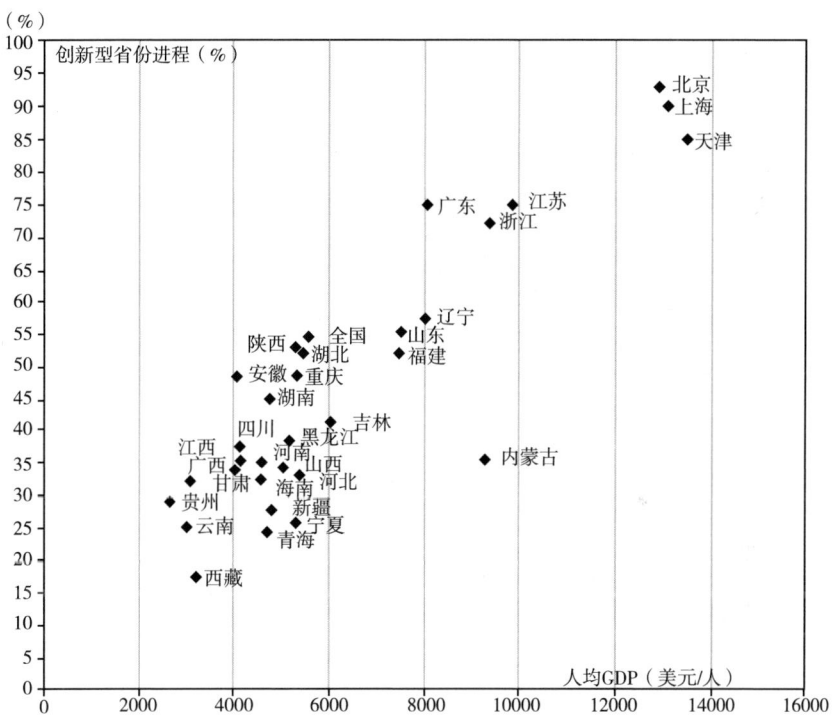

图7-15　2011年创新型省份进程与人均GDP间关系

从创新进程与经济发展水平关系的规律看,各地区大致可分为以下三大类。

第一类是创新进程同步或超越处于同一经济发展水平地区,如北京、上海、江苏、广东、安徽、湖南等地。

第二类是创新进程低于同一经济发展水平地区,这类有大量地区,主要集中在中西部地区,还包括山东、辽宁、福建三地,合计超过全国地区总数的半数。

第三类是创新进程严重低于同一经济发展水平地区,分别是西藏、内蒙古。

③创新型国家进程分析预测。

经估算,中国大致在2020年建成创新型国家。以2011年中国创新型国家进程54.58%作为根据,假设2020年中国能够实现创新型国家建设目标,即达标程度为100%,则9年间的平均增长速度不能小于6.95%,近三年我国创新型国家年平均增长速度为7.08%,在未来的5～10年如能不低于这个增长速度,就能够实现2020年左右建成创新型国家的目标。

(2) 分地区创新型省份进展。

①创新型省份进程排名。

将监测指数换算为进程评价指数,从2011年评价进程指数(见图7-16)看,按照创新型省份进展程度高低可将各地区划分为以下大类。

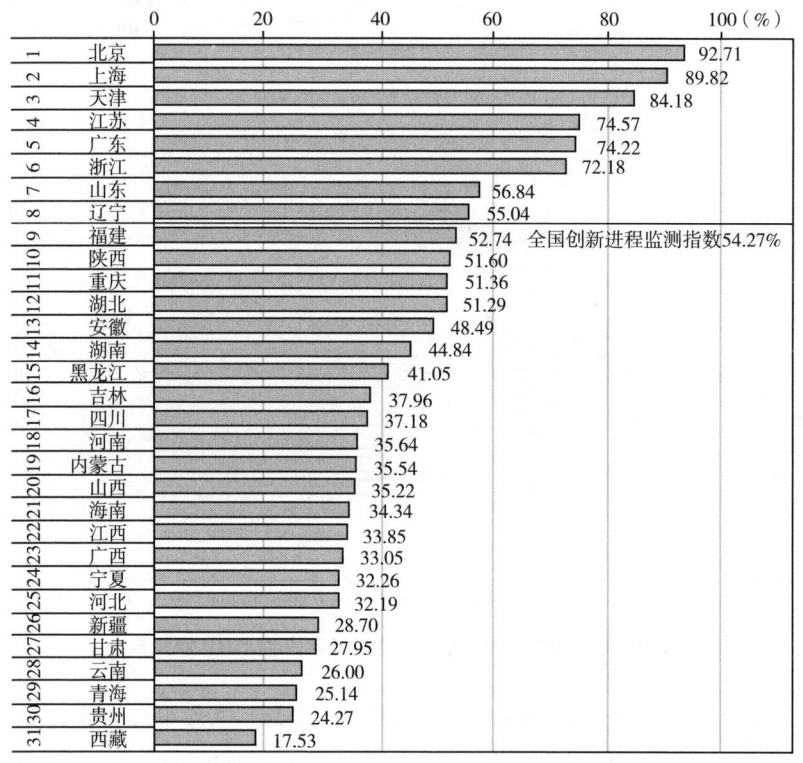

图7-16 2011年分地区创新型省份进程

第一类地区:创新型省份进程过半且高于创新型国家进程水平,包括北京、上海、天津、江苏、广东、浙江、山东、辽宁8个省市。

第二类地区:创新型省份进程过半但次于第一类地区,包括陕西、重庆、福建、湖北4个省市。

第三类地区:创新型省份进程低于50%高于40%,包括安徽、湖南、吉林3个省。

第四类地区：创新型省份进程低于40%高于30%，包括黑龙江、四川、江西、内蒙古、河南、山西、广西、河北、海南、甘肃10个地区。

第五类地区：创新型省份进程介于20%~30%，包括贵州、新疆、宁夏、云南、青海5个地区。

第六类地区：创新型省份进程低于20%，只有西藏自治区。

②创新型省份进程分析及预测。

通过测算各地区近三年的创新型省份进程年平均发展速度，以2011年进程水平为基准估算"十三五"末（2020年）各地区创新型省份建设程度。

从创新型省份进程发展速度看，2011年创新进程排名前列的广东、浙江、江苏等依然保持较高的发展速度，上海、北京等地进展趋缓，中西部地区排在增速排行榜的前列。如各地区能保持近三年的创新型省份进程发展速度，到2020年，广东、浙江、江苏、天津、福建、湖北、山东、山西、北京、安徽、上海、广西、辽宁、重庆等10余地区创新型省份（市）进程达90%以上，基本实现创新型省份，进程最慢的省份达标程度近40%，全国创新型国家建设目标基本实现（见图7-17）。

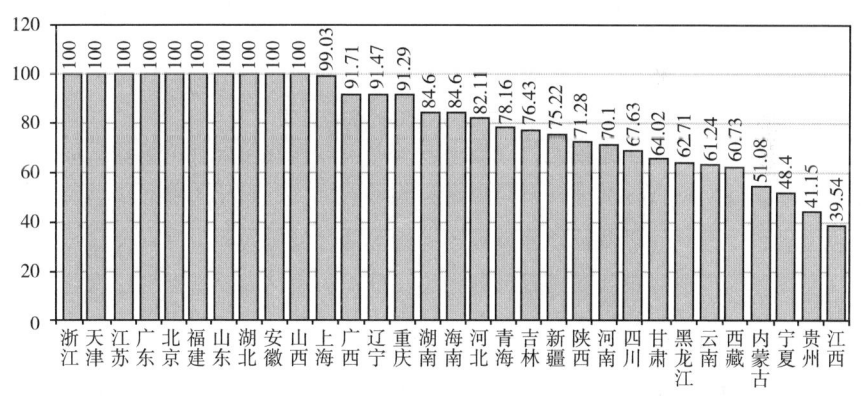

图7-17　2020年分地区创新型省份进程

（3）部分省份创新型省份建设监测评价。

主要以2011年为评价年度，在东部、中部、西部分别选取广东、安徽、湖北、陕西作监测评价。

①广东省。总人口10441万人；地区生产总值（GDP）53210亿元，居全国第1位；人均GDP 5.1万元，居全国第7位。R&D经费内部支出1045亿元，与GDP比例为1.96%，居全国第6位；万人研究与试验发展（R&D）人员数39人，居全国第6位；千人国际互联网用户数600户，居全国第3位。

大中型工业企业 R&D 经费支出 799 亿元,占主营业务收入的比重为 1.2%,居全国第 1 位;规上工业企业新产品销售收入 14382 亿元,占主营业务收入比重 15.47%,居全国第 6 位。

万人发明专利拥有量 6.9 项,居全国第 4 位;万元地区生产总值的能耗 0.56 吨标准煤,综合能耗产出率居全国第 2 位。

地方财政科技支出 204 亿元,占地方财政支出的比重为 3.0%,财政科技支出增长幅度 15.45,居全国第 27 位;财政教育经费支出 1227.87 亿元,与 GDP 比例为 2.31%,居全国第 30 位。

广东地区 2011 年创新型省份进程监测指数为 62.14%,排在全国第 5 位。从各项基础指标看,发展比较均衡,除财政科技支出增长幅度、财政教育经费支出与 GDP 比例两项指标外,其他指标排名均位于全国前 5 名左右。从两项排名靠后的指标来说,细察其财政科技支出和教育支出两项指标,在全国的排位均居第 1 位,由于广东经济总量规模最大及测算方法原因,导致最终排名结果靠后。从创新型省份进程与人均 GDP 的关系看,广东属于第一类地区,即创新进程超越处于同一经济发展水平地区。

广东地区进程监测指数为 62.14%,进程速度为年均增长 12.31%,排在全国第 5 位(见表 7-14)。

表 7-14　　　　2011 年广东省监测指标和位次

指标名称	指标值	监测指数	位次
R&D 经费支出与 GDP 比值	1.96	78.59	6
人均 GDP	50807	72.58	7
万人 R&D 人员数	39	48.88	6
大中型工业企业 R&D 经费支出占主营业务收入比重	1.25	83.12	1
规上工业企业新产品销售收入占主营业务收入比重	15.47	38.67	6
万元地区生产总值能耗	0.56	42.63	2
万人发明专利拥有量	6.92	86.50	4
财政科技支出增长幅度	15.45	38.63	27
千人互联网用户数	600	85.67	3
财政教育经费支出与 GDP 比例	2.31	57.69	30
进程监测总指数	62.14		5
进程发展年均增长速度	12.31		5

第7章 区域创新场与创新型省份建设

②安徽省。总人口 5957 万人；地区生产总值（GDP）15301 亿元，居全国第 14 位；人均 GDP2.6 万元，居全国第 26 位。R&D 经费内部支出 215 亿元，与 GDP 比例为 1.4%，居全国第 11 位；万人研究与试验发展（R&D）人员数 14 人，居全国第 15 位；千人互联网用户数 266 户，居全国第 28 位。

大中型工业企业 R&D 经费支出 132 亿元，占主营业务收入的比重为 0.91%，居全国第 14 位。规上工业企业新产品销售收入 3182.6 亿元，占主营业务收入比重 12.75%，居全国第 10 位。

万人发明专利拥有量 1.1 件，居全国第 19 位；万元地区生产总值的能耗 0.75 吨标准煤，综合能耗产出率全国第 10 位。

地方财政科技支出 77 亿元，占地方财政支出的比重为 2.3%，财政科技支出增长幅度 47.96%，居全国第 1 位；财政教育经费支出 564.71 亿元，与 GDP 比例为 3.69%，居全国第 13 位。

安徽地区 2011 年创新型省份进程监测指数为 40.6%，排在全国第 13 位。分指标看，各项基础指标排位基本均衡，比较突出的有两点：其一是财政科技支出增长幅度近三年保持全国第一，凸显地方政府对创新的高度重视。其二是从创新型省份进程与经济发展水平关系上看，安徽属于第一类地区，在相同的经济发展水平地区中创新进程水平最高，也超过众多更高经济发展水平的地区（如吉林、河南、山西等 10 多个地区），在中西部省份中创新驱动优势极为突出。安徽创新型省份进程监测指数为 40.60%，进程速度为年均增长 8.39%（见表 7-15）。

表 7-15 2011 年安徽地区监测指标和位次

指标名称	指标值	监测指数	位次
R&D 经费支出与 GDP 比值	1.40	56.11	11
人均 GDP	25659	36.66	26
万人 R&D 人员数	14	16.98	15
大中型工业企业 R&D 经费支出占主营业务收入比重	0.91	60.55	14
规上工业企业新产品销售收入占主营业务收入比重	12.75	31.88	10
万元地区生产总值能耗	0.75	31.83	10
万人发明专利拥有量	1.1	13.86	19
财政科技支出增长幅度	47.96	100.00	1

续表

指标名称	指标值	监测指数	位次
千人互联网用户数	266	37.94	28
财政教育经费支出与GDP比例	3.69	92.27	13
进程监测总指数		40.60	13
进程发展年均增长速度		8.39	15

③湖北省。总人口5785万人；地区生产总值（GDP）19594.19亿元；人均GDP 3.4万元，居全国第12位。R&D经费内部支出323.30亿元，与GDP比例为1.65%，居全国第9位；万人研究与试验发展（R&D）人员数19.79人，居全国第9位；千人国际互联网用户数369.78户，居全国第14位。

大中型工业企业R&D经费支出756.23亿元，占主营业务收入的比重为1.01%，居全国第10位；规上工业企业新产品销售收入8565.56亿元，占主营业务收入比重11.44%，居全国第12位。

万人发明专利拥有量1.93项，居全国第12位；万元地区生产总值的能耗0.91吨标准煤，综合能耗产出率居全国第16位。

地方财政科技支出31.91亿元，占地方财政支出的比重为1.01%，财政科技支出增长幅度24.21，居全国第7位；财政教育经费支出487.89亿元，与GDP比例为2.49%，居全国第26位。

湖北省的创新能力在全国范围内相对先进，依托丰富的高校科研资源，湖北省以建设创新型省份试点为契机，创造了一个自然资源不占优势的中部省份变成经济发展居全国前列的成就。但在创新的经济效益上，湖北省还有很大的发展潜力，综合能耗产出率和财政教育经费支出占GDP的比例两项指标相对较低，分别位于全国第16位和第26位，湖北省在今后的创新型省份建设进程中，还需要解决高耗能高污染问题。从创新型省份进程与人均GDP的关系看，湖北属于第二类地区，即创新进程处于中等水平。湖北地区2011年创新型省份进程监测指数为42.94%，排在全国第12位（见表7-16）。

表7-16　　　　　　2011年湖北省监测指标和位次

指标名称	指标值	监测指数	位次
R&D经费支出与GDP比值	1.65	65.81	9
人均GDP	34197	48.85	12
万人R&D人员数	19.79	24.73	9

续表

指标名称	指标值	监测指数	位次
大中型工业企业 R&D 经费支出占主营业务收入比重	1.01	67.48	10
规上工业企业新产品销售收入占主营业务收入比重	11.44	28.61	12
万元地区生产总值能耗	0.91	26.32	16
万人发明专利拥有量	1.93	24.13	11
财政科技支出增长幅度	24.21	60.53	7
千人互联网用户数	369.78	52.83	14
财政教育经费支出与 GDP 比例	2.49	62.16	26
进程监测总指数		42.94	12
进程发展年均增长速度		7.14	10

④陕西省。总人口 3742.6 万人；地区生产总值（GDP）12391.3 亿元；人均 GDP 3.3 万元，居全国第 15 位。R&D 经费内部支出 246.59 亿元，与 GDP 比例为 1.99%，居全国第 5 位；万人研究与试验发展（R&D）人员数 19.64 人，居全国第 10 位；千人国际互联网用户数 381.82 户，居全国第 12 位。

大中型工业企业 R&D 经费支出 117.53 亿元，占主营业务收入的比重为 0.86%，居全国第 14 位；规上工业企业新产品销售收入 2383 亿元，占主营业务收入比重 17.51%，居全国第 18 位。

万人发明专利拥有量 2.72 项，居全国第 8 位；万元地区生产总值的能耗 0.85 吨标准煤，综合能耗产出率居全国第 12 位。

地方财政科技支出占地方财政支出的比重为 4.23%，财政科技支出增长幅度 19.16，居全国第 16 位；财政教育经费支出 524.15 亿元，与 GDP 比例为 4.23%，居全国第 1 位。

从各项基础指标看，财政教育经费支出占 GDP 的比例和 R&D 经费支出与 GDP 比值两项指标分别居全国第 1 位和第 5 位，但规上工业企业新产品销售收入占主营业务收入比重为 7%，居全国 18 位，低于江苏、安徽两个试点省 13.87% 和 12.75% 的水平，大中型工业企业 R&D 经费支出占主营业务收入比重为 0.86，在全国居第 14 位，企业研发经费支出有待提高。另外，资源依赖较为严重。由于高污染高能耗的重工业是陕西经济的支柱，尽管陕西能耗和电耗总量在全国排名不高，但是每万元 GDP 能耗和电耗均在全国靠前位置，能源利用效率不高，此外，工业废气和废水排放总量和增长率都在全国前列，亟须加大节能减排力度。

陕西省 2011 年创新型省份进程监测指数为 43.20%，排在全国第 10 位。进程速度年平均增长 2.21%，科技创新和经济转型之路仍然漫长（见表 7-17）。

表 7-17　　　　　　　　2011 年陕西地区监测指标和位次

指标名称	指标值	监测指数	位次
R&D 经费支出与 GDP 比值	1.99	79.72	5
人均 GDP	33464	47.81	15
万人 R&D 人员数	19.64	24.55	10
大中型工业企业 R&D 经费支出占主营业务收入比重	0.86	57.44	14
规上工业企业新产品销售收入占主营业务收入比重	7.00	17.51	18
万元地区生产总值能耗	0.85	28.37	12
万人发明专利拥有量	2.72	33.98	8
财政科技支出增长幅度	19.16	47.91	16
千人互联网用户数	381.82	54.55	12
财政教育经费支出与 GDP 比例	4.23	100.00	1
进程监测总指数		43.20	10
进程发展年均增长速度		2.21	27

7.4
江苏创新型省份建设

7.4.1　江苏创新型省份建设的发展历程

江苏围绕"创新型省份"这一理念，在 20 世纪 80 年代就开始部署，并由浅入深、逐步发展，至今已经历了三个重要阶段：第一阶段，80 年代末在全国率先提出科技兴省战略，并进一步丰富为科教兴省战略，确立了科技的地位和作用，大力发展科技事业，"科技是第一生产力"深入人心；第二阶段，进入 21 世纪，将高新技术产业化作为推动经济社会发展的战略举措，2006 年 4 月，江苏省委省政府发布《关于增强自主创新能力建设创新型省份的决定》，在全国率先作出建设创新型省份的部署，明确了科技发展的方向和重点，加快建设以企业为主体产学研结合的区域创新体系，提高了科技对经济增长的贡献；第三阶段，进入"十二五"，提出实施创新驱动的核心战略，将创新作为转变发展方式和产业转型升级的内在动力，标志着创新发展进入了新的历史阶段。在2012年10月全省科技大会期间，江苏省委省政府出台了《关于加快企业为主体市场为导向产学研相结合技术创新体系建设的意见》，提出把增强企业创新能力作为事关长远发展的基础性、全局性、战略性重大任务，明晰了创新型省份建设的关键路径。

7.4.2 江苏创新型省份建设的主要内容

根据世界主要创新型国家的特征，结合我国创新型国家和兄弟省市创新型省份（城市）的情况，江苏创新型省份建设的基本内容可以概括为：创新体系富有特色、创新主体充满活力、创新机制健全高效、创新人才高度集聚、创新文化鲜明活跃、创新环境愈益完善；自主创新能力显著增强、科技综合实力显著增强、科技引领发展能力显著增强；科技研发投入、科技进步贡献率、专利授权量等主要指标达到创新型国家的平均水平，位居全国前列。

结合创新型省份内涵特征和江苏省创新型省份建设的主要内容，江苏创新型省份指标体系可以从创新资源、创新产出、企业创新、创新环境四个大的方面来构建，具体指标主要包括R&D投入占GDP比重、科技进步贡献率、万人发明专利拥有量、每万名R&D人员科技论文数、大中型工业企业R&D投入占主营业务收入比重、单位GDP能耗等。

7.4.3 江苏创新型省份建设的发展路径

（1）以转变经济发展方式为主线，推进企业技术创新。

经过多年的努力，江苏技术创新体系建设成效显著。但在当前产业结构、技术结构、贸易结构急剧变动的情况下，江苏企业在技术创新中的主体地位尚未真正确立，技术创新投入严重不足且投入产出比偏低，全省企业自主创新能力存在若干薄弱环节。为此，应以下列几方面为着力点，大力推进江苏以企业为主体的技术创新战略。

首先，增加科技投入，提高投入强度。从政府层面来说，应通过大力提高地方财政科技拨款占地方财政支出的比重（近几年江苏省科技拨款占地方财政支出比重在东部地区中仍处于较低水平),来增强全社会的研发能力,提高科技成果转化率;通过大力提高企业研发经费支出占销售收入的比重,大幅度地提高企业技术创新能力。其次,调整科技投入结构,提高技术创新的产出水平。政府科技投入的主导方向和重点应为对战略性新兴产业发展有重大影响的技术创新领域;企业应提高消化吸收经费占技术引进经费的比重,重视技术创新各类人才的培育、引进与激励,重视人力资源的开发与利用,重视劳动者的技能培训与素质提高,重视人力资本的积累与提升。再次,坚持引进消化吸收再创新的途径,提升企业的核心竞争力。在高起点引进国外先进技术的过程中,将引进、消化、吸收、创新有机结合,选择重点,突破一批关键技术,取得一批科技成果,尽快培育一批拥有自主知识产权和自有品牌及核心竞争力的本土企业。最后,调整产业结构,提升全省优势产业和支柱产业的国际竞争力,同时构建科技创新服务体系,为企业技术创新提供优质高效服务。大力发展第三产业,特别是着力发展生产性服务业;在第二产业中,着力推动制造业由劳动密集型占主导地位的产业结构向资本密集型、技术密集型与劳动密集型并重的产业结构的转变,通过产业结构的调整,延长制造业的利润链。在构建创新服务体系过程中,一方面,政府部门应建设好现有的公共创新服务机构(如生产力促进中心、情报所、技术交易市场等),提高它们适应市场的能力和服务水平;另一方面,应尽快创建一批企业迫切需要而区域范围内尚缺乏的社会化服务机构(如从事风险投资、技术交易担保、技术创新融资担保,以及高新技术中小型企业财务、法律、管理服务等活动的创新服务机构)。

(2) 加强知识产权保护和管理,推进知识产权战略。

随着世界经济一体化进程的加快,区域创新活动中知识产权的作用凸显,保护知识产权成为创新成功的重要前提和保证。目前,江苏已经成为外商的直接投资的重要地区和全球制造业的生产基地,2011年,江苏省外贸依存度达70%,远高于全国平均水平。据统计,全省出口贸易仍然以加工贸易为主,高达52%的出口产品集中在纺织、服装、机电、化工、五金等传统产业,出口贸易中具有自主知识产权的产品严重缺乏。总体看来,江苏的经济国际化,主要依靠消耗大量的资源成本和劳动力成本,在产业链的低端取得微薄的利润,再通过规模效应取得宏观的经济实绩,这种经济增长模式已走到尽头。加强知识产权的创造、运用、保护和管理的能力建设,是提高自主创新能力、调整产业结构的重要环节。全国及各地区科技进步统计监测近几年的数据显示,江苏知识产权事业发展迅猛,在一定程度上促进了全省自主创新能力的提高,但仍存在某些不足之处，需要大力推进知识产权战略，加强知识产权的创造、运用、保护和管理等工作。

首先，制定并实施江苏省知识产权战略及相关政策。在加强知识产权创造、运用、保护和管理等工作的政策体系中，产业政策应着力调整产业结构，促进智力成果产业化；科技政策应注重科技成果的产权化与产业化；投资政策应加强创新资金扶持，细化研究开发的财政投入，对优势产业，应强化财政投入和引导全社会投入；对外贸易政策应转变对外贸易增长方式，优化进出口商品结构，扩大具有自主知识产权、自主品牌的商品出口；文化政策与教育政策应鼓励文化创新，推动文化的版权化与市场化。探索建立政府主导、行业组织和企业参与的多层次知识产权援助机制，定期发布专利技术的发展动态及趋势的分析报告，帮助政府机关部门、行业协会、企业及时获得相关领域技术发展动态、重点技术分布、主要竞争对手的技术情报以及市场突发性、群体性知识产权纠纷信息等，并尝试建立专利预警模型，提高全省对知识产权风险的抵御能力。对全省重大知识产权侵权、维权案件和遭受国外知识产权诉讼的重点企业给予必要的援助。

其次，抓好专利工作，组织实施重大项目知识产权审查论证。一是提高重大发明申请和专利授权数量，调整三类专利的结构，提升专利申请的数量和质量；二是努力探索推进专利技术实施工作，推动知识产权产业的形成和发展，提高知识产权对经济增长的贡献率；三是建立知识产权审查工作机制，规范审查论证程序，对重大科技成果转化项目进行知识产权审查，并逐步将知识产权审查论证机制扩大到对所有创新项目的审查，以提高科技成果的转化率。

再次，加强企业知识产权工作和区域知识产权工作。一是提高企业以专利战略、品牌战略为核心的知识产权战略运用能力，培育一批知识产权优势企业；二是将知识产权的试点示范工作从少数试点企业逐步向高新区延伸，向创新创业基地延伸，向特色产业园区延伸。研究制定相关政策法规，一方面要按照通行的国际准则加强知识产权保护工作；另一方面，要在不违反世贸组织《与贸易有关的知识产权协定》的条件下，对不同产业实施有差别的知识产权保护政策，并帮助有关企业解决在知识产权保护工作中所遇到的实际问题。

最后，加快推进知识产权服务体系建设，推进国内外交流与合作。加快推进全省知识产权公共信息服务平台的建设，形成辐射全省的知识产权服务能力。采取措施推进专利代理机构发展，并注重对专利代理人进行现代科技知识的培训工作。紧密结合对国际知识产权制度变革的最新动态研究，继续开展与国际社会及相关国家进行知识产权合作与交流。邀请外国专家来江苏讲学交流，选派政府相关部门的人员赴国外培训考察。注重获取并研究分析全省优势产业相关领域中技术发展动态、重点技术分布、主要竞争对手动向等科技信息。

（3）以提升企业竞争力为落脚点，推进自主品牌战略。

企业竞争力的提升主要体现在品牌上。据中国品牌研究院2011年公布的对中国品牌研究的报告，江苏的品牌在"数量"和"质量"这两个方面同发达省份差距很大。因此，要提升江苏企业的市场竞争力，就必须大力推进品牌战略。

必须提高各级政府和广大企业对推进江苏品牌战略重要性的认识，加强对企业培育和保护品牌方面的政策扶持。在制定江苏品牌发展战略的基础上，对全省品牌发展状况进行系统调研，对具备条件的重点企业加强政策扶持。一是帮助省内有条件的企业争取国家品牌发展专项资金及自主创新资金的支持；二是加大省财政对相关企业培育品牌的资金支持力度；三是制定政府采购实施细则，优先采购省内名牌企业的自主品牌产品；四是抓紧制定及完善全省商标、商号等品牌的知识产权保护法规及办法，形成知名商标、商号的认定、管理、保护的完整的法规体系；五是对企业在国外注册商标、申请专利以及保护知识产权给予政策及资金的支持，鼓励企业争创国家名牌乃至世界名牌。通过政策扶持，在全省逐步形成有特色、有影响、多层次、全方位的"品牌产品群""品牌企业群"和"品牌产业群"，争取创立更多的省级名牌和国家名牌，为创立世界名牌创造良好条件和打下扎实基础。

加强对全省的品牌管理工作。推进品牌战略，必须加强管理，创新具有市场竞争力的品牌管理模式。一是大力推出具有自主知识产权的标准；二是大力发展品牌授权业；三是努力同国际接轨；四是在对各级政府和企业的政绩和业绩考核中必须将其推进品牌建设、实施名牌战略作为一项不可或缺的考核内容。

（4）以提高原始创新能力为目标，建设知识创新体系。

江苏具有较为明显的科技与教育优势，科技创新蕴藏着巨大的资源和潜能。但江苏知识创新的投入与产出比例不协调，知识创新的成果成熟度较低，科技成果转化率较低（现有科技成果中约60%以上未能转化为现实生产力），这是科研开发与市场需求脱节的体现。为发挥江苏的科教优势，全省应大力加强知识创新体系建设，以具有比较优势的知识领域为重点，依托具有比较优势的高等学校、科研院所和高技术重点实验室,坚持有限目标、有所为有所不为的方针,遵循政府扶持、企业化运作的原则,统筹规划,建立并完善江苏知识创新系统。

围绕知识创新的发展重点,创建并完善一大批科技创新平台。大力支持和发展江苏既有比较优势,又与江苏主导产业和支柱产业关键技术密切相关的电子信息技术、生物技术与新医药、纳米技术、先进制造技术、新材料技术和现代农业技术等领域的知识创新,创建并完善一批与此相关的国家级和省级科技创新平台。

加强以应用研究为主的原始创新和前沿科学研究,为增强全省自主创新能力提供技术和人才储备。一是在信息科学、生物医药、新材料、先进制造和现代农业等重点领域,选择若干关键科学技术问题,实施一批前瞻性的自主创新项目,积极培育高技术产业跨越发展的创新源;二是根据江苏国民经济和社会发展的需要,围绕重点产业和人口与健康、资源、能源、安全等重大问题,统筹规划,加强重点领域的科技攻关,努力解决制约全省经济社会发展的重大科技问题;三是选择江苏具有优势的学科领域和科学技术前沿方向,紧密衔接国家战略需求中的重大科学技术问题,重点开展前沿科学技术的基础研究,引领全省所有主导产业与支柱产业的未来发展。

充分利用国内外的科技研究开发的重大成果,重点做好科技产业化的中游链工作。结合江苏产业未来发展的重大关键技术,依托江苏具有比较优势的知识创新领域,高校及科研院所与企业共同应用开发,从技术创新源头上推进产学研紧密结合,使全省部分产业关键技术达到国际先进水平。

探索建立产学研联合的长效机制,推进具有自主知识产权的重大科技成果向规模产业的转化。应进一步深化改革、创新体制机制,力争尽快打通科技成果转化的通道。大力鼓励企业与高校和科研院所围绕共同的产业技术领域建立联合实验室、工程技术中心等研究机构,从整体上推动产学研向前端延伸,从而建立和形成产学研联合的长效机制,全面推进科技成果的转化。特别是要选择若干具有高度技术关联性和产业带动性的重点领域,加强集成创新,系统推动科技成果的转化,在若干重点领域抢占产业技术制高点,形成江苏在国内外经济竞争中的新优势。

(5) 以优化政策环境为导向,加强政府科技管理创新。

《全国及各地区科技进步统计监测结果》近几年数据显示,江苏法治环境与政策环境总体建设良好,在一定程度上促进了全省自主创新能力的提高,但仍存在某些不足之处，因此，必须大力加强政策法规体系建设，加强政府科技管理创新。

首先，建立健全有利于全省提升自主创新能力的法律法规。一方面，应继续落实国家的有关法律法规，依法推进全省的科技进步、教育发展和人才开发工作，并加强执法力度，创建良好的法治环境；另一方面，应结合江苏的实际情况，加强地方法规建设，促使增强自主创新能力、建设创新型省份的工作走向法制化轨道。着重制定并完善有利于提升自主创新能力、建设创新型省份的地方法规体系。

其次，建立健全有利于江苏省自主创新的政策体系。一是按照世贸组织（WTO）政府采购招标可不对外开放的规则，应尽快出台有关政府采购政策，为全省高新技术企业发展提供市场基础；二是在财政、税收、信贷、融资、固定资产折旧等方面制定并落实鼓励科技创新、促进高新技术及其产业化发展的优惠政策；三是研究制定培育高新技术产业基地和先进制造业基地的政策、措施和办法；四是结合建立现代企业制度，探索建立企业有效吸引、培养和使用人才的激励和约束机制的政策措施；五是研究制定鼓励企业在境外或合资兴办技术开发机构的政策措施；六是研究制定加速发展和规范技术中介服务机构的相关政策；七是研究制定扶持转制成科技企业的应用型科研机构发展的相关政策；八是研究制定鼓励在大中型企业中建设省级技术开发中心、工程技术中心的相关政策等。

最后，加强政府科技管理创新，建立竞争激励机制。一是强化政府对科技创新的宏观管理；二是弱化政府对科技创新的微观管理；三是转化政府对科技创新的部分职能；四是鼓励企业和科研机构实行多元化用人制度，激发科技人员和广大劳动者创新创业的积极性；五是根据中央关于实行技术、管理等生产要素参与分配的原则，改革分配制度，建立和完善激励机制，使广大科技人员的收入符合其劳动创造的价值和贡献，继续完善国家科技奖励制度，鼓励科学发现、技术发明和技术创新，鼓励科技成果向知识产权和现实生产力的转化。

（6）以建设创新软环境为目的，营造自主创新氛围。

总体来说，江苏社会环境建设良好，在一定程度上促进了全省自主创新能力的提高，但仍存在某些不足之处，需要不断优化社会环境，进一步营造有利于自主创新的社会氛围。

第一，坚定不移地坚持解放思想，推进改革开放。通过深入开展创新创业教育、广泛宣传创新创业先进典型，推动全省"富民优先"的进程，为增强自主创新能力、建设创新型省份提供良好的文化氛围和社会基础。加快推进经济体制和科技体制改革，消除制约科技进步和创新的体制障碍，进一步形成科技与经济一体化发展的体制机制，促进科技成果与各类资本的融合，增强全社会创新创业的内在动力和活力。

第二，营造尊重劳动、尊重知识、尊重人才、尊重创造的社会环境。采取有效措施，让有突出贡献的科技人员得到应有的政治荣誉、经济收益和社会地位。舆论宣传媒体应为增强自主创新能力、建设创新型省份创造良好的舆论氛围。科研管理部门和单位应积极培育鼓励创新、宽容失败、提倡良好科学道德的创新文化和人文环境。各级政府应坚持以人为本、人与自然和谐的原则，营造有利于各类人才创新、创业的生活环境。

第三，充分发挥全省各民主党派和社会团体的重要作用，调动各方面的积极性，形成合力，构建一个有利于增强自主创新能力、建设创新型省份的社会环境。

（7）以人才队伍建设为着力点，构筑创新人才高地。

自主创新是加快经济和社会发展的重要动力，深入实施人才强省战略是增强自主创新能力的关键。全省应按照国家全面提升自主创新能力的战略部署，充分发挥江苏的科技优势和人才优势，加强人才队伍建设，构筑创新人才高地，大力提高原始创新、集成创新和引进消化吸收再创新能力，促使江苏的科技优势向经济优势的转变，实现建设创新型江苏的战略目标。

第一，完善人才激励机制。建立以绩效为主导的薪酬分配机制，推进知识产权入股、期权奖励、技术有偿转让等要素分配形式，扩大年薪制、期权制、员工持股等分配办法的施行范围。通过分配制度的改革，让江苏高新技术领域薪酬标准达到我国沿海省市的前列水平。

第二，建立便利海外人才来江苏工作的管理制度。凡是在江苏工作2年以上的外籍管理人员和专业技术人员、投资较大的外籍人员及其配偶和子女，给予永久居留权，或颁发"长期居住证"。对现已加入外国国籍或获得外国"绿卡"的中国赴外留学人员，凡是来江苏就业、创业、投资的，颁发3~5年的多次往返签证。推行简便易行的留学人才身份确认制度和出入境管理办法，让海外人才便利快捷地为江苏服务。

第三，大规模多渠道地培育适用人才。按照创新创业的需要，确立教育理念，创新教育模式，调整高等教育、职业教育的学科和课程设置；将培养学生的重点放在塑造创新精神、提高创新能力、增强创业本领上。

第四，加强区域人才一体化。在长江三角洲经济一体化的过程中，政府有关部门应不断推进长江三角洲人才资源共享、政策协调、制度衔接和服务贯通，建立长江三角洲区域人才开发新机制，形成统一的人事制度框架、人才大市场和人事人才服务体系，加快长江三角洲地区人才开发一体化进程。

第五，建立科学的人才评价制度。依托行业组织和专业管理部门，分类制定人才职业能力评价标准和认证制度。推进专业技术人员职业资格国际互认，支持江苏职业资格认证机构参加国际认证组织，鼓励国际权威认证机构在江苏从事职业资格认证业务。

第六，建立人才工作目标责任制。制定人才工作实施过程的督察和考核办法，启动政府公共服务的问责制，做好关键环节的各项工作，包括制定行动计划、组织准备、资源配置、试点实验、全面实施等，提高统揽全局的能力和宏观管理的有效性。

第七，建立江苏人才统计制度和评价指标体系。对全省人才队伍建设和战略目标实现程度进行监测，对各地人才环境建设发挥促进和警示作用，及时发现和纠正战略实施过程中的偏离目标问题。当外部环境和内部基础条件发生剧烈变化时，对人才队伍建设的目标体系进行必要的调整。

第8章

产业创新场与知识产权密集型产业培育

随着全球科技创新日新月异,国与国之间竞争越来越激烈,知识产权日益成为国家发展的战略性资源和综合国力竞争的核心要素。知识产权与产业发展的融合更加紧密,发达国家特别是美国、德国等提出要发展知识产权密集型产业。2014年12月,国务院办公厅发布《深入实施国家知识产权战略行动计划(2014~2020年)》,提出推动知识产权密集型产业发展。2015年12月,国务院印发了《国务院关于新形势下加快知识产权强国建设的若干意见》,文件中明确提出要大力培育知识产权密集型产业,探索制定知识产权密集型产业目录和发展规划,运用股权投资基金等市场化方式,引导社会资金投入知识产权密集型产业,加大政府采购对知识产权密集型产品的支持力度,试点建设知识产权密集型产业集聚区和知识产权密集型产业产品示范基地,推行知识产权集群管理,推动先进制造业加快发展,产业迈向中高端水平。

8.1 知识产权是创新驱动发展的关键环节

8.1.1 知识产权是实现创新驱动的源泉

创新驱动发展的关键是以知识产权打造原始创新,因为在经济发展中起关键作用的是拥有核心技术的知识产权,知识产权的拥有数量和质量是衡量原始创新的标高,它代表了一种突破性的创造力量。为产业转型解决了知识创新的根本性转变,可以力促一个传统产业发展模式的改变或引发一个战略性新兴产业的诞生。实践表明，发展创新驱动必须依靠原始创新，而知识产权打造原始创新是经济发展的关键。因此要着力提升原始创新，大力增强集成创新和引进消化吸收再创新能力，提升知识、技术转移转化和规模产业化能力，形成更多具有自主知识产权的创新技术，构建完整的国家创新体系。

创新驱动发展必须率先发展先进生产力，这是以现代生产要素的最佳整合来实现创造最佳效能价值的一种手段。当今，知识产权在经济发展中起关键性作用，已成为发展经济的先进生产力，并且成为具有核心技术经济价值的生产要素和可持续发展中不可或缺的战略资源。在创新型国家的建设中，正是这些先进生产力的爆发性增长促进了经济发展方式的根本性转变。20世纪50年代，美国出口产品对知识产权的依赖度只有10%，到90年代，这个数字迅速上升到50%，现在已经达到了65%。发达国家每向外转移1亿美元的知识产权技术，要搭售高达约50亿美元的成套设备及附属产品。可见在创新驱动发展中，知识产权作为先进生产力的地位与作用已越来越凸显。因此，重视知识产权的创造与应用，充分发挥知识产权的作用，将是实现创新驱动发展目标的根本保证。

知识产权的竞争将成为未来世界竞争的主阵地。随着知识经济和科技全球化的深入发展，知识产权发挥了抢占核心技术制高点和赢得国际市场竞争先机的独特作用，这一点已得到世界各国的高度重视，也成为我国创新驱动发展的核心竞争力。当前，我国实施知识产权战略，增强自主创新能力，转变经济发展方式就是为应对经济全球化所产生的市场激烈竞争，加快形成核心技术知识产权的集聚和爆发性增长优势，提升我国的综合实力和国际竞争力。

8.1.2 知识产权是现代产业体系的保障

要转变经济发展方式，就必须在新兴技术、新兴产业上有所突破。抢占新一轮竞争制高点，就必须掌握发展新能源、新材料、新医药、节能环保、生物育种、信息产业和电动汽车等战略性新兴产业的关键核心技术。为引发和支撑新一轮的产业革命，需要大力培育和掌握核心技术的知识产权，因为知识产权特别是新兴产业领域内的知识产权拥有量将决定我国战略性新兴产业发展的前途。

大力发展战略性新兴产业，把提高科技创新能力融入完善现代产业体系中，用科技引领产业持续优化升级，进一步推动我国创新驱动经济结构大调整。科技进步是推动产业结构优化升级的杠杆：科技进步可以推进产业结构的更新升级；可以推动传统产业的技术改造；可以开拓新的技术和形成新的产业；可以推动产业链从微笑曲线的中间制造环节向研发、设计、标准制定和品牌、销售和服务两端环节转变。而知识产权制度是开发、利用知识资源的基本制度安排，所以知识产权在科技进步起到对产业结构调整中的杠杆作用发挥着极为重要的基础性支撑作用，为激励创新、保护产权、配置资源、促进利用保驾护航。

同时，没有知识产权就没有新兴产业，新兴产业是在知识产权发展基础上而产生和成长起来的新的产业。相比较于传统产业或成熟产业，新兴产业的形成和发展壮大更需要知识产权制度。知识产权对新兴产业的助推作用表现在：第一，知识产权能激励新兴产业的自主创新系列活动。从创新人才来看，可以从根本上调动研发人员进行技术创新的积极性。从创新所需资金来看，可以促使新兴企业向新的技术研发投放更多资金。知识产权制度为新的知识产权创造出人力和物力资源优势，形成良性循环互动，推动了新兴企业的再次创新。第二，知识产权制度增加了新兴企业的总资产。知识产权这种无形资产的价值可以几何倍数放大，甚至可以占到新兴企业总资产的80%以上。第三，知识产权制度有利于维护市场竞争的公平有序。知识产权制度为解决新兴企业在创新技术过程中可能出现的创新纠纷树立了标准。在新兴企业的研发过程中，企业相互之间还处于保密状态，重复创新、竞争创新或模仿创新等纠纷有可能出现，知识产权制度犹如一道阻止其他企业的"搭便车"行为的"防火墙"，赋予了产权主体阶段性市场垄断权利，保护知识产权人，规范企业行为，为新兴企业收回前期投入和取得应有的利润提供保障。

8.1.3 知识产权是企业转型升级的抓手

经济发展方式转型的主体是企业，当前我国转变经济发展方式的重点是加快企业转型升级以形成企业核心竞争力，现代企业的核心竞争力是以知识、创新为支撑的企业的某项关键资源或关键能力的组合，所以企业生产经营要素、方式、机制三者的转变是企业转型升级的关键，而企业转型升级的抓手是知识产权。长期以来，企业的生产经营要素是以有形的物质资源要素为主体，企业在市场中的竞争往往体现为对拥有物质资源总量的比拼，这种企业的传统发展方式忽视了发挥知识产权资源要素的作用。现代企业的生产目标是发展创新型经济，而创新型经济是以知识产权资源要素为主导的知识型经济。在新型经济竞争态势中，知识产权对市场需求起推动作用，而市场需求对知识产权创造和运用又发挥拉动作用。互动支撑企业以生产经营有形的物质资源要素为主向以无形的知识产权要素转变，并使其成为优化物质资源要素配置，走"知识产权-市场-资本"经营制胜之路的一种方式。以知识产权转变企业生产经营方式就是将实施知识产权战略贯穿于企业的自主创新、资源配置、生产制造、市场营销、专利许可、国际贸易和可持续发展等各个经营环节，以突出知识产权运筹来掌握企业生产经营主动权的一种方式。拥有知识产权的生产经营方式，有利于企业开创非物质无形资产创造巨大财富的生产经营新局面，有利于促进企业以新的经营理念、新的经营思路、新的经营模式和新的经营机制来创造知识产品，形成自主创新品牌产品，让企业成为在变化莫测的市场竞争中立于不败之地的优势企业。

8.2 知识产权密集型产业的理论研究

8.2.1 美国的知识产权密集型产业研究

美国 2005 年公开的一项研究表明：专利密集型产业和版权密集型产业产出共占美国 GDP 的 17.3%，约 19 亿美元。美国商务部在 2012 年 3 月发布了《知识产权和美国经济：聚焦产业》的研究报告，利用美国 2004~2008 年的数据对美国的知识产权密集型产业进行了界定与测算，据此对美国 2010 年知识产权密集型产业的经济贡献进行了分析。美国报告将知识产权密集型产业分为专利密集型产业、商标密集型产业和版权密集型产业。其中专利密集型产业的衡量标准是产业专利密度高于平均水平，产业专利密度的计算方法是 2004~2008 年产业授权专利数与该产业五年间平均就业人数的比值。商标密集型产业的衡量标准采用三种方法联合认定：第一，商标密度认定法。类似于专利密集型产业中专利密度的确定，采用产业商标注册数/该产业从业人员数大于平均值的方法来确定。第二，根据注册商标数量前 50 强补充认定。统计 2006~2010 年的商标数量前 50 强企业所在产业的次数，给每一家上榜企业匹配好相应的产业代码，如果一个产业出现 5 次以上，则认定为商标密集型产业。第三，随机抽取典型性公司样本。从 2010 年全部 166844 个注册商标中随机提取 300 个样本，然后给这些样本企业配上产业代码，从而作为前两种方法的补充，使最终的商标密集型产业更完善、更具有说服力。版权密集型产业的认定是根据 2003 年 WIPO 发布的《版权相关产业的经济贡献调研指南》中对版权产业的定义而来。由于版权通常不是通过注册来获得，因此无法采用类似于专利或商标密集型产业的方法来认定。美国报告只将核心版权产业认定为版权密集型产业，认为只有与版权资料的创造和生产直接相关的才是版权密集型产业。核心版权产业的定义为"完全从事创作、制作和制造、表演、广播、传播和展览或销售发行作品以及其他受保护客体的产业"，言外之意表明核心版权产业是一类如果没有版权制度就无法生存和发展的产业。

Vichyanond 也提出了美国产业的"专利强度"概念，即，每个产业的专利强度的计算方法是产业授予的专利数量除以该产业的总销售额。Albert 等人基于 Vichyanond 的专利强度概念研究发现：在专利保护较强的国家，专利密集型产业的发展更快；专利保护与经济增长有关，并且这种影响在专利密集型产业和高收入国家表现更为明显；较贫穷的国家的专利密集型产业份额较小，在这些国家实施强专利保护带来的好处可能被技术扩散强壁垒的成本所抵消。

8.2.2 欧盟的知识产权密集型产业研究

英国 2012 年公开的一项研究表明：排名前十的专利密集型产业对英国 GDP 的贡献率为 7.8%，占所有产业产出的 36.7%，并在报告中提及，在所有传统制造部门中，知识产权密集型产业是英国产业的希望所在，在产业结构调整的不利影响下这些产业仍继续保持增长。

欧盟报告的知识产权密集型产业的认定方法与美国类似：专利密度高于平均值的产业被认定为专利密集型产业。略有不同的是，美国的专利选择对象为 2004~2008 年的专利授权数，而欧盟的专利选择是根据 2004~2008 年的专利申请并最后成功授权（2004 年 1 月 1 日到 2013 年 2 月 8 日期间）的专利。商标密集型产业的认定与美国商标密集型产业的第一种方法基本相同，如果商标密度高于所有产业的商标密度（所有商标数与产业就业总人数之比）则此产业被认定为商标密集型产业。版权密集型产业判断方法参考 WIPO 对版权产业的定义并进行了适当调整。与美国报告中版权密集型产业相类似，欧盟报告的版权密集型产业只包括核心版权产业，即完全从事创作、制作和制造、表演、广播、传播和展览或销售发行作品以及其他受保护客体的产业。与美国报告中的知识产权密集型产业不同的是，欧盟报告中还增加了外观设计密集型产业和地理标志密集型产业，从而扩大了知识产权密集型产业的内涵与外延。

8.2.3 中国的知识产权密集型产业相关研究

徐明和姜南（2013）将专利与产业联系提出"专利密集型产业"的概念，并通过"专利密度"的基本概念与计算公式（专利申请量/从业人员数），将高于平均数的产业视为专利密集型产业，从而确定这些产业对工业总产值的贡献率，并得出结论是专利密度与工业总产值具有正相关性。顾海兵等（2012）也提出通过"专利强度"（专利量/就业量）测评专利密集型产业。

徐明和姜南（2013）对专利密集型产业影响最大的因素依次为人力投入、研发活动、资金使用。姜南（2014）运用 DEA – Malmqusit 指数法对 2008 ~ 2011 年我国专利密集型产业和非专利密集型产业的 R&D 绩效变化进行了评价，发现我国专利密集型产业的 R&D 绩效平均增幅低于非专利密集型产业。

姜南（2014）基于研究提出专利对产业的贡献与产业的类型紧密相关，在制定产业政策时，应结合产业的性质和特点来制定产业政策，使产业的经济政策、专利政策和 R&D 政策结合起来；我国的专利密集型产业、高科技产业和战略性新兴产业等重点产业在发展过程中，存在着盲目投入和重复投入问题，应合理配置资源，根据产业的 R&D 绩效适当调整投入的方向，必要时应加强审批，减少盲目的投入；合理规划非专利密集型产业，引导一些条件较好、类型合适的非专利密集型产业向专利密集型产业转变。姜南等人（2014）根据专利密集型产业占工业总产值的贡献率与工业产业占 GDP 的比重，相乘得出专利密集型产业对中国 GDP 的贡献率，并通过对比发现中国知识产权密集型产业对 GDP 的贡献较之美国总体偏小，但在解决就业方面，知识产权密集型产业对中国的贡献率远远超过美国，这说明知识产权密集型产业对中国的就业社会问题贡献巨大，也说明了中国知识产权密集型产业的人均经济效益较之美国偏低；同时，对比发现中国知识产权密集型产业的就业率贡献值与欧盟差不多，但是对经济活动的贡献率较之欧盟偏低。

8.3 各地培育知识产权密集型产业的实践

2015年9月,广东省人民政府印发了《广东省深入实施知识产权战略推动创新驱动发展行动计划》,文件中明确提及,要形成一批具有国际影响力的知识产权密集型产业,培育形成一批成长性好、附加值高的专利密集型产业。到2017年,建设知识产权密集型产业集聚区10个。2015年12月,广东省知识产权局在广州、深圳、佛山、惠州、东莞5个地区组织实施"2015年广东省专利密集型产业集聚区培育工程"项目,每个项目支持40万元;2016年4月,在东莞组织实施"2016年广东省知识产权密集型产业集聚区培育工程"项目,经费支持50万元;2017年5月,在清远组织实施"2017年广东省知识产权密集型产业集聚区培育"项目,经费支持30万元。广东省通过密集型产业集聚区培育工程项目,以知识产权工作为主线,建设一批专利密集、专利布局合理、创新驱动发展优势明显的专利密集型产业集聚区,提高集聚区的创新资源配置效率,形成协力创新、有序竞争的发展环境,促进集聚区知识产权与产业发展深度结合,提升产业竞争力与创新驱动发展水平。

2015年,陕西省在全省战略性新兴产业、特色产业中,遴选了8个产业开展知识产权密集型产业培育发展工作,分别是西安工业设计产业、西安光电信息产业、西安高新区能源装备制造产业、咸阳电子材料产业、安康富硒食品产业、陕西3D打印产业、陕西新能源汽车产业以及陕西钛产业等8个产业,旨在努力形成知识产权发挥重要作用的产业创新发展模式,使知识产权对推进产业发展的作用凸显出来,使知识产权密集型产业对区域经济发展的贡献凸显出来。2015年,陕西省制定实施了《2015年知识产权密集型产业培育发展工作安排》,指导建立产业培育发展工作机构和工作机制,采取"一产业一方案、综合施策"的办法,引导产业创新成果产权化、知识产权产业化,推进企业知识产权"贯标",开展知识产权信息分析咨询,加强知识产权保护,促进知识产权运用,提升知识产权配套服务能力,强化产业知识产权培训等。2016年,陕西按照"一产业一方案、综合施策"的办法,继续推进西安光电信息产业等8个知识产权密集型产业培育发展工作。根据统计,2016年,8个知识产权密集型产业培育涉及企业979家,参与研发1.28万人，全年研发经费投入 11.5 亿元，产业实现工业总产值 707 亿元，工业增加值 177 亿元；共申请专利 3801 件，授权专利 2038 件，发明专利授权 431 件，同比增长 52%；参与贯标企业 25 家；开展专利预警分析 25 项、各类知识产权评议 9 项；举办各类培训活动 126 批次，培训人员 6560 人次。当年新增陕西稀有金属材料产业、陕西生物医药产业、榆林兰炭产业、韩城大红袍花椒产业等 4 个知识产权密集型产业开展培育发展工作。

2016 年 1 月，广西制定了《关于加快发展广西专利密集型产业（制造业）实施方案》，对专利密集型产业发展提出了具体要求。根据实施方案，广西将打造一批专利密集型企业，以推动部分专利密集型产业发展成为支柱产业，在局部领域达到全国先进乃至领先水平。到 2020 年，广西工业行业发明专利密集度达到 7 件/千人，专利密集型产业总产值占全区工业总产值比重达 30% 以上；拥有有效发明专利的企业达 2000 家以上；拥有有效发明专利 100 件以上的企业达 30 家以上。广西将完善奖励机制，将专利密集型产业发展相关指标纳入年度国民经济和社会发展目标，并进一步完善专利资助和奖励制度。此外，为了提高企业发明专利产出，广西将选择一批规模以上企业作为试点，通过创新点挖掘、专利引进消化吸收再创新等工作，加强小微企业发明专利培育，通过提供平台、专业指导、首件授权奖励等政策措施，支持小微企业申请发明专利。到 2020 年，认定专利密集型企业 1000 家以上。广西还将以高新园区、工业园区、经济开发区为依托，围绕优先发展的产业领域，打造产业特色鲜明的园区知识产权工作体系和专利服务平台，推动园区内产业形成知识产权集聚发展效应。到 2020 年，培育专利密集型产业园区 5 个以上。与此同时，还将依托国家级、自治区级的工程技术研究中心、重点实验室、产业研发中心、工程研究中心、工程实验室、企业技术中心等高层次科技创新平台，建设一批高价值专利培育示范中心。到 2020 年，建成高价值专利培育示范中心 10 个以上，相关专利产品产值达 1000 亿元以上。

2017 年年初，河南省下发了《河南省专利事业发展"十三五"规划》，提出"十三五"期间，河南省将培育 25 个知识产权密集型产业，知识产权密集型产业产值占全省 GDP 的比重超过 25%。根据该规划，河南省将制定专利密集型产业目录和发展规划，出台发展专利密集型产业的政策，加大政府采购对专利密集型产品的支持力度，引导财政、金融、税收等政策向专利密集型产业倾斜。

8.4 江苏省专利密集型产业分析

8.4.1 江苏省专利密集型产业统计方法

专利是专利权的简称，它是国家按专利法授予专利权人在一定时间内对其发明创造成果所享有的独占实施权。参考美国专利商标局《知识产权和美国经济：产业聚焦》报告，及欧洲专利局、欧盟内部市场协调局《知识产权密集型产业对欧盟经济及就业的贡献》报告的统计方法，将专利密集度高于所有产业平均专利密集度的产业界定为专利密集型产业。同时，考虑到江苏产业发展现实情况及数量规模的引导性，参照国家知识产权局专利密集型产业界定的原则，设定专利密集型产业发明专利授权数量规模应高于所有产业平均值。按照上述方法和原则，确定专利密集度为某产业每5年发明专利授权总数除以该产业5年平均从业人员数，发明专利授权数量规模为该产业5年的发明专利授权总数。

$$专利密集度 = \frac{某产业（行业）五年发明专利授权数之和}{该产业（行业）五年平均从业人员数}（件/万人）$$

按照式（8-1）统计，2011~2015年，江苏工业中类行业平均专利密集度为27.65件/万人，工业中类行业平均发明专利授权数量规模为153.83件/行业，在201个工业中类行业中，有33个是江苏省专利密集型产业。之所以使用五年的数据，目的是使研究结果更具有说服力。之所以使用发明专利，是因为发明专利是三种专利中技术含量最高的专利。之所以除以从业人员数，因其是体现产业总体规模最易取得且最具有一般意义的指标，目的是刨除产业规模的影响使所有产业基准相同。因此，专利密集型产业并非是发明专利数量多的产业，而是发明专利授权数与从业人员数比值高的产业。

8.4.2 江苏省专利密集型产业目录分析

（1）江苏省专利密集型产业与全国专利密集型产业目录分析。

国家知识产权局2016年发布了《专利密集型产业目录（2016）》（试行），目录涵盖了48个国民经济中类行业，包括42个工业中类行业和6个服务业中类行业。江苏省专利密集型产业与全国专利密集型产业比较具有如下特征：

吻合度较高。江苏省33个专利密集型产业中有26个是全国专利密集型产业，吻合度达到78.79%。在这26个产业中，有8个是化学和医药制造行业，有11个是设备制造业。

贡献度大。医药产业是江苏省的重要产业，2015年江苏省医药产业主营业务收入、利润总额两项指标位居全国第2（山东省第1），利税、出口交货值两项指标位居全国第1。2015年由国家食品药品监督管理局南方医药经济研究所和《医药经济报》推出的"2014年度中国化学制药工业企业百强"评选结果揭晓，江苏省有13家企业入榜，与山东省并列第1。2015年，全省装备制造业实现产值6.4万亿元，占全省工业经济总量的41.7%。

产业差异性大。一是江苏省专利密集型产业较好地体现了地方特色。电子元件制造、家用电力器具制造等产业在江苏省工业体系中占有重要地位，具有较强的专利创造能力。电子元件制造产业5年发明专利授权量为1798件，在201个工业中类中位居第2；2015年期末从业人员数达到59.1万人，工业总产值达4669亿元，主营业务收入达到4633亿元，在201个工业中类中分别位居第1、第4、第4。家用电力器具制造产业5年发明专利授权量为795件；2015年期末从业人员数达到11.6万人，工业总产值达1720亿元，主营业务收入达到1655亿元，在201个工业中类中分别位居第25、第25、第26。二是部分重点产业专利密集度不高。全国专利密集型产业包括金属表面处理及热处理加工，污水处理及其再生利用，其他水的处理、利用与分配等资源循环利用等相关产业，但这些产业在江苏省专利密集度都不高。其中，污水处理及其再生利用专利密集度为15.59件/万人，5年发明专利授权量只有4件；2015年期末从业人员数为3582人，工业总产值为32.59亿元，主营业务收入为32.42亿元，在201个工业中类中分别位居第152、第156、第156，名次均比较靠后，创新及专利产出与江苏省占全国水处理产业50%以上的市场份额不吻合。

（2）江苏省专利密集型产业与七大战略性新兴产业目录分析。

吻合度高。江苏省专利密集型产业大部分属于国家重点发展的战略性新兴产业，与国家统计局发布的《战略性新兴产业分类（2012）试行》产业对比发现，江苏省33个专利密集型产业中有29个属于全国战略性新兴产业。

贡献度大。江苏省专利密集型产业中属于全国战略性新兴产业的29个产业中，输变电及控制设备制造产业的工业增加值为1447亿元，基础化学原料制造产业的工业增加值为 1427 亿元，电子元件制造产业的工业增加值为 1047 亿元，在 201 个工业中类中位居第 2、第 3、第 4。29 个专利密集型产业工业增加值占战略性新兴产业工业增加值的比重达到 49.91%，出口交货值占战略性新兴产业出口交货值的比重达到 46.62%，新产品产值占战略性新兴产业新产品产值的比重达到 56.28%。

发展不平衡。战略性新兴产业涉及的 129 个工业中类中，江苏省尚有 100 个产业专利密集度不高。其中，计算机制造、视听设备制造、通信设备制造、船舶及相关装置制造、其他电子设备等产业出口交货值在 201 个工业中类中均处于前 10 位，工业增加值在 201 个工业中类中都位于前 40，但其专利密集度尚不高。此外，战略性新兴产业涉及的纸浆制造，毛皮鞣制及制品加工，竹、藤家具制造，炼铁，化学矿开采，专用设备修理，塑料家具制造，金属家具制造等 8 个产业 5 年发明专利授权量为 0，专利创造水平严重滞后。专用设备修理产业 2015 年人均研发投入在 201 个工业中类中位居第 2，但专利密集度不高、科技创新投入的产出不高。

(3) 江苏省专利密集型产业与高技术制造业目录分析。

吻合度高。江苏省专利密集型产业部分属于国家高技术制造业，与国家统计局发布的《高技术产业（制造业）分类（2013）》对比发现，江苏省 33 个专利密集型产业中有生物药品制造、化学药品制造、光纤光缆和电子工业专用仪器等 12 个产业属于高技术制造业。

贡献度大。江苏省专利密集型产业中属于高技术制造业的 12 个产业中，电子元件制造产业的工业增加值为 1047 亿元，电子器件制造产业的工业增加值为 963 亿元，专用化学产品制造产业的工业增加值为 937 亿元，在 201 个工业中类中分别位于第 4、第 5、第 6。12 个专利密集型产业工业增加值占高技术制造业工业增加值的比重达到 67.46%，出口交货值占高技术制造业出口交货值的比重为 45.04%，新产品产值占高技术制造业新产品产值的比重达到 56.89%。

发展不平衡。高技术制造业涉及的 27 个工业中类中，江苏省有 15 个产业专利密集度不高。其中，计算机制造、视听设备制造、通信设备制造、其他电子设备等产业出口交货值在 201 个工业中类中均位于前 10，工业增加值在 201 个工业中类中均位于前 40，但其专利密集度尚不高。此外，高技术制造业涉及的铁路、船舶、航空航天等运输设备修理，航空、航天器及设备制造，其他仪器仪表制造业等 3 个产业 5 年发明专利授权量低于 10 件；航空、航天器及设备制造产业2015年人均增加值、人均出口交货值、人均新产品产值在201个工业中类中分别排第28、第9、第2，属于经济贡献度较高但专利产出较低的产业。

（4）江苏省专利密集型产业与产业关键共性技术目录分析。

吻合度高。与工业和信息化部2015年发布的《产业关键共性技术发展指南（2015）》对比发现，江苏省33个专利密集型产业中有23个属于产业关键共性技术。

贡献度大。江苏省专利密集型产业中属于产业关键共性技术的23个产业中，输变电及控制设备制造产业的工业增加值为1447亿元，基础化学原料制造产业的工业增加值为1427亿元，电子元件制造产业的工业增加值为1047亿元，在201个工业中类中排在第2、第3、第4。23个专利密集型产业工业增加值占产业关键共性技术工业增加值的比重达到62.93%，出口交货值占产业关键共性技术出口交货值的比重达到52.55%，新产品产值占产业关键共性技术新产品产值的比重达到64.13%。

发展不平衡。产业关键共性技术涉及的64个工业中类中，有41个未进入江苏省专利密集型产业目录。其中，计算机制造、视听设备制造、通信设备制造等产业出口交货值在201个工业中类中均位于前5，工业增加值在201个工业中类中都位于前20，但其专利密集度尚不高。此外，产业关键共性技术涉及的纸浆制造，石棉及其他非金属矿采选，贵金属冶炼，制糖业，污水处理及其再生利用等5个产业5年发明专利授权量低于5件；贵金属冶炼、制糖业2个产业2015年人均增加值在201个工业中类中分别排第6和第8，属于经济贡献度较高但专利产出偏低的产业。

（5）江苏省专利密集型产业与美欧专利密集型产业目录分析。

美国专利商标局报告《知识产权和美国经济：2016年更新版》中测算了美国产业平均专利密集度为462件/万人，根据这个标准，美国专利密集型产业共有12个，均集中于制造业。欧洲专利局、欧盟内部市场协调局报告《知识产权密集型产业对欧盟经济及就业的贡献》中测算了欧盟产业平均专利密集度为6.9件/万人，根据这个标准，欧盟专利密集型产业共有140个，2016年发布的《知识产权密集型产业及其在欧盟的经济表现》仍沿用这一结果。

江苏省专利密集型产业与美欧对比表明：

专利密集度低。美国产业平均专利密集度为462件/万人，是江苏平均专利密集度的16.7倍。江苏省专利密集度最高的铁路运输设备制造产业专利密集度为114.09件/万人，还不到美国产业平均专利密集度的1/4。如果以美国的 462 件/万人作为界定标准，江苏省所有的工业中类产业均为非专利密集型产业。

覆盖面小。欧盟的 140 个专利密集型产业涉及了 30 个大类行业。包括原油和天然气的提取，金属矿开采，食品制造，烟草制品制造，纺织品制造，服装制造，橡胶和塑料制品制造，家具制造等行业。江苏省专利密集型产业仅覆盖了 12 个大类行业，且很多产业专利密集度也低于欧盟专利密集型产业。

技术领域差异大。美欧专利密集型产业主要集中在计算机和电子领域。美国专利密集度前 5 的产业均属于计算机和电子领域，其中，电脑和外设设备、通信设备制造 2 个产业专利密集度高达 6584 件/万人和 5818 件/万人。欧盟的 140 个专利密集型产业中，有 10 个属于计算机和电子领域，其中，光学仪器及摄影器材制造，测量、检验及导航仪器和设备制造，放射、电子医学及电子医疗设备制造等 3 个产业专利密集度均超过 100 件/万人，专利密集度排名也比较靠前，分别排在第 6、第 7、第 10。江苏省仅有 3 个专利密集型产业属于计算机和电子领域，分别是广播电视设备制造、电子器件制造、电子元件制造，专利密集度分别为 48.83 件/万人、31.64 件/万人、27.85 件/万人，在 33 个专利密集型产业中排在第 23、第 29、第 33。江苏的工业产业大部分还处于产业链的中低端，需要通过加大专利创造，加快结构调整，促进产业向中高端攀升。

8.4.3 江苏省专利密集型产业贡献度对比分析

美国《知识产权和美国经济：产业聚焦》报告中主要从就业、工资、GDP、对外贸易以及从业人员的受教育程度等 5 个方面来分析专利密集型产业对经济贡献情况。欧盟《知识产权密集型产业对欧盟经济和就业的贡献》报告中则主要从就业、工资、GDP、对外贸易等 4 个方面来分析。

在借鉴美欧研究经验的基础上，基于目前可获取的数据，从 GDP、就业、科技创新投入、科技创新产出、对外出口等 5 个方面来分析江苏省专利密集型产业对经济的贡献情况。

(1) 江苏省专利密集型产业与非专利密集型产业贡献度分析。

2015 年，江苏省 33 个专利密集型产业增加值为 14547.23 亿元，占当期江苏 GDP 的比重为 20.75%；从业人员数为 454.37 万人，占当期江苏全部从业人员数的比重为 9.55%。江苏省 168 个非专利密集型产业增加值为 18875.27 亿元，占当期江苏 GDP 的比重为 26.92%；从业人员数为 656.31 万人，占当期江苏全部从业人员数的比重为13.79%（见表8-1）。从单个产业来看，专利密集型产业平均增加值（14547.23除以33，下同）为441亿元，是非专利密集型产业平均增加值的3.94倍；专利密集型产业平均从业人员数为13.77万人，是非专利密集型产业平均从业人员数的3.52倍；专利密集型产业平均新产品销售收入为392亿元，是非专利密集型产业平均新产品销售收入的5.68倍；专利密集型产业平均出口交货值为304亿元，是非专利密集型产业平均出口交货值的3.9倍；专利密集型产业R&D经费内部支出占其主营业务收入的比重达到1.34%，研发人员数占比（R&D人员数占其从业人员数的比重）达到7.03%，分别是非专利密集型产业的1.72倍和1.87倍。

表8-1 　　2015年江苏省工业行业专利密集型产业与非专利密集型产业贡献度对比

一级指标	二级指标	专利密集型产业	非专利密集型产业
GDP	增加值（亿元）	14547.23	18875.27
	占江苏GDP比重（%）	20.75	26.92
就业	从业人员数（万人）	454.37	656.31
	占江苏全部从业人员数比重（%）	9.55	13.79
科技创新投入	R&D经费内部支出（亿元）	855.79	643.66
	R&D经费内部支出占主营业务收入比重（%）	1.34	0.78
	R&D人员数（万人）	31.92	24.69
	R&D人员数占比（%）	7.03	3.76
科技创新产出	新产品销售收入（亿元）	12925.49	11521.45
	新产品产值（亿元）	13078.57	11652.61
	新产品销售收入占主营业务收入比重（%）	20.30	13.95
对外出口	出口交货值（亿元）	10046	13163.19
	出口交货值占工业出口比（%）	43.28	56.72

（2）江苏省专利密集型产业与全国专利密集型产业贡献度分析。

产业增加值占比、从业人员数占比高于全国。江苏省专利密集型产业增加值占比是20.75%，从业人员数占比是9.55%，高于全国2014年度的12.45%

和 4.01%，江苏省专利密集型产业对经济的贡献和带动就业的能力高于全国。

新产品销售收入占主营业务收入比重低于全国。2015 年，江苏省专利密集型产业新产品销售收入占其主营业务收入比重为 20.30%，比全国专利密集型产业新产品销售收入占其主营业务收入比重低 2.17 个百分点。

研发经费内部支出占主营业务收入比重略低于全国。2015 年，江苏省专利密集型产业研发经费内部支出占主营业务收入比重为 1.34%，比全国专利密集型产业研发经费内部支出占主营业务收入比重低 0.09 个百分点。

研发人员数占比略高于全国。2015 年，江苏省专利密集型产业研发人员数占比（R&D 人员数占其从业人员数的比重）为 7.03%，比全国专利密集型产业研发人员数占比高 0.18 个百分点。

（3）江苏省专利密集型产业与美欧专利密集型产业贡献度分析。

产业增加值远低于美欧。2015 年江苏省专利密集型产业增加值为 14547.23 亿元，2014 年美国专利密集型产业增加值为 8810 亿美元，2011~2013 年欧盟专利密集型产业年平均增加值为 20355 亿欧元，按当年汇率折算（1 美元等于 6.5 元人民币、1 欧元等于 7.1 元人民币）后，美欧专利密集型产业增加值分别是江苏省专利密集型产业增加值的 3.9 倍和 10 倍。

从业人员数占比高于美国、低于欧盟。2015 年江苏省专利密集型产业从业人员数占江苏全部从业人员数的比重为 9.55%，比美国专利密集型产业从业人员数占美国全社会从业人员数的比重高 6.95 个百分点，比欧盟从业人员数占欧盟全社会从业人员数的比重低 0.75 个百分点。

出口交货值占工业总出口的比重低于欧盟。2015 年江苏省专利密集型产业出口交货值占工业总出口的比重为 43.28%，比 2013 年欧盟专利密集型产业出口额占欧盟出口额的比重低 28.22 个百分点。

8.5 装备制造产业专利密集化研究

8.5.1 专利区域密集度分析

从国内专利省市状况分布来看，国内专利主要来自江苏（5081 件）、山东（4504 件）、北京（3504 件）和浙江（2415 件）三省一市，四个地区的专利占比都达到10%以上。其他专利数量达到1000件以上的还有辽宁、四川、河南、上海、陕西和河北。值得注意的是，除了江苏、北京、上海等经济较发达地区外，其他省份主要以国内传统重工业地区为主，如山东、辽宁、河北等，说明国内的装备制造业还是集中在工业发达地区，技术与产品的应用性较高，相对的技术领域内创新能力较强。

8.5.2 专利技术发展路线分析

国内装备制造业重点专利技术发展路线如图8-1所示。

从国内装备制造业几大领域的专利技术发展路线分布情况来看，总体技术创新起步时间相对较晚，作为传统产业，大部分专利的产生集中在2000年以后。从各技术分支情况来看，钻机设备经历了从最早的特定环境的设备到性能更为优化的岩心钻机、旋挖钻机的演变过程；风电设备在国内则是从外围技术，逐步发展到各部件的创新，近年来更是不断提升为智能设备；纺织领域从最初的技术工艺的创新，逐步转变为对纺织机械的功能和控制性能的优化；以太阳能热水器为代表的光热设备，从笼统的太阳能热水系统创新与改进，已经慢慢集中在核心部件——集热装置上的不断创新，数字智能化不断提高；而作为新兴的装卸设备领域，目前专利布局还是集中在设备和工艺两个方向，未来技术发展空间还较大。

8.5.3 专利申请人密集度分析

国内装备制造业主要专利申请人，中石油和中石化以及两所石油大学排名靠前。另外排名居于前列的企业主要是涉及矿山和地勘装备技术，前十位的申请人中只有江南大学一所高校涉及纺织技术领域。国外来华申请人中，风电领域的专利权人占主要部分，其中，维斯塔斯风力系统有限公司相关专利申请达到174件，在国外来华专利布局的申请人中居首位，由于其分公司较多，专利申请的总量相对其他竞争对手具有一定的优势。另外，通用电气和西门子公司专利量在来华专利申请人中排名靠前，两家公司主要技术涉及风力发电设备，但由于是综合性集团企业，所涉及业务较多，风电只是其中的一个分支，因此在专利数量上与维斯塔斯相比处于一定的劣势。

第8章 产业创新场与知识产权密集型产业培育

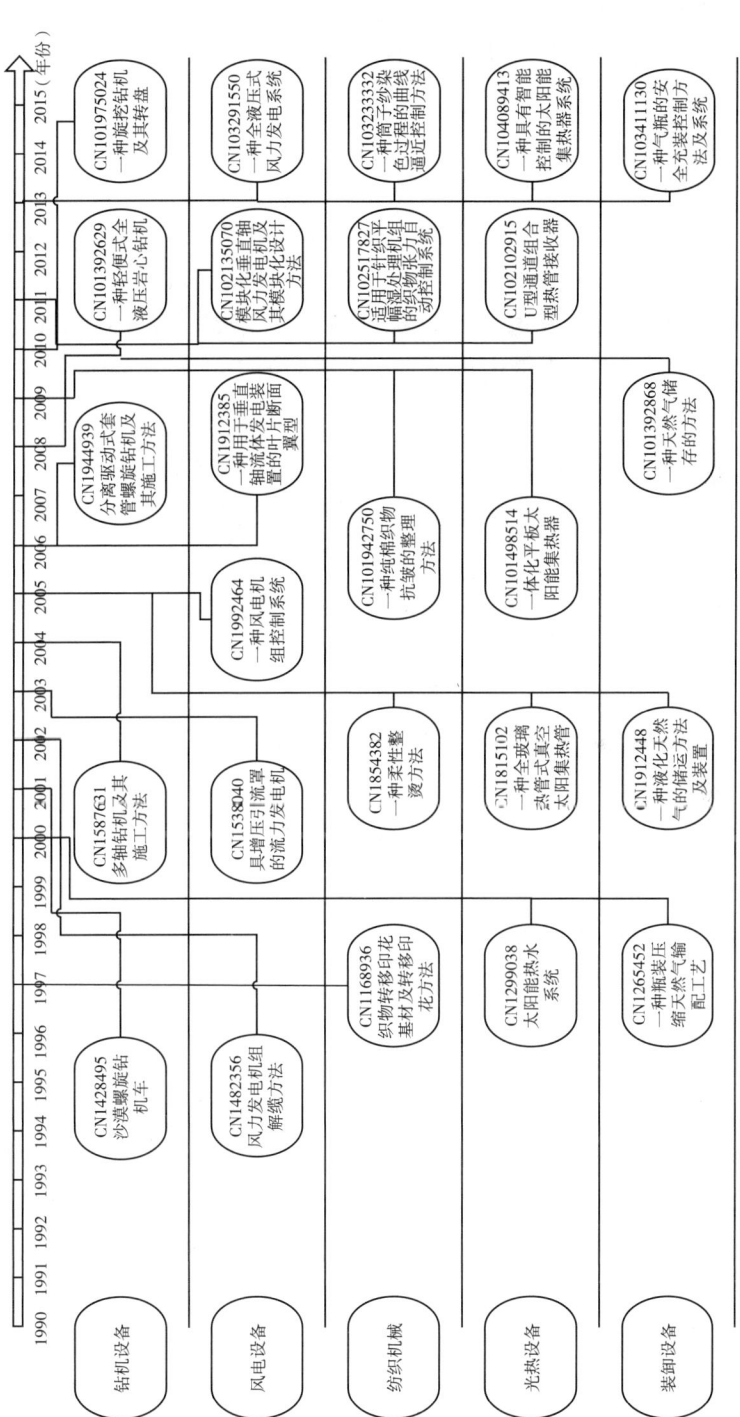

图 8-1 国内装备制造业重点专利技术发展路线

8.5.4 重点企业专利密集度分析

(1) 企业概况。

新疆金风科技股份公司（Xinjiang Goldwind Sci & Tech Co., Ltd.）是中国成立最早、自主研发能力最强的风电设备研发及制造企业之一。公司主营业务为大型风力发电机组的开发研制、生产及销售，中试型风力发电场的建设及运营，是国内最大的风力发电机组整机制造商，主要产品有600kW、750kW、1.2MW、1.5MW系列风力发电机组，正在研制的产品有1.5MW部分新机型、2.5MW、3.0MW、5.0MW风力发电机组。公司是大型风力发电机组"863"项目及国家"九五""十五""十一五"科技攻关项目的重点承担单位，目前正承担"十一五"国家科技支撑计划"大功率风电机组研制与示范"重大项目课题。

金风科技于2010年依托江苏海上风电市场需求以及江苏沿海区位优势，在江苏大丰建立金风科技海上风电产业化基地——江苏金风科技有限公司（"江苏金风"），是集大型风电机组及零部件研发、生产、销售于一体的高新技术企业，系新疆金风科技股份有限公司（"金风科技"）全资子公司，注册资本75961万元。在江苏省、盐城市、大丰市各级领导的大力支持下，一期项目总投资1.05亿元，年产400台兆瓦级直驱永磁风电机组，二期项目总投资3.32亿元，主要建设6兆瓦级以上海上风电机组生产车间及试验平台，已全部建成投产。二期工程建设标志着江苏金风成为具备6兆瓦以上大型海上风电机组的研发、装配、试制、全功率试验、海上安装、海上运维及机组出口的综合性风电产业基地。

(2) 专利布局情况。

从新疆金风科技股份有限公司的专利布局情况来看，公司成立于1998年，而最早在2002年就有相关专利申请的记录。但专利发展初期持续时间较长，2002～2012年这十年间专利总量和年申请量均较低，单年申请专利在25件以下，2013～2014年专利数量有所提升，2014年单年申请专利数量已经达到81件。

新疆金风科技股份有限公司所申请的全部专利中，授权专利达122件，占专利总量的56%，而失效专利仅有25件，占专利总量的11%，失效专利中被驳回和视为撤回的专利数量最多，是专利失效的主要原因，总体来看公司的专利有效率较高。但通过进一步分析我们可以发现，公司目前授权的 130 件专利中，发明专利为 30 件，仅占授权专利总量的 23%，而实用新型专利有 98 件，占比高达 75%，因此，代表公司核心技术的发明授权专利数量相对较少，其他授权专利的数量并不能掩盖公司在核心技术上专利拥有量和保护强度低下的问题，这也是公司在未来布局中必须考虑和解决主要问题。

（3）重点产品与专利分析。

新疆金风科技股份有限公司主要产品为兆瓦级风力发电机组，包括金风 1500KW 系列、金风 2500KW 系列和金风 3000KW 系列发电机组。其研发优势机组为直驱永磁风力发电机组，直驱永磁全功率整流技术是由风力带动的涡轮机叶轮转动直接驱动永磁同步发电机，可在无齿轮箱的情况下运作，该技术主要带来发电效率高、可靠性高、并网性能优异和所需备件及消耗材料较少等优点。

从金风科技的发明授权专利分析情况来看，专利布局主要集中在风力发动机的控制、发动机驱动装置以及零部件及附属装置，围绕主要产品的专利布局是上面所述的两条主线。另外主要的技术点在于发电机周边的装置和部件，由于所涉及的技术较为广泛、实现的功能较多，因此专利数量占比较重，技术分布也较为分散。但从分析结果来看，作为金风科技的主导技术，直驱永磁全功率整流技术，在专利中体现度不高，而且大部分相关专利目前已失效，或者以实用新型专利进行保护，主导技术的专利壁垒和保护较弱，容易成为竞争对手仿造的对象，但在风力发电机的自动控制技术上涉及的发明授权专利较多，保护强度较强，因此可以认为企业目前的优势还是在提高风力发电机的自动控制程度上。

（4）最新研发热点分析。

2014 年，金风科技主要的研发方向涉及风电机组的零部件相关的专利仍在数量上占据优势，而总体来看，企业在本领域内涉及的技术内容范围更加拓宽，从产业链角度上来看，不仅有叶片及转子材料、风机安装及运输设备和方法，同时也有机组各部分的重要零部件、电机设备等，还包括驱动、控制等先进技术的研发，通过不断的拓宽涉及的技术面更有利于企业持续、稳定的发展。值得一提的是，在 2015 年不完全统计中，金风科技已经在海上平台和永磁直驱两项技术上开始一系列的专利布局，反映出公司最新的研发动向，值得其他竞争对手的持续关注。

8.6 工业机器人产业专利密集化研究

美国是机器人的诞生地，早在1962年就研制出世界第一台工业机器人。1960年的日本川崎重工业公司首先从美国引进机器人及技术，并于1968年试制出第一台日本产unimate机器人。1980年被称为日本的"机器人普及元年"，日本在工业机器人的生产、出口和实用方面都位居世界榜首。日本工业机器人的装备量约占世界工业机器人装备量的60%。德国工业机器人数量居世界第三位，仅次于日本和美国，在智能机器人的研究和应用方面处于世界领先地位。全球著名的机器人公司包括日本的安川、FANUC、川崎等公司，美国的Adept Technologe，American Robot，Emerson Industriai Automation等公司，德国KUKA、CLOOS，瑞典ABB等。

目前，以日、美、德、韩为代表的许多国家的机器人产业日趋成熟和完善，所生产的工业机器人已成为一种标准设备在全球得到广泛应用。工业机器人主要应用在汽车制造业，该行业是工业机器人密度最高的行业。数据显示德国制造业每万名工人拥有工业机器人162台，但汽车制造业每万名工人拥有机器人1140台。

随着工业机器人向更加深度和广度发展以及机器人智能化的提高，机器人的应用范围将继续不断扩大。从世界范围内来看，工业机器人作为一个产业也还处在开始阶段，规模相对小。根据国际机器人联合会统计，2012年全球工业机器人本体销量约16万台，2013年销量为17.9万台，同比增长12%。2012年工业机器人本体销售额约为87亿美元，同比增长2%；本体加系统集成市场规模约为本体市场的3倍，总计约为260亿美元。2014年工业机器人销量为22.5万台左右，同比增长27%，其中在亚洲的销量几乎占到2/3。中国市场的工业机器人销量增长54%，达到5.6万台左右。中国之前已经成为全工业机器人的最大市场。目前全球工业机器人年销售额约为95亿美元。

工业机器人需求最主要的国家是中国、美国和德国，其次是韩国、日本。上述5个国家的市场销量占全球工业机器人总销量的3/4，其中中国是工业机器人销量增长最快的国家。

我国目前已成为全球第一大机器人市场，工业机器人销量年均增速达到10%左右，其市场前景广阔。

8.6.1 全球工业机器人专利密集度分析

(1) 全球工业机器人技术来源。

日本、中国、韩国、德国、美国技术原创专利占技术原创国的前五名（见图8-2）。其中，日本数量居第一位，反映出日本在工业机器人技术方面的领导地位。目前日本和欧洲是全球工业机器人市场的主角。日本占据了全球机器人60%的份额，而且完全实现机器人的传感器、控制器和减速器等核心部件自主化生产，其中75%的精密减速器被日本企业垄断。

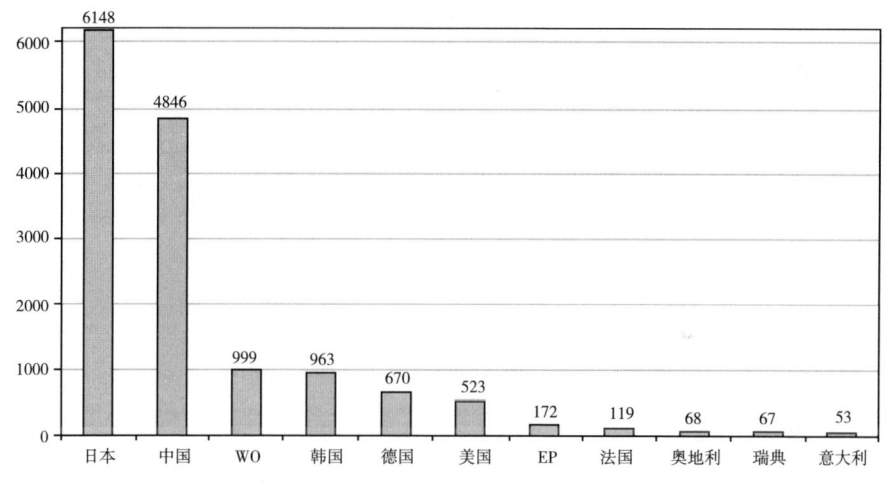

图8-2 全球工业机器人技术原创国分布

(2) 全球工业机器人市场布局。

从图8-3可以看出，相关专利受理数量最多的国家/地区依次是：日本、中国、美国、韩国、德国。这也体现了中、日、韩、美是工业机器人的主要市场。日、美和德不仅技术实力较强，也是市场规模较大的国家。众多的企业纷纷在上述三个国家进行专利布局，抢占市场。中国作为全球机器人市场需求较大的国家，2013~2014年，中国的机器人消费增速连续两年超过50%，而未来十年乃至十五年，中国都将是全球最大的机器人消费市场。

(3) 全球工业机器人技术构成。

作为焊接机器人中着重研究的领域为焊接用的电极，通过改变电极材料可以焊接不同的材料，提高焊接质量，保证焊接不同材料的需求（见图8-3）；其次为保证焊接质量，对焊接的周边装置进行研究，如传感器，利用视觉传感

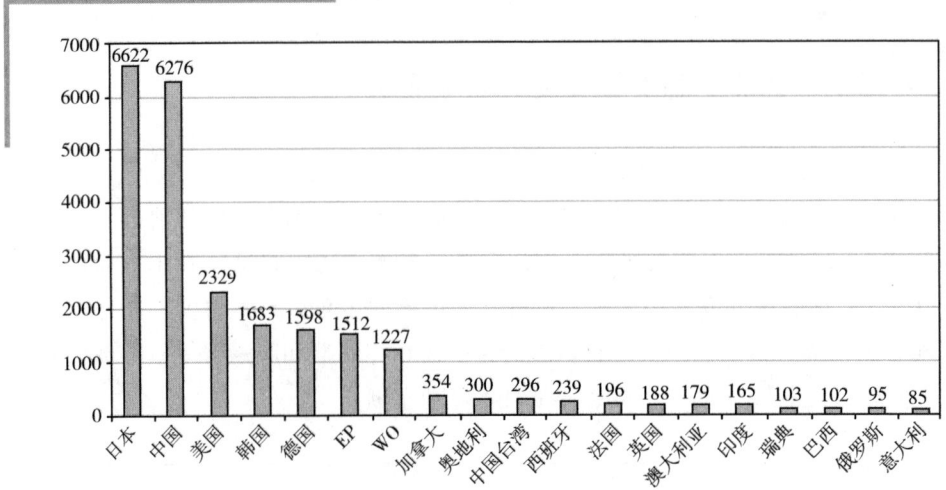

图8-3 全球工业机器人技术市场布局

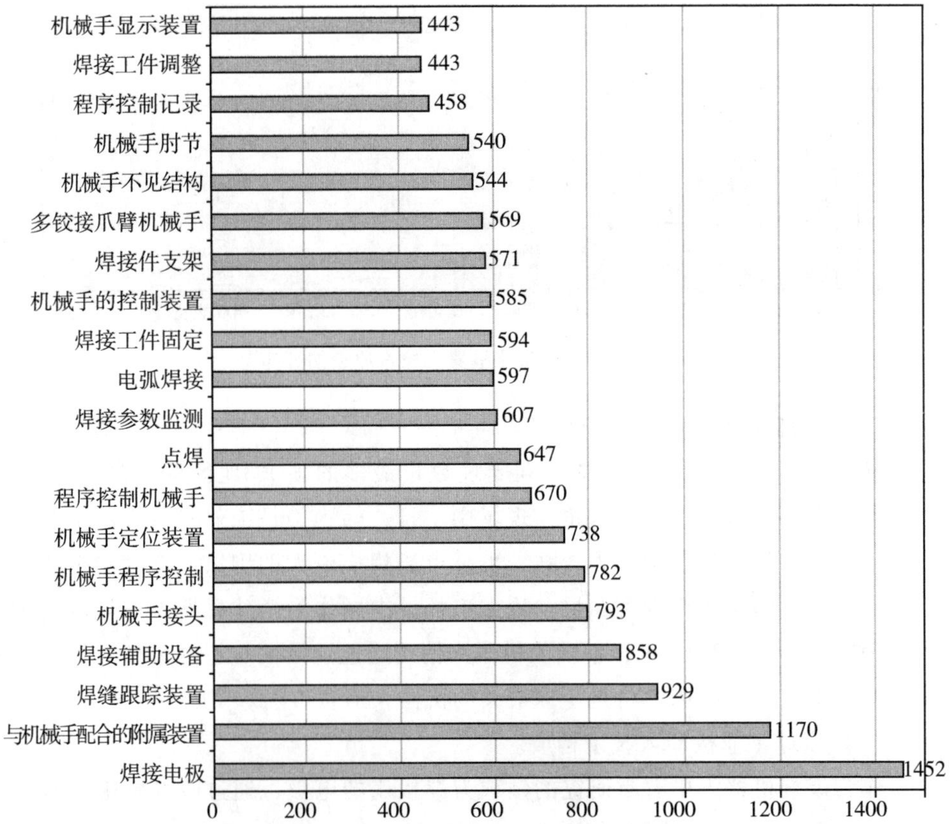

图8-4 全球工业机器人技术构成

器、光传感器等进行焊缝质量跟踪和控制。这也是目前研究比较多的,尤其是视觉传感器,通过视觉传感器可以获得非常多的信息并通过电脑、MCU 等进行图像分析处理,使得机器人在更大的程度上更好地适应焊接环境,引导机器人技术走向智能化、协同化;同时作为机器人的神经中枢——控制系统的研究也是重点。而作为通用的机构,如传动机构和减速机构在焊接机器人中相对较少。因此,在全球范围内,焊接机器人主要技术为控制系统、传感器系统。

8.6.2 中国工业机器人专利密集度分析

(1) 中国工业机器人技术构成。

从中国专利技术构成来看,我国机器人技术主要分布在机械手结构、控制、安装方式、运动、定位等方面。我国在焊接技术方面的关注较少,在机械手结构、控制等方面与全球专利技术研发方向相同,反映出我国机器人技术方面的研发整体上还处于跟踪阶段,虽然我国在一些关键技术如机器人运动、轨迹规划等方面取得较大的进步(见图 8-5)。

(2) 中国工业机器人发明人构成。

从专利发明人构成来看,我国专利发明人以高校为主,如清华大学的张文增主要研究机器人拟人手指装置及其控制方法、苏州工业园区职业技术学院的张好明主要从事机器人伺服控制系统及伺服控制器的研究、广西大学的蔡敢为主要从事不同机器人及其结构的研究等,可见在机器人研究方向上呈现百花齐放的格局。企业研发人员以沈阳新松机器人公司为主,与中科院沈阳自动化研究所合作,主要从事机器人手臂结构、路径规划、控制以及专用机器人为主(见图 8-6)。

(3) 中国工业机器人专利类型。

我国机器人专利以发明为主,实用新型为辅,这也与机器人技术相适应。机器人技术作为高端装备制造业,是多种技术的集成,具有高技术、高集成的特征,因此以发明专利为主是必然的。

(4) 中国工业机器人地域构成。

江苏是机器人专利数量分布最多的省份,江苏、北京、上海和广东是国内前四甲,显示出这些地区的企业及科研院所在发展机器人技术和机器人应用方面具有充分的认识。江苏作为经济发达省份,工业比较发达,对机器人技术比较重视,如昆山机器人产业基地、徐州经济技术开发区机器人产业园、常州武

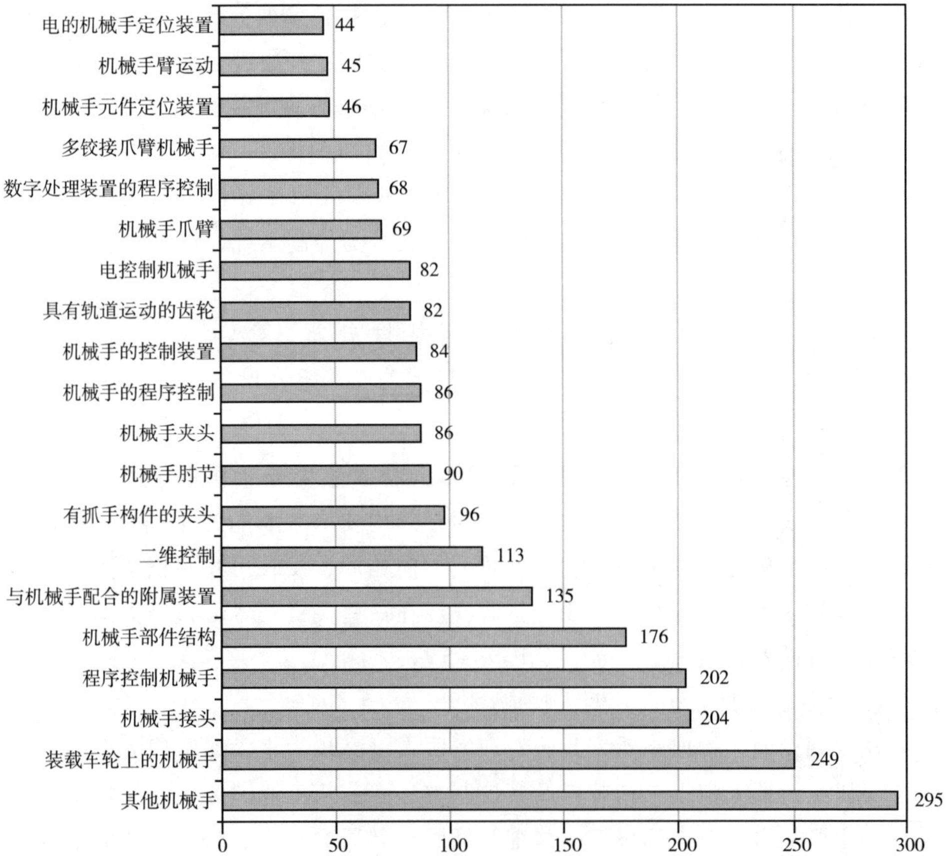

电的机械手定位装置
44
机械手臂运动
45
机械手元件定位装置
46
多铰接爪臂机械手
67
数字处理装置的程序控制
68
机械手爪臂
69
电控制机械手
82
具有轨道运动的齿轮
82
机械手的控制装置
84
机械手的程序控制
86
机械手夹头
86
机械手肘节
90
有抓手构件的夹头
96
二维控制
113
与机械手配合的附属装置
135
机械手部件结构
176
程序控制机械手
202
机械手接头
204
装载车轮上的机械手
249
其他机械手
295
0
50
100
150
200
250
300

图 8-5 中国专利技术构成分析

100
90
80
70
60
50
40
30
20
10
0
98
28
23
60
58
33
26
26
24
23
张文增
陈强
都东
张好明
王应海
蔡敢为
吴声震
刘宏
蔡乌力吉
徐方
清华大学
苏州工业园区职业技术学院
哈尔滨工业大学
沈阳新松机器人公司

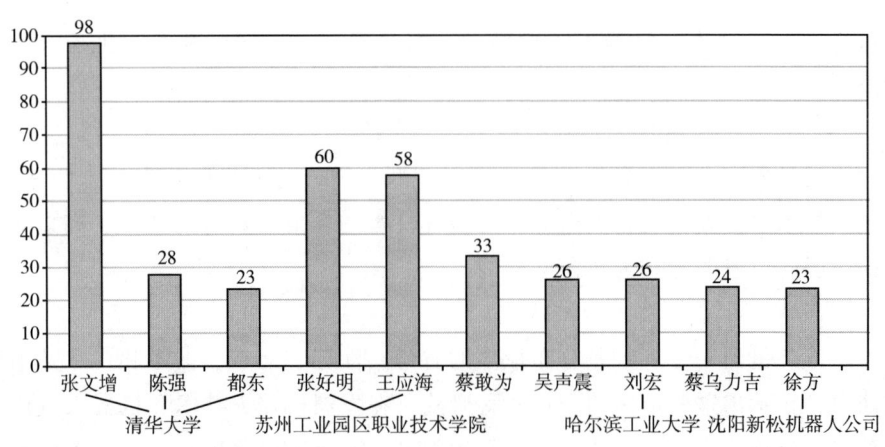

图 8-6 中国工业机器人发明人构成

进高新区机器人及智能装备产业园、张家港等多个机器人产业园,同时还成立了江苏省机器人及智能装备制造产业知识产权联盟。同时江苏作为全国高校集聚地,如东南大学、苏州大学、南京航空航天大学、江苏大学等国内高等院校,具有技术人才优势。这些原因都促使江苏省在机器人专利数量上取得优异的成绩。

(5)国外来华工业机器人国家。

国外来华主要国家是日本、美国、韩国和德国等国家。尤其日本,在20世纪70年代开始全球专利布局,随着中国经济增长和产业转型的发展,让日本企业将目光瞄准中国,积极在中国进行专利布局。日本在中国的专利布局逐年增加,也是专利数量申请最多的国家。日本作为世界最大的机器人国家,对中国积极推广其机器人产品,像安川电机、发那科、住友等纷纷在中国设立工厂生产机器人,其他国家如德国、瑞士等也积极在中国进行专利布局,但专利数量相对较少,反映出日本是以技术保护为主,德国以产品为主,技术保护多在于本国和美国(见图8-7)。

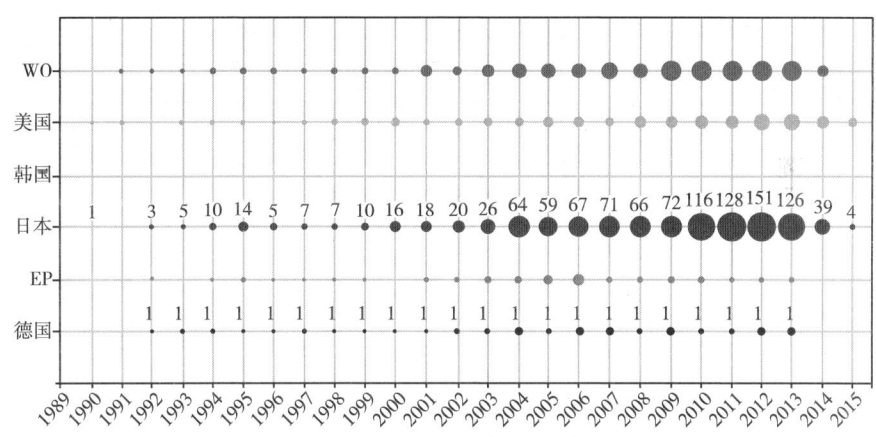

图8-7 国外来华主要国家专利趋势

(6)国外来华工业机器人技术构成。

从图8-8可知,主要涉及机器人的控制系统、传感系统、传动系统及其附属结构。在控制系统方面,以程序控制、自动进给、定位为主;在传感系统方面主要涉及焊接参数监测、焊接用电极;传动系统主要涉及多铰链爪臂、机械手接头、肘节及部件结构。由此可见,国外来华申请已经涉及机器人技术的多个方面,对机器人技术进行全方位的覆盖,从机器人各部件结构、显示装置、焊接装置、控制装置和程序等都有所涉及。

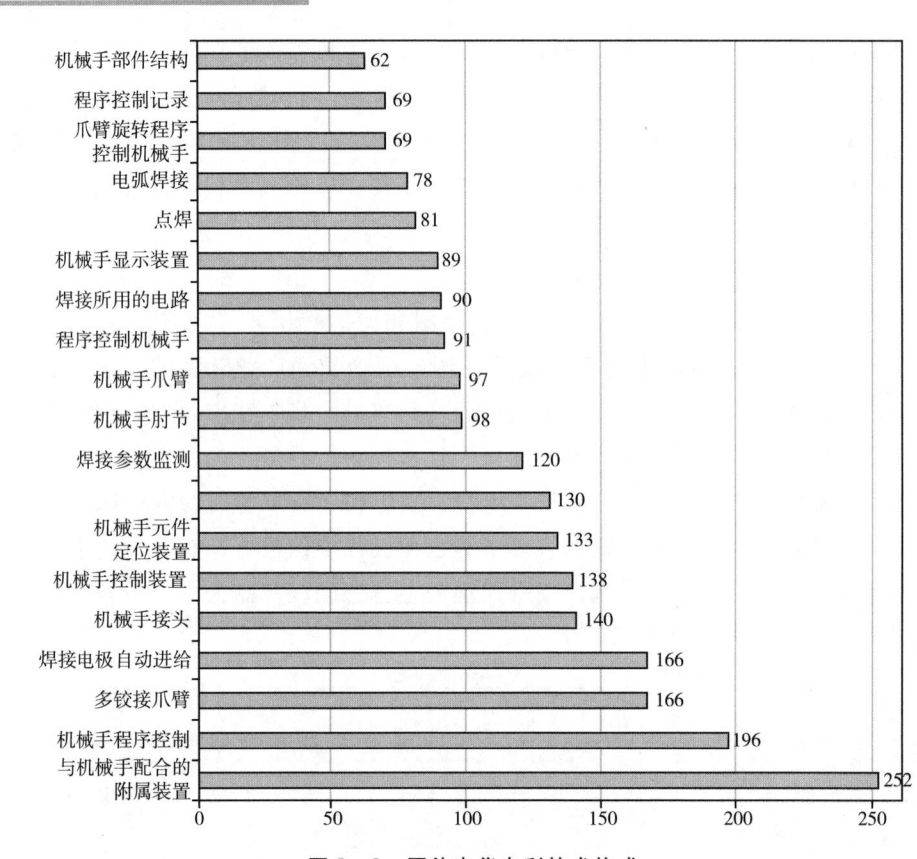

图 8-8 国外来华专利技术构成

8.6.3 工业机器人产业企业密集度分析

(1) 全球工业机器人主要企业。

全球范围内工业机器人企业主要是由日本企业组成,日本企业占据绝对优势,如 YASKAWA ELECTRIC(安川电机)、DAIHEN(欧地希)、FANUC(发那科)、MITSUBISHI(三菱)等是该领域内的主要企业。这反映出日本企业在此领域内的领导地位,也说明工业机器人已经成为日本的一项重要的产业,各大公司参与其中,产业化程度较高。我国在全球专利排名前 15 名中,没有一家企业入围,而唯一进入的是清华大学,说明我国企业在该技术领域产业化程度较低,在全球竞争中尚缺乏实力。从企业专利数量与专利申请年份来看,国际企业专利申请数量基本保持稳定,未受到全球经济的较大影响,如 2008 年金融危机等,反映出机器人行业是适应市场发展状况的(见图 8-9)。

第8章　产业创新场与知识产权密集型产业培育

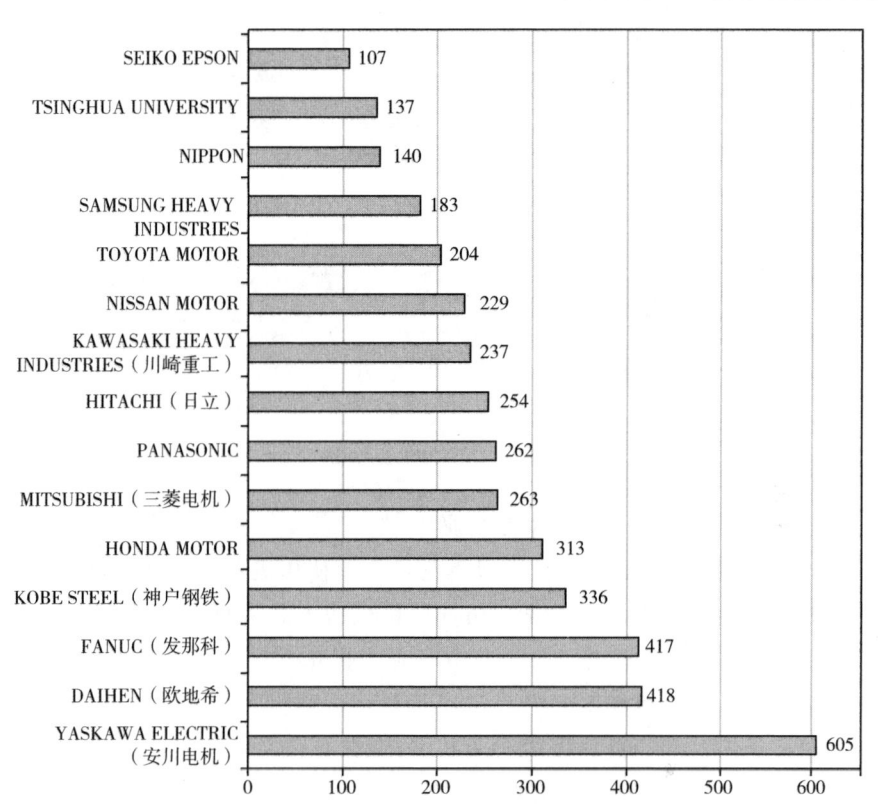

图 8-9　全球工业机器人主要企业构成

通过技术合作者分析可以看出，形成不同的技术合作群体，如 YASKAWA 形成以安川电机为主体的合作群，形成电机研发、制造和生产链条；KAWASAKI 与 TOYOTA 进行合作，将其机器人技术进行应用推广。由此可见，机器人在日本已经形成研发、生产、制造、应用完整的产业链，使得日本成为机器人强国（见图 8-10）。

（2）中国工业机器人主要企业。

我国在工业机器人主要专利申请人以高等院校和科研院所为主，主要集中在清华大学、哈尔滨工业大学、广西大学等，其具有技术优势但在产业化推广方面却有不足。我国拥有技术优势的科研院所和企业不太关注工业机器人技术领域的专利布局。相反，国外企业如安川电机、发那科等在中国进行大量的专利布局。这反映出我国企业虽在一定程度上知识产权意识在提高但与国外企业相比具有较大差距。

创新场论：从系统性到复杂性

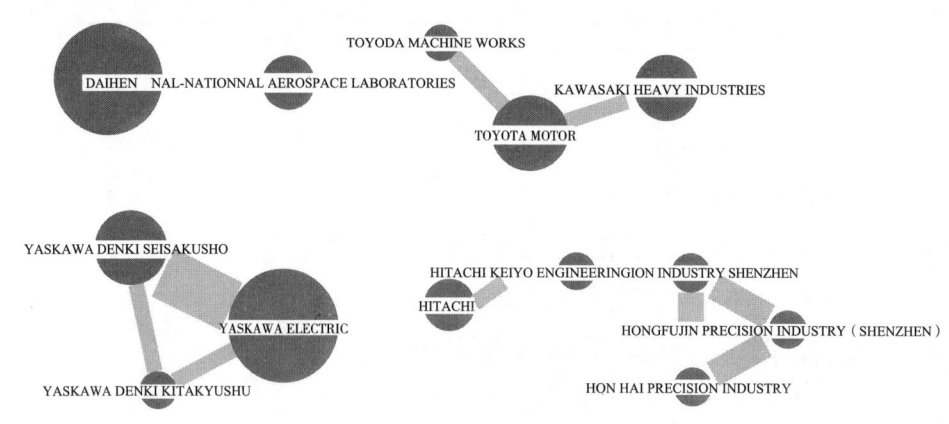

图 8-10　技术合作者

(3) 国外来华工业机器人主要企业。

国外来华企业都是日本企业，日本是世界上使用机器人最多的国家，拥有世界上规模最庞大的机器人企业，如发那科机器人装机总量超过 25 万台，市场份额稳居第一；精工爱普生公司在中国成立服务中心和营销总部，负责中国爱普生工业机器人（机械手）产品的市场推广、销售、技术支持和售后服务；日本安川机器人生产台数突破 28 万台，居全球首位。工业机器人作为日本第三大支柱性工业，这些企业看好中国市场发展前景，纷纷在国内设立工厂，布局相关生产制造，进军中国市场。

8.6.4　工业机械人产业重点企业专利密集度分析

(1) Yaskawa。

安川机器人是以电机起家，于 1915 年安川电机制作所成立，自 1977 年研制出第一台全电动工业机器人以来，至今共生产 13 万多台机器人产品，而最近两年生产的机器人达 3 万多台，超过了其他的机器人制造公司。

①Yaskawa 专利市场布局。

从 Yaskawa 机器人专利市场布局可知，Yaskawa 公司在日本专利申请最多，在日本本土市场，Yaskawa 公司作为工业机器人的龙头企业之一，需要应对其他机器人企业，如发那科、三菱、住友等机器人制造商的激烈竞争，需要通过专利申请保护其技术的先进性和市场地位。美国作为日本第二大目标国，在 1995 年 Yaskawa 公司在美国生产机器人 MOTOMAN，开发美国市场，因此在美国进行专利申请，可以保护 Yaskawa 公司的市场地位。中国作为世界机器人消费大国，对机器人的需求不断增强，Yaskawa 公司也在中国积极进行专利布局，1994 年在北京、上海设立服务中心，1996 年在北京成立工业机器人合资公司，加强在中国的专利、生产布局。欧洲作为传统的机器人强国，具有较大的汽车生产商，成为 Yaskawa 公司的专利布局区域，与其他机器人企业进行市场竞争（见图 8-11）。

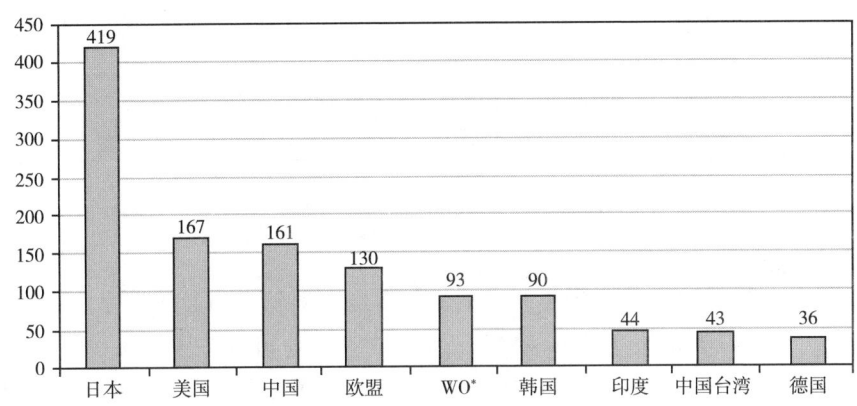

图 8-11　Yaskawa 公司机器人专利布局

②Yaskawa 专利技术布局。

从图 8-12 中可以看出，Yaskawa 公司机器人技术主要集中在控制系统，包括机械手的控制、控制系统和控制装置以及电机控制。自适应控制、电机控制装置、多轴机器人控制方法和控制器、焊接机器人控制等。作为电机的重要生产厂家，Yaskawa 公司的控制多偏重于电机的控制，如"转动惯量辨识装置与其辨识方法以及具备该辨识装置的马达控制装置"利用转动惯量辨识装置便可以良好地辨识马达转动惯量，高精度地进行响应性高的马达控制；机器人控制装置可以将辅助扭矩加入伺服电机中，从而控制各连杆；利用马达旋转角和减速器输出轴旋转角控制马达的位置等。

(2) FANUC。

日本发那科公司（FANUC）创建于 1956 年，1974 年 FANUC 公司基于伺服、数控基础工业机器人问世，1976 年投放市场。

①FANUC 专利市场布局。

从 FANUC 公司机器人专利布局可知，FANUC 公司在日本专利申请最多，在日本本土市场，FANUC 公司作为工业机器人的龙头企业之一，需要应对其他机器人企业，如安川、三菱等机器人制造商的激烈竞争。美国作为日本第二

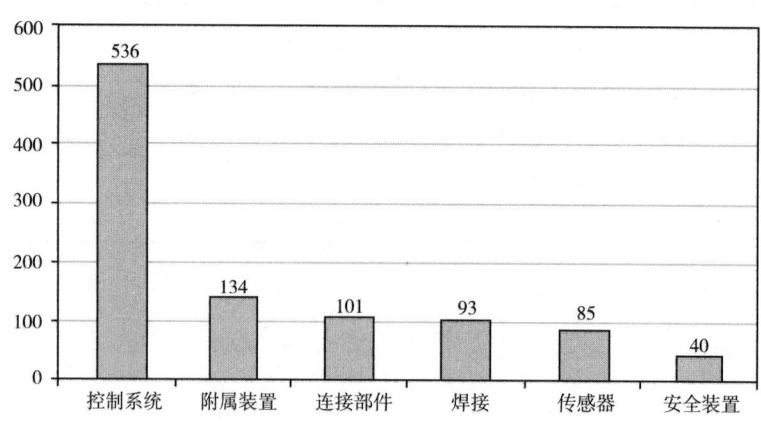

图 8-12　Yaskawa 公司机器人专利技术构成

大目标国，是 FANUC 公司最早开发的海外市场，其较早与通用汽车进行合作，因此在美国进行大量的专利申请对于保持 FANUC 公司在美国市场的优势地位发挥重要的作用。欧洲也是 FANUC 公司重点关注的区域，因为在欧洲不仅有 ABB 公司、KUKA 公司等机器人制造商，还有大量的汽车制造商，尤其是德国，如奔驰、宝马、大众等汽车巨头，因此 FANUC 公司不仅在欧洲进行专利申请，还重点关注德国进行专利申请，以便欧洲本地企业进行竞争（见图 8-13）。

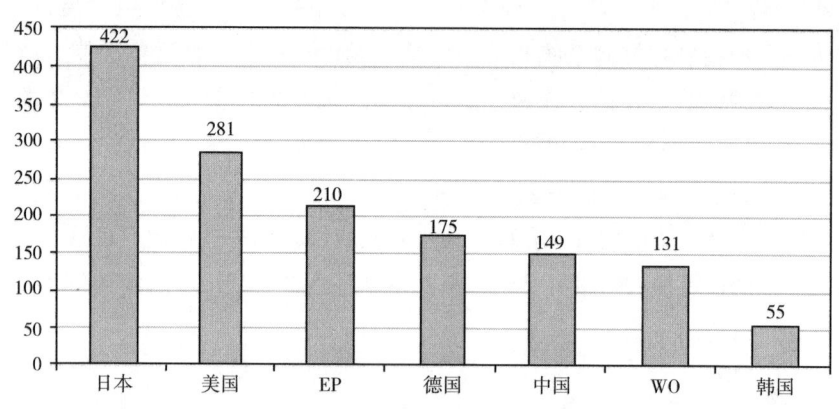

图 8-13　FANUC 公司机器人专利布局

②FANUC 专利技术布局。

FANUC 机器人技术主要集中在机器人的应用（机械手的附属装置、安全装置）、控制系统（程序控制、电的数字控制、电的程序控制、控制装置，如伺服电机的控制）、传感器等上。FANUC 公司是以数控系统作为基础，是著名的数控系统的领军企业,因此其控制系统比较出名,依托于控制系统、数控领域技术从事机器人的应用,如多机器人的协作(见图8-14)。

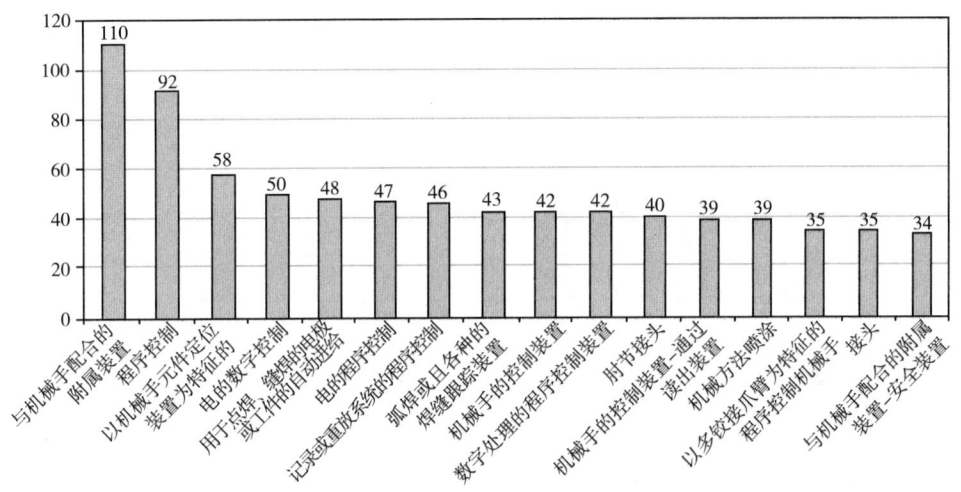

图8-14 FANUC专利技术布局

(3) KUKA。

KUKA公司成立于1898年,总部设在德国奥格斯堡,是全球领先机器人及自动化生产设备和解决方案的供应商之一。

①KUKA专利市场布局。

KUKA作为一个欧洲公司,其市场销售区域在欧洲,其专利申请也重点关注于欧洲,美国作为全球重要的市场,KUKA与底特律汽车公司合作建立KU-KA机器人公司,使得美国成为专利布局第二大国。近几年来随着中国市场的扩大,KUKA对中国市场进行关注,专利布局数量超过韩国、日本,说明中国具有巨大的机器人市场(见图8-15)。

②KUKA专利技术布局。

从图8-16可知,控制装置、机械手连接部件是KUKA的主要技术,其次是焊接装置及其机械手辅助装置。控制技术是工业机器人的核心技术,这与KUKA以高精度控制相适应,因此其申请量较多。其控制技术用于多轴机器人,如具有冗余紧急制动电路的工业机器人、工业机器人及工业机器人的驱动方法、Multiaxial industrial robot、多级减速器、焊接机器人等。

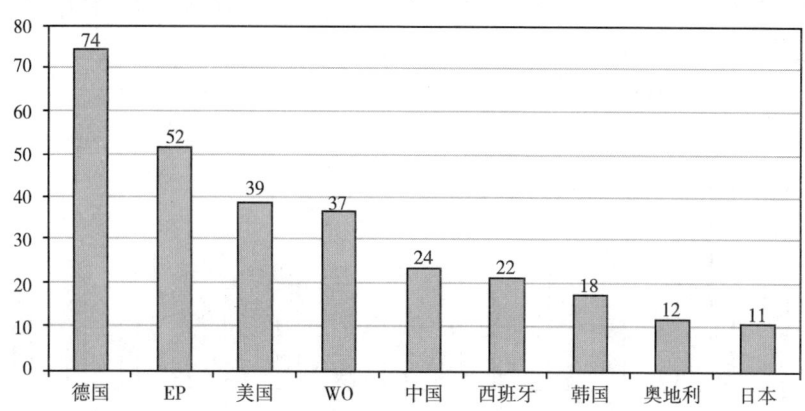

图 8-15 KUKA 公司机器人专利布局

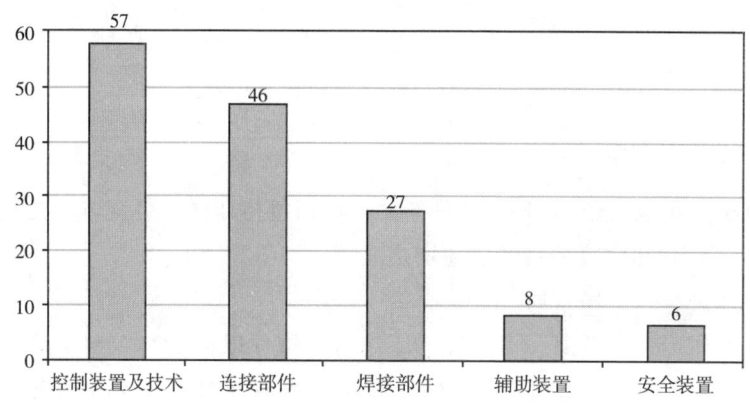

图 8-16 KUKA 公司机器人专利技术构成

8.7 江苏省知识产权密集型产业的培育

8.7.1 培育路径设计

知识产权密集型产业培育路径设计的内涵体现在两个方面：一方面，在产业发展的路径模式形成以前，通过系统地、动态地分析影响产业路径发展的关键变量因素，以此为基础，制定最适合产业发展的路径；另一方面，对已经形成的非最优化的路径进行改进,甚至是破坏,从而形成新的最优路径。

8.7.1.1 培育路径设计原则

知识产权密集型产业培育路径设计的原则包括三个方面:一是整体性原则。技术、企业和产业自成要素,结合又构成系统。系统体现出来的功能要强于各要素体现出来的功能之和。二是相关性原则。技术、企业和产业三个要素之间存在着相互联系、相互影响的关系,路径设计的前提是弄清楚它们之间的相关关系,充分利用积极相关关系,有效控制消极相关关系。三是有序性原则。路径设计必须遵循有序性的原则,这是由路径设计的实质决定的。通过有序地对技术、企业和产业三个要素从系统的角度进行组织和安排,从而提升整体系统的功能。

江苏省知识产权密集型产业发展的两条路径:第一,点—线—面路径,即技术→企业→产业路径;第二,面—线—点路径,即产业→企业→技术路径。

8.7.1.2 点—线—面培育路径

(1) 点—线—面路径的架构体系。

知识产权密集型产业培育的点—线—面路径涉及到六个方面,具体包括产业技术研发体系、产业科技孵化体系、科技成果推广体系、产业组织联盟体系、产业制度管理体系、产业服务支撑体系。

①产业技术研发体系。技术研发体系是知识产权密集型产业培育的点—线—面路径的起点。因为产业培育的点—线—面路径,实质上是新技术的研发并产业化的过程。技术研发体系的任务是研究产业发展的关键核心技术,包括产业的共性技术、基础技术和前沿交叉技术等。

②产业科技孵化体系。科技孵化体系是将适合产业发展的前沿核心技术应用到产业中去的催化剂。由于新技术配套的相关资源短缺,以及新技术投入使用后获取的利润也不确定,可能存在风险,因此企业不会主动采用新技术。科技孵化体系则在此阶段发挥了作用——对可能影响产业发展的重大新兴项目进行孵化,提高技术应用到产业中的速度。

③科技成果推广体系。科技成果推广体系承担的任务是对科技创新进行推广,扩大技术创新对知识产权密集型产业发展所带来的影响。例如,通过确立创新示范企业、创业示范企业等形式,为产业内的其他企业提供参考,达到对科技成果进行推广的目的。

④产业组织联盟体系。产业组织联盟体系是新技术成功商业化后的最终成果,也是产业培育点—线—面路径的重点。产业组织联盟体系的形成有两种形式:第一种是产业链的延伸。知识产权密集型产业的成长和完善会引领和支撑一批相关产业的发展。第二种是产业之间的融合。知识产权密集型产业融合的对象,是与知识产权密集型产业有着共同技术和市场基础的非知识产权密集型产业。通过这种融合,促进产业布局和竞争格局的改变,推动产业的创新和发展。

⑤产业制度管理体系。产业制度管理体系贯穿整个产业培育路径,主要任务包括技术研发、技术应用、新产品开发、新产品推广的制度,完善产业服务平台,提高人才队伍水平,强化政策激励措施等,使知识产权密集型产业的培育和发展规范有序地进行。

⑥产业服务支撑体系。产业服务支撑体系的作用,是为产业培育路径提供辅助和支撑,保障产业的培育和发展顺利进行。产业服务支撑体系提供的服务主要包括以下内容:金融服务、产权交易服务、基础设施服务、物流服务、环境服务等。

(2) 影响点—线—面路径形成的关键因素。

知识产权密集型产业培育的点—线—面路径形成的关键因素包括以下几个方面。

①技术研发体系的形成和关键核心技术突破。该节点是知识产权密集型产业培育点—线—面路径的起点,是最为基础也是最重要的环节。需要有战略意识的企业家进入或者政府对长期科技发展进行规划,结合实际确定产业发展的主要目标,然后投入大量的人力、物力和财力,并提供产业关键核心技术研发和改进的平台,以突破行业发展的关键核心技术。

②完善的科技孵化体系和规范的风险投资制度。孵化器是促进高新技术产业化和培育高技术企业的重要基地,完善的科技孵化体系作用体现在以下几个方面:为新进入的企业提供技术研发的场所和设备;为新进入的企业提供完善的法律和政策等方面的咨询服务;为各企业间搭建沟通交流平台,扩散先进的技术及管理制度;提供市场推广方面的支持,提高技术成果转化的成功率,降低技术产业化过程中的风险。

在新技术商业化的前期,对资金的需求空前高涨,良好的融资渠道成为新技术能否实现产业化的关键。传统的金融机构如银行等,为了规避风险,可能不会给企业提供长期的资金贷款。这种高风险性的投资,需要风险偏好投资机构的支持。因此，在此阶段，规范的风险投资制度也是必需的。

③科技成果推广与市场需求拓展。科技成果的推广需要大量的人力、物力和财力投入，单个企业是无法承受的。对于与知识产权密集型产业发展相关的社会效益型的科技成果，需要依靠政府的力量，同时结合市场需求，灵活地、有针对性地设计科技成果推广机制，增强科技成果转化的动力，缩短推广的周期。

除了建立完善的科技成果推广机制以外，还要积极开拓产业相关的市场需求，市场需求同样是促进技术成功商业化的一个重要因素。如果产业的技术标准体系已经形成，具备较强的核心竞争力，还可以考虑开拓国外市场。

④完善的产业制度管理体系和配套的政策。完善的产业制度管理体系和配套的政策，能够保障知识产权密集型产业顺利实现"技术→企业→产业"的发展路径。政府虽然不能调控生产要素的供给，也不能调控市场的需求，但是可以通过行政手段、法律手段和经济手段，规范产业发展的秩序，并给予一定的扶持，为知识产权密集型产业相关技术成功商业化提供保障。

⑤配套的服务支撑体系和辅助产业的发展。配套的服务支撑体系和辅助产业的发展，是知识产权密集型产业形成点—线—面路径的支撑和辅助因素。包括中介服务机构在内的服务体系，能够降低企业信息搜寻和技术交易的成本，使得新技术得到迅速推广；完善的物流服务、基础设施服务、金融服务、环境服务，则能够解除企业的后顾之忧。辅助产业的发展同样也为知识产权密集型产业的发展提供支撑和辅助，如前期的原材料加工或者零部件等一些基础性的服务等。

8.7.1.3 面—线—点培育路径

（1）面—线—点路径的基本原理。

知识产权密集型产业培育的面—线—点路径，是指结合知识产权密集型产业的发展规划，对具备一定的产业组织基础、技术基础、人力基础和财力基础并且与知识产权密集型产业关联的传统产业，进行改造升级并给予特定的政策支持——如税收减免、示范工程等，吸引大量企业进入，从而使得经过整合和优化的创新资源流向这些产业，促进这些产业新兴技术的诞生，提升产业的核心竞争力和创新能力。

传统产业的改造主要措施包括以下几个方面：

①技术升级，广泛引入先进技术。传统产业大多是资源密集型或者劳动密

集型的产业，它们的特征是"三高"——高能耗、高物耗和高污染。基于经济社会发展和环境保护的需要，政府采用相关的行政手段，或者制定政策进行干预，如通过制定行业标准、财政补助等形式，引导产业进行技术改进和升级；另外，企业自身为了节约成本和提升产品质量，也会通过购买技术或者项目合作的方式实现技术升级。

②结构调整，转变产业增长方式。对传统产业进行结构调整，主要可以从两个方面着手：一方面，淘汰落后产能。针对传统产业中部分企业资源利用率不高，废弃物和污染物排放量大的问题，可以采取行政手段责令其进行关闭或者整改。另一方面，提升人力资本素质。传统产业资本密集和劳动密集的特征，决定了其一定会吸纳大量的劳动力，其人力资本的素质偏低。在经济社会稳定的前提下，适当提升人力资本素质，有利于促进产业结构优化。通过淘汰落后产能和提升人力资本素质，可以促进传统产业结构调整，转变产业的增长方式。

③组织优化，转变产业发展模式。产业的组织优化，即从生产要素层面、企业层面和区域发展层面的角度出发，采取合作式、集聚式或者联盟式的产业发展方式，充分利用产业外界资源，转变产业的发展模式。第一，合作式发展。传统产业与区域内的优势产业开展合作，适当吸纳其技术、资金、管理和人才优势，促进自身的发展。第二，集聚式发展。传统产业集聚发展可以减少物流成本，共享资源和设备，形成区域品牌，提升产业竞争力。第三，联盟式发展。产业联盟的优势体现在以下几个方面：一是共享技术和大型设备，降低成本；二是共享客户和市场资源，打造产业品牌；三是形成完善的上下游产业链，推进产业的整体发展。

（2）影响面—线—点路径形成的关键因素。

①政府在面—线—点路径实施的过程中发挥着关键作用。产业发展的面—线—点路径中，这个"面"是针对具备一定的产业组织基础、技术基础、人力基础和财力基础并且与知识产权密集型产业关联的传统产业而言的。因此，产业发展的关键要素并不缺乏，主要是缺乏一个主体将这些要素进行科学有效地整合，政府则扮演着这个引导者和组织者的角色。另外，产业在转型升级过程中，也需要政府利用行政手段、经济手段或者法律手段进行规范，并给予一定的扶持政策，以吸引优势企业的进入。

②体制创新是推动面—线—点路径实施的主要动力。面—线—点路径的出发点是产业，在此阶段产业发展的体制创新显得尤为重要。产业发展体制创新

的内容包括三个方面：一是环境优化，为产业提供良好的发展环境和完善的基础性服务；二是结构调整，转变产业增长方式；三是组织优化，转变产业发展模式。

③制定技术路线图是面—线—点路径实施的有效工具。技术路线图是一种技术创新管理的工具，具有灵活性、结构化和可视化的特点，被广泛应用于产业发展规划和政府的战略发展规划中。技术路线图的作用主要体现在以下两个方面：第一，预测在未来发展过程中，市场所需的产品和产业所需要的技术，从而帮助产业识别差距，相应制定未来的发展战略，积极有效地利用有利于产业发展的关键要素，抓住产业转型升级的机遇，实现产业的成功转型；第二，帮助产业进行知识管理和技术管理，技术路线图可以有效整合技术、市场、人员、管理和环境等要素，并实现它们之间的最佳组合，提升产业创新管理的效果。

（3）面—线—点路径的实施步骤。

第一步，对产业进行 SWOT 分析和规划产业的发展目标。面—线—点路径的起点是产业，对挑选出的产业从优势、劣势、机会和威胁四个方面进行全面分析，以此为依据制定该产业发展的技术路线图，规划其未来的发展方向和目标定位。

第二步，拟订产业升级方案并且进行评价与对比。首先，拟订产业的转型升级方案，如产业裂变——传统产业中一部分企业采用新技术或者改进工艺和原材料，从而分裂出新的产业；产业融合——传统创业与已有的知识产权密集型产业，在原材料、研发、设计、生产和销售等方面实现全面结合，全面提升传统产业的竞争优势；产业嫁接——依托现有的产业基础，通过引进高新技术等方式，进入全新的发展领域。然后，结合各产业的实际情况，对各方案从多方面进行科学的对比分析，挑选出最适合产业发展和转型升级的方案。

第三步，制定产业发展的技术、人才、资金、组织措施。结合产业自身基础、未来发展目标以及产业发展战略，制定配套的技术、人才、资金和组织措施，保障产业的发展和转型成功。

第四步，控制与检测。比较产业发展的实际值与计划值的差异，如是否有大量优势企业进入、是否吸引了大量人才进入、产业相关的研发投入是否增长、产业结构和产业组织是否有所调整和优化。如果这个误差值较大，说明产业发展战略或者相关的措施存在不完善的地方，需要进行局部的调整，然后重新检测运行的结果；如果实际值与计划值之间的误差较小，说明产业发展达到了预期的效果——即吸引优势企业聚集，进而促成产业新兴技术诞生。

8.7.2 江苏省知识产权密集型产业培育

产业集群指一些相关企业在某一特定区域通过集聚成群而不断提升企业及产业整体竞争力的现象及其过程。江苏省知识产权密集型产业培育的集群模式是指，在某一区域内与知识产权密集型产业相关的若干同类的企业，以及这些企业配套的上下游企业和服务业，高度密集地聚集在一起，从而形成产业集群。知识产权密集型产业集群内，包含相关技术研发机构、高校科技园、新产品开发与评价中心、高技术产品生产企业、相关配套企业、金融机构、科技政府部门等主体要素，可以将它们分为三部分：第一部分，包括科研机构、高校科技园、企业的技术研发中心等，它们处于价值链的上游部分，主要负责基础研究和新产品的开发工作，是产业集群内的主要知识来源，也是推动知识产权密集型产业创新和发展的根本力量；第二部分，包括高技术企业以及配套的相关企业，它们处于价值链的中下游部分，是产业集群的主要构成部分，主要负责新产品的试验以及生产和销售工作，将新的科技成果实现商业化，是推动知识产权密集型产业创新和发展的直接力量；第三部分，包括金融机构、政府科技部门、行业协会以及其他服务机构等，它们为产业发展提供支持和帮助，对产业的创新能力培养非常重要，能够促进产业持续健康的发展，是推动知识产权密集型产业创新和发展的辅助力量。

2015年，江苏省知识产权密集型产业包括101个国民经济中类行业，其中33个是专利密集型产业，33个是商标密集型产业，51个是版权密集型产业，33个专利密集型产业中包括基础化学原料制造，农药制造，涂料、油墨、颜料及类似产品制造，合成材料制造，专用化学产品制造，化学药品原料药制造，化学药品制剂制造，生物药品制造，医疗仪器设备及器械制造等多个医药产业，33个商标密集型产业中包括农药制造，涂料、油墨、颜料及类似产品制造，日用化学产品制造，化学药品原料药制造，化学药品制剂制造，中成药生产，生物药品制造，医疗仪器设备及器械制造等多个医药产业，这里以医药产业为例，说明江苏省知识产权密集型产业培育的点—线—面路径的操作步骤。

第一步，找"点"——突破产业核心关键技术。

《江苏省"十三五"医药产业发展规划》提出了"十三五"全省医药产业发展的五大主要任务，其中第一条就是推动医药重点领域发展。重点发展生物技术药物、化学原料药及制剂、现代中药、高性能医疗器械、高端和新型药用辅料等。

第二步，通"线"——培育一批优势骨干企业。

重点培育恒瑞医药、豪森医药、正大天晴、扬子江药业等江苏省医药产业的龙头和骨干企业，根据《江苏省"十三五"医药产业发展规划》提出的主要任务，要进一步提高企业竞争优势。加大企业技术改造力度、培育重大品种强化质量品牌建设、提高企业国际化发展水平；要提升两化深度融合水平。重点提升企业制造装备水平、推动企业互联网化升级、积极拓展互联网在医药健康领域的应用。

第三步，拓"面"——壮大产业发展实力。

根据《江苏省"十三五"医药产业发展规划》提出的主要任务，要促进医药产业集群发展，打造特色医药健康产业基地、推进公共服务平台建设和升级、完善政产学研用创新体系加快成果转化、加快服务外包等生产性服务业发展。

第 9 章

结论与展望

技术政策范式重点在于提供研发投入,创新体系范式要求提供框架性政策。创新场的兴起体现了技术—经济范式转换的新动向,改变了人们对于创新驱动和经济发展内在机制的认识,并推动创新的系统范式从工程化、机械型走向系统化、有机型,知识创新的范围从封闭走向开放。创新的挑战已经从内部走向外部,面对技术和市场的快速变化,主动进行开放式创新,通过合作伙伴之间的协同与互补实现创新。场的建构是应对这种不确定性的有效方式,培育创新场,创造创新的机会和激情,尊重和激励创新,引致创新行为共生演进。

硅谷代表了全球引领的想象力、创造力和影响力,是全球高端创业创新的源头。中国深圳从一个科教智力资源薄弱的地区发展成为中国的创业之城、创新之都。这两个城市,都拥有着一个共同的特征,两个城市都形成了一个共生共荣、活力涌动、自组织自成长的创新场。一个城市、地区或者国家到底怎样才能崛起,不仅要遵循经济发展结构与空间变迁的规律,关键是形成了怎样的创新场。一般而言,产业创新场更多的是侧重产业链、上中下游、大中小企业之间的关系,主要从"块状经济—产业集群—产业生态"演变而来。其本质是以链接一切、网络化生产、去中心化为代表,各产业、各企业、各资源共生共荣、竞合发展、开放创新。一般意义的创新场更多的是侧重政、产、学、研、金、介、用之间的关系,主要是从"创新体系—创新网络—创新生态"演变而来,主要创新主体、创新资源、创新机制、创新环境更加开放、协同、融合。如产业基础雄厚、科技资源相对薄弱或者局部集聚的地方一般搞科技城,产业基础雄厚、科教智力资源相对薄弱或者局部集聚的地方一般搞科技城,基础研究实力雄厚、国家布局密集、地方财力充裕的地方搞科学城。以往经济增长与社会发展的重要支撑是行政区,中国改革开放的深化出现了大量功能区,并在新的历史条件下出现了更多的政策区。无论是传统的行政区,还是主体功能更突出的功能区,还是强调体制机制与先行先试的政策区,都成为优化提升城市高质量发展的重要支撑。其中,政策区与功能区、行政区融合是系统化思维,通过政策、经济、城市等复杂性功能加以整合。

伴随数字化、智能化的到来和推广应用,很多地方都发布了面向2035年、2050年的中长期规划,为新技术、新产品、新服务提供一切实验场景,更彰显城市、区域、企业的新科技、新创意、新思想、新文艺、新活力。同时,坚持有形和虚拟空间完美融合,形成适合新生代和创新主体需求的环境和时空结构,其中有形空间环境更加强调公共空间环境、私人空间环境等空间基础设施的高效化,虚拟空间更加强调关注强联系虚拟空间和弱联系网络环境的自由开放。

当前,创新版图重构必然引起产业版图重构,人才、资本流向哪里,哪里就必然崛起;哪里的创业最活跃,创新资源就流向哪里、新的产业就在哪里涌现。抓住创新全球化与跨区域一体化发展先机,把握城市发展模式与经济发展模式协同演进规律,强调个性根植、创新格局、科产城融、全球配置与创新场能。我们也期待,更多的企业、区域、城市成为全球"创新场"。

参考文献

[1] 巴顿. 知识与创新. 新华出版社, 2002.

[2] 蔡宁伟. 自组织与平台组织的崛起. 清华管理评论, 2015 (11).

[3] 曹虹剑, 张建英, 刘丹. 模块化分工、协同与技术创新——基于战略性新兴产业的研究. 中国软科学, 2015 (7).

[4] 曹仰锋. 海尔转型: 人人都是 CEO. 中信出版社, 2014.

[5] 陈春花. 打破边界的思维方式. 企业管理, 2017 (7).

[6] 陈菲琼, 徐金发. 竞争与合作是企业知识联盟的最佳行为模式. 科学学研究, 2001 (12).

[7] 陈菲琼. 我国企业与跨国公司知识联盟的转移层次研究. 科研管理, 2001 (3).

[8] 陈劲, 王如富. 知识经济与企业核心能力的培养. 中国软科学, 1999 (3).

[9] 陈威如, 徐玮伶. 平台组织: 迎接全员创新的时代. 清华管理评论, 2014 (7).

[10] 党兴华, 刘华芳. 网络环境下企业技术创新过程有效组织研究. 中国软科学, 2002 (12).

[11] 德鲁克. 创新与企业家精神. 企业管理出版社, 1989.

[12] 冯华, 陈亚琦. 平台商业模式创新研究——基于互联网环境下的时空契合分析. 中国工业经济, 2016 (3).

[13] 傅家骥. 技术创新学. 清华大学出版社, 1998.

[14] 盖文启. 创新网络: 区域经济发展新思维. 北京大学出版社, 2002.

[15] 葛法权, 张玉利, 张腾. 组织相互依赖关系对公司创业能力的影响机制——基于海尔集团的案例研究. 管理学报, 2017 (4).

[16] 胡汉辉. 组织知识转移与学习能力的系统研究. 管理科学学报, 2006 (6).

[17] 黄江明,李亮,王伟.案例研究:从好的故事到好的理论——中国企业管理案例与理论构建研究论坛(2010)综述.管理世界,2011(2).

[18] 简兆权,刘晓彦,李雷.基于海尔的服务型企业"平台+小微企业"型组织结构案例研究.管理学报,2017(11).

[19] 金麟洙.从模仿到创新.新华出版社,1998.

[20] 井润田,赵宇楠,腾颖.平台组织、机制设计与小微创业过程——基于海尔集团组织平台化转型的案例研究.管理学季刊,2016(4).

[21] 刘洪涛,汪应洛,贾理群.国家创新系统(NIS)理论与中国实践.西安交通大学出版社,1999.

[22] 罗珉,任丽丽.组织间关系:界面规则的演进与内在机理研究.中国工业经济,2010(1).

[23] 迈诺尔夫·迪尔克斯等.组织学习与知识创新.上海人民出版社,2001.

[24] 穆胜.释放潜能:平台型组织的进化路线图.人民邮电出版社,2018.

[25] 彭锐,刘冀生.西方企业知识管理理论"丛林"中的学派.管理评论,2005(8).

[26] 钱德勒.看得见的手.商务印书馆,2001.

[27] 青木昌彦.比较制度分析.上海远东出版社,2001.

[28] 申小莉.创新网络中知识转移的影响因素研究.科学学研究,2011(3).

[29] 田钢,张永安.集群创新网络演化的动力模型及其仿真研究.科研管理,2010(1).

[30] 汪丁丁.在经济学与哲学之间.中国社会科学出版社,1996.

[31] 汪建成,毛蕴诗.由OEM到ODM再到OBM的自主创新与国际化路径.管理世界,2008(6).

[32] 汪应洛.知识的转移特性研究.系统工程理论与实践,2002(10).

[33] 王凤彬.供应链网络组织与竞争优势.中国人民大学出版社,2006.

[34] 王辑慈.创新的空间:企业集群与区域发展.北京大学出版社,2001.

[35] 王节祥,蔡宁.平台研究的流派、趋势与理论框架——基于文献计量和内容分析方法的诠释.商业经济与管理,2018(3).

［36］王开明，万君康．论知识的转移与扩散．外国经济与管理，2000（10）．

［37］魏江，黄学，刘洋．基于组织模块化与技术模块化"同构/异构"协同的跨边界研发网络架构．中国工业经济，2014（4）．

［38］吴隽，汪烈鑫．基于知识利用状况分析的知识管理策略选择．中国软科学，2003（8）．

［39］谢洪明，刘常勇，李晓彤．知识管理战略方法及其绩效研究．管理世界，2002（10）．

［40］颜光华．知识管理绩效评价研究．南开管理评论，2001（6）．

［41］赵曙明．知识企业与知识管理．南京大学出版社，2000．

［42］左美云．企业信息化主体间的六类知识转移．计算机系统应用，2004（8）．

［43］Abebe M. A. & Angriawan A., Organizational and competitive influences of exploration and exploitation activities in small firms, Journal of Business Research, 2014. 67（3）: 339 – 345.

［44］Adams M. E., G. S Day & D. Doughherty, Enhancing new product development performance: An organizational learning perspective, Journal of Production Innovation Management, 1998. 15: 403 – 422.

［45］Adner R. & Kapoor R., Value creation in innovation ecosystems: How the structure of technological interdependence affects firm performance in new technology generations, Strategic Management Journal, 2010. 31（3）: 306 – 333.

［46］Alvedalen, J., & Boschma, R., A critical review of entrepreneurial ecosystems research: towards a future research agenda. European Planning Studies, 2017. 25（6）: 887 – 903.

［47］Ancona D. G. & Caldwell D. F., Bridging the boundary: External process and performance in organizational teams, Administrative Science Quarterly, 1992. 37: 634 – 665.

［48］Andrea Mina, Elif Bascavusoglu – Moreau, Alan Hughes, Open service innovation and the firm's search for external knowledge, Research Policy, 2014. 43（5）: 853 – 866.

［49］Ansari, S., and Krop, P. Incumbent performance in the face of a radical innovation: Towards a framework for incumbent challenger dynamics. Research Policy, 2012. 41 (8): 1357-1374.

[50] Argote L. & Miron-Spektor E., Organizational learning: From experience to knowledge, Organization Science, 2011. 22 (5): 1123-1137.

[51] Badaracco J., The knowledge link: How firms compete through strategic alliances, Boston, Mass: Harvard Business School, 1991.

[52] Baker W. E. & J. M. Sinkula, The synergistc effect of market orientation and learning orientation on organizational performnce, Journal of the Academy of Marketing Science, 1999. 27 (4): 411-427.

[53] Bechky B. A. & Okhuysen G. A., Expecting the unexpected? How SWAT officers and film crews handles surprises, Academy of Management Journal, 2011. 54 (2): 239-261.

[54] Bierly P. & Chakrabarti A., Generic knowledge strategies in the US pharmaceutical industry, Strategic Management Journal, 1996. 17: 123-135.

[55] Blumentritt R. & R. Johnston, Towards a strategy for knowledge management, technology analysis & strategic management, 1999. 11 (3): 287-301.

[56] Bouba-Olga, O., Carrincazeaux, C., Coris, M., & Ferru, M., Proximity dynamics, social networks and innovation. Regional Studies, 2015, 49 (6): 901-906.

[57] Brown, R., & Mason, C., Looking inside the spiky bits: A critical review and conceptualisation of entrepreneurial ecosystems. Small Business Economics, 2017, 49 (1): 11-30.

[58] Chai S., Das S. & Rao H. R., Factors affecting bloggers knowledge sharing: An investigation across gender, Journal of Management Information Systems, 2011. 28 (3): 309-342.

[59] Chaminade C., Plechero M., Do regions make a difference? Regional innovation systems and global innovation networks in the ICT industry, European Planning Studies, 2015. 23 (2): 215-237.

[60] Chen M. J., Lin H. C. & Michel J., Navigating in a hypercompetitive environment: The roles of action aggressiveness and top management team integration, Strategic Management Journal, 2010. 31 (13): 1410-1430.

[61] Coenen L., Bennenworth P. & Truffer B., Toward a spatial perspective on sus-tainability transitions, Research Policy, 2012. 41 (6): 968-979.

[62] Deshpande R., Grinstein A., Kim S. H. & Ofek E., Achievement motivation, strategic orientations and business performance in entrepreneurial firms: How different are Japanese and American founders?, International Marketing Review, 2013. 30 (3): 231 – 252.

[63] Drover W., Wood M. S. & Payne G. T., The effects of perceived control on venture capitalist investment decisions: A configurational perspective, Entrepreneurship Theory and Practice, 2013. 38 (4): 833 – 861.

[64] Drucker P., The discipline of innovation, Harvard Business Review, 2002. 80 (8): 95 – 101.

[65] Earl M. J., Knowledge management strategies: Toward a taxonomy, Journal of Management Information Systems, 2001. 18 (1): 215 – 233.

[66] Eisenman M., Understanding aesthetic innovation in the context of technological evolution, Academy of Management Review, 2013. 38 (3): 332 – 351.

[67] Fiss P. C., A Set – theoretic Approach to Organizational Configurations, Academy of Management Review, 2007. 32 (4): 1180 – 1198.

[68] Fiss P. C., Building better causal theories: A fuzzy set approach to typologies in organization research, Academy of Management Journal, 2011. 54 (2): 393 – 420.

[69] Gregory Tassey, Competing in advanced manufacturing: The need for improved growth models and policies, Journal of Economic Perspectives, 2014. 28 (1): 27 – 48.

[70] Grillitsch M., Todtling F., Hoglinger C., Variety in knowledge sourcing, geography and innovation: Evidence from the ICT sector in Austria, Papers in Regional Science, 2015. 94 (1): 25 – 43.

[71] Hsieh H. N., Chen C. M., Wang J. Y. & Hu T. S., KIBS as Knowledge Intermediaries in Industrial Regions: A comparison of the Hsinchu and Taiwan metropolitan areas, European Planning Studies, 2015. 23 (11): 2253 – 2274.

[72] Hsieh H. N., Hu T. S., Chia P. C. & Liu C. C., Knowledge patterns and spatial dynamics of industrial districts in knowledge cities: Hsinchu Taiwan, Expert Systems with Applications, 2014. 41 (12): 5587 – 5596.

[73] Hung S. C. & Tu M. F., Is small actually big? The chaos of technological change, Research Policy, 2014. 43 (7): 1227 – 1238.

[74] Inkpen C., Creating knowledge through collaboration, California Management Review, 1996. 39 (1): 123 – 140.

[75] Ismail K. M., Ford Jr & Peng M. W., Managerial ties, strategic initiatives and firm performance in Central Asia and the Caucasus, Asia Pacific Journal of Management, 2013. 30 (2): 433 – 446.

[76] Joe C., Yoong P. & Patel K., Knowledge loss when older experts leave knowledge – intensive organisations, Journal of Knowledge Management, 2013. 17 (6): 913 – 927.

[77] Jundt D. K., Shoss M. K. & Huang J. L., Individual adaptive performance in organizations: A review, Journal of Organizational Behavior, 2015. 36 (1): 53 – 71.

[78] Lee C. K. & Hung S. C., Institutional entrepreneurship in the informal economy: China's Shan – Zhai mobile phones, Strategic Entrepreneurship Journal, 2014. 8 (1): 16 – 36.

[79] Lin H. N., Hsu W. C., Yen I. H., Shieh Y. T. & Lin P. J., Knowledge transfer among MNE's subsidiary: A conceptual framework for knowledge management, International Journal of Organizational Innovation, 2013. 6 (1): 6 – 14.

[80] Michelino F., Lamberti E., Cammarano A. & Caputo M., Open innovation in the pharmaceutical industry: An empirical analysis on context features, internal R & D and financial performances, IEEE Transactions on Engineering Management, 2015. 62 (3): 421 – 435.

[81] Nadler J., Thompson L. & Boven L. V., Learning negotiation skills: Four models of knowledge creation and transfer, Management Science, 2003. 49 (4): 529 – 537.

[82] Nonaka I. & von Krogh G., Perspective – tacit knowledge and knowledge conversion: Controversy and advancement in organizational knowledge creation theory, Organization Science, 2009. 20: 635 – 652.

[83] Pacheco D. F., York J. G., Dean T. J. & Sarasvathy S. D., The coevolution of institutional entrepreneurship: A tale of two theories, Journal of Management, 2010. 36 (4): 974 – 1010.

[84] Parayitam, Satyanarayana & Kishor Guru, Economics of resource based and dynamic capabilities view: A contemporary framework, Academy of Strategic

Management Journal, 2010. 9 (1): 83 –93.

［85］Sandberg J. & Tsoukas H., Grasping the logic of practice: Theorizing through practical rationality, Academy of Management Review, 2011. 36 (2): 338 – 360.

［86］Schulz M., The uncertain relevance of newness: Organizational learning and knowledge flows, Academy of Management Journal, 2001. 44 (4): 661 –681.

［87］Shu L., Liu S. & Li L., Study on business process knowledge creation and optimization in modern manufacturing enterprises, Procedia Computer Science, 2013. 17 (1): 1202 –1208.

［88］Sillince J. A., A contingency theory of rhetorical congruence, Academy of Management Review, 2005. 30 (3): 608 –621.

［89］Simon Collinson, Knowledge management capabilities in R. &D.: A UK –Japan company comparison, R. &D. Management, 2001. 31 (3): 60 –79.

［90］Teece J. & Gary P., Dynamic capabilities and strategic management, Academy of Management Review, 1998. 23 (4): 660 –679.

［91］Uyarra E., What is evolutionary about regional systems of innovation? Implications for regional policy, Journal of Evolutionary Economics, 2010. 20 (1): 115 –137.

［92］Vaara E. & Whittington R., Strategy –as –practice: Talking social practices seriously, Academy of Management Annals, 2012. 6 (1): 285 –336.

［93］Wilden Raft, Siegfried P. Gudergan, Bo Bernhard Nielsen & Ian Lings, Dynamic capabilities and performance: Strategy, structure and environment, Long Range Planning, 2013. 46 (1 –2): 72 –96.

［94］Wilson Cedric, The integrated propulsion strategy theory: A resources, capabilities and industrial organization, Journal of Management Policy & Practice, 2012. 13 (5): 159 –171.

［95］Zahra A. & George G., Absorptive capacity: a review reconceptualization and extension, Academy of Management Review, 2002. 27 (2): 185 –203.

［96］Zhou K. Z. & Li C. B., How knowledge affects radical innovation: Knowledge base, market knowledge acquisition and internal knowledge sharing, Strategic Management Journal, 2012. 33 (9): 1090 –1102.

后 记

创新随着竞争环境和战略的不断变化，价值创造逻辑发生了根本性变革，组织有可能在短时间内创造性地整合资源进而改变其价值创造流程、要素和逻辑。相比于传统竞争，创新场将为组织带来一种新的竞争优势。当前实现爆发式成长并具有可持续发展潜力的企业，无一不是把握了创新场思维的本质，创造了诸如海尔的物联网生态圈、阿里巴巴的电商生态圈和探路者的社群化生态圈等多种创新场模式。国内外不同领域的领军企业通过建立共生共赢的创新场，实现了领先的竞争优势。显然，创新已经从封闭的组织转向了开放的创新场中。并且，创新场对竞争优势的建立产生了重要影响，使得竞争优势不仅来源于对成本、质量的严控和升级，更多的来源于对资源的整合和对组织自己的管理。本书从系统性视角出发，沿着策略、技术、商业模式等复杂性路径对创新场论进行了初步探索。研究强调从策略和结构演进的视角去研究创新场，分析其要素、结构和功能，并进一步聚焦中国具体的企业、产业案例并提炼其共性规律和差异。

本书系卢锐、赵佳宝（南京大学）、皮宗平（江苏省科技厅）、王亚利（江苏省专利信息服务中心）、张玲红（山东师范大学）、马军杰（同济大学）、徐建荣（江苏省信息中心）、柴丹（南京市中医院）、戴侃（江苏省工程咨询中心）、刘复昌（杭州师范大学）等多人合作，研究生赵伟、朱媛媛、刘延朝、邓红宇、尚啸天、庞博文等做了一些基础工作。部分研究工作受国家自然科学基金（70973088）、国家社会科学基金（14BGL080）、国家软科学课题（2014GXS5D227）、国家知识产权局软科学项目（SS16-B-06）、江苏省政府决策咨询重点项目（JSZY2014002）、江苏省科技公益项目（BM2015014）和杭州师范大学科研启动经费资助。感谢丁荣余、刘宏伟、洪晓娟、龚跃鹏、刘谦、戴开忠、郝世强等不同程度的帮助，同时还要感谢中国财政经济出版社的大力支持。

卢 锐

2019 年 10 月